Guido Seyerle

SCHWEINE-KRIEG

Guido Seyerle

SCHWEINE-KRIEG

Kriminalroman

*Bibliografische Information
der Deutschen Bibliothek*
Die Deutsche Bibliothek verzeichnet diese
Publikation in der Deutschen Nationalbibliografie;
detaillierte bibliografische Daten sind im Internet
über http://dnb.ddb.de abrufbar.

Besuchen Sie uns im Internet:
www.gmeiner-verlag.de

© 2007 – Gmeiner-Verlag GmbH
Im Ehnried 5, 88605 Meßkirch
Telefon 07575/2095-0
info@gmeiner-verlag.de
Alle Rechte vorbehalten
1. Auflage 2007

Lektorat: Claudia Senghaas, Kirchardt
Umschlaggestaltung: U.O.R.G. Lutz Eberle, Stuttgart
unter Verwendung eines Fotos von Guido Seyerle
Gesetzt aus der 10,2/14,4 Punkt GV Garamond
Druck: Fuldaer Verlagsanstalt, Fulda
Printed in Germany
ISBN 978-3-89977-702-4

*Alle Personen und Namen sind frei erfunden.
Ähnlichkeiten mit lebenden Personen sind
zufällig und nicht beabsichtigt.*

Vorwort

Im vorliegenden Buch ›Schweinekrieg‹ mischt sich die Geschichte um das (tatsächlich existierende) Schwäbisch-Hällische Landschwein (SHL) mit einer von mir erdachten Krimihandlung.

Welcher Teil real ist und welcher frei erfunden wurde, bleibt dem Wissen und der Fantasie des Lesers überlassen.

Die Geschichte des SHL ist noch nicht zu Ende. Ich bin gespannt, wie sich der Krimi in der Realität fortsetzen wird.

Guido Seyerle
Weipertshofen, Februar 2007

1

23. August 1983

Die Luft über den Feldern der Hohenloher Ebene schwirrte in der sommerlichen Hitze.

Chris Schranz passierte eben das Ortsschild von Dangershausen und suchte mit einem Auge auf der linken Seite den Gasthof Sonne, wo bereits in wenigen Minuten ein Treffen von Schweinezüchtern aus der ganzen Region stattfinden sollte.

Wieder einmal war er recht knapp, um nicht zu sagen, zu knapp dran.

Die Straße führte leicht bergab und Schranz dachte, dass Schwäbisch Hall, eine Stadt, die er gerne besuchte, nicht mehr weit entfernt war.

Und da war er auch schon am Gasthof vorbeigefahren, das hell gestrichene Fachwerkhaus unterschied sich nicht von den anderen mittelalterlichen Häusern. Dangershausen ist ein typisches Straßendorf, wie man es oft im Hohenlohischen findet. Im Laufe der Jahrhunderte hatten sich alle Häuser an der Hauptstraße gruppiert, erst später war man dazu übergegangen, weiter von der Straße entfernte Bauplätze zu erschließen. Schranz wendete seinen roten Golf älteren Datums und fand schnell einen freien Platz auf dem großen, asphaltierten Parkplatz des Gasthofes. Über dem Eingangsbereich prangte eine mit goldener Farbe aufgemalte Sonne, darunter stand: ›Fam. Bauer, Sonnenhof‹.

Als er durch die Eingangstür trat, hatte er Mühe, im Halbdunkel etwas auszumachen. Keine einzige Glühbirne brannte im Gastraum, und da die dicken hellbraunen Sandsteinmauern und die kleinen Fenster kaum Licht in den Raum ließen, wartete er ein paar Sekunden, bis sich seine Augen an das diffuse Licht gewöhnt hatten und er die Szenerie überblicken konnte.

Direkt vor ihm, in rund drei Metern Entfernung, stand ein großer, halbrunder, massiver Holztisch mit einer langen Eckbank an der längsten Tischseite. An diesem saßen bereits mehrere Männer, es schienen die Schweinezüchter zu sein, welche an diesem Spätnachmittag ein allererstes, informatives Treffen über das Schwäbisch-Hällische Landschwein abhalten wollten. Ansonsten waren alle Plätze leer, was irgendwie seltsam anmutete.

Was ihn heute erwarten würde, wusste der Journalist nicht. Aber sein Vorgesetzter Martens hatte ihn ausgewählt, da er ja schließlich, wie sich sein Chefredakteur ausgedrückt hatte, auch einmal Landwirtschaft studiert hätte. Und für das leibliche Wohl sei auch gesorgt. Fast hatte es den Anschein gehabt, sein Chef sei neidisch, dass gerade er diesen Auftrag ausführen würde. Aber in den kühlen Räumen der ›Haller Volkszeitung‹ konnte man es jetzt auch aushalten. Der Spruch seines Vorgesetzten kam ihm in den Sinn: ›Schreib mal so viel, wie die Geschichte hergibt‹. Das sagte überhaupt nichts aus. Wenn es zu viele Lokalnachrichten innerhalb der nächsten Tage geben würde, dann würde dieser Artikel knapp ausfallen und wohl nur mit einem kleinen Bild versehen werden. Würden aber wenige Neuigkeiten von anderer Seite kommen, dann hätte Martens sicherlich Interesse an über 100 Zeilen. Man würde sehen.

»Grüß Gott, Schranz von der HV.« Er verwendete gerne das Kürzel seiner Zeitung, das hörte sich professioneller an.

Es gab ein allgemeines Gemurmel zur Begrüßung. Niemand kam auf ihn zu, um ihm die Hand zu reichen. Alle blieben sitzen, nur einer der Anwesenden rückte einen Stuhl so zur Seite, als wolle er sagen: ›Junge, setz dich her‹.

Ohne dass er gefragt worden wäre, bekam er eine Halbe Bier hingestellt. Die ältere Bedienung passte hervorragend zu dieser Umgebung, wo viel dunkles Holz dominierte und wenig Licht einfiel. Schranz empfand es trotzdem als harmonisch, irgendwie authentisch.

»Meine lieben Kollegen.«

Ein Mann mit kurzem, dunklem Schnurrbart ergriff das Wort.

»Wir sind heute alle hier, weil wir uns freuen, dass unser Kollege Heinrich wieder aus Afrika zurück ist. Er muss jeden Augenblick kommen. Die Zeit davor wollte ich nutzen, um euch zu danken, dass ihr alle jetzt hier am Tisch sitzt. Ich bin kein Mann von großen Worten«, dabei schaute er sich etwas hilfesuchend in der Runde um, »aber wir werden Heinrich bitten, dass er in Zukunft unser Anliegen vorantreibt. Er hat uns eingeladen. Wie ihr alle wisst, betätigt sich seine Familie schon über Jahrhunderte hinweg erfolgreich in der Landwirtschaft. Bitte unterstützt dieses Vorhaben.«

Die Zuhörer signalisierten murmelnd Zustimmung, die Gesichter wirkten jedoch teilnahmslos. Unruhige

Füße oder Finger, die an feuchten Biergläsern hoch- und wieder runterfuhren, zeigten dem Journalisten, dass die Bauern innerlich angespannt auf die nächsten Stunden warteten.

Schranz blickte sich um und beobachtete die Männer möglichst unauffällig. Von der Körpergröße her waren sie ungefähr in seiner Größe, so zwischen 1,70 und 1,80 Metern, aber ansonsten unterschieden sie sich doch recht deutlich von dem Journalisten. Hier der eher schlanke, hellhäutige Schreiberling, dort die braungebrannten, drahtigen Freiluftarbeiter. Einige der Landwirte hatten sich wohl extra für diesen Abend frisch rasiert, einzelne feinste Risswunden an ihrem Hals deuteten darauf hin. Hier war Schranz auch froh, dass Martens keinerlei optische Vorschriften machte, wie er und seine Kollegen zum Dienst zu erscheinen hatten. Egal ob kurze Haare, mittellange wie bei Schranz und ein Dreitagebart, oder die künstlich rasierte Vollglatze des Kollegen Muppig, das spielte in der Redaktion der HV keine Rolle.

Als sein Blick kurz auf sein Bierglas fiel, entdeckte er eine Fliege, die mit hektischen Fußbewegungen versuchte, dem Alkoholtod zu entkommen. Auch sein Tischnachbar schien dies bemerkt zu haben und beobachtete ihn gespannt. Wer war dieser Fremde überhaupt? Die Männerrunde schien auf eine Erklärung zu warten.

»Ich bin Christoph Schranz von der ›Haller Volkszeitung‹, wie vorhin schon gesagt. Ich bin auf Einladung von Herrn Bauer hier. Dass ich schon so früh eine Fleischbeilage erhalte«, dabei steckte Schranz seinen rechten Zeigefinger in den Bierkrug, fischte die Fliege mit einer kurzen Drehbewegung heraus, streckte den

Finger inklusive Fliege in die Höhe und pustete das tropfnasse Tier mit einem deutlich hörbaren *Pff* zurück in die Luft, »hätte ich nicht erwartet.«

Die Männer schmunzelten.

»Wie bei meinen Artikeln üblich, kann ich Ihnen versichern, dass ich über keine Details des heutigen Gespräches berichten werde, die nicht mit Herrn Bauer abgesprochen wurden. Das handhabe ich immer so. Ich selbst habe Agrarwissenschaften studiert, allerdings ohne Abschluss, da ich gleichzeitig Germanistik belegt und darin meine Diplomarbeit geschrieben habe. Aber mein Fachwissen im Bereich Schweinezucht kann natürlich nicht mit Ihren Erfahrungen mithalten.«

Der Dialekt des Journalisten – Schwäbisch, gespickt mit fast reinem Hochdeutsch – fiel den Bauern sofort auf. Niemand gab einen Kommentar ab.

Zwei Männer nahmen einen tiefen Schluck aus ihrem Bierglas, der Rest starrte eher unbeteiligt auf einen Punkt irgendwo vor dem Bierglas oder auf der Tischplatte. Diese unbeweglichen und irgendwo auch unergründlichen Mienen kannte Schranz schon.

Die Bedienung fragte nach weiteren Wünschen. Einer bestellte noch ein Bier und da er die etwa 60-Jährige Frau mit ›Chefin‹ anredete, war diese Bedienung wohl die Mutter von Heinrich Bauer, die gleichzeitig in der Küche und als Kellnerin wirkte. Der Journalist wusste, dass die Familie bereits seit 1378 hier auf dem Hof lebte und von einem alten Rittergeschlecht abstammte. Das hatte Bauer bereits bei ihrem ersten Telefonat erwähnt.

Auch wenn nichts an der Chefin an Ritter erinnerte. Eine blaue, mit einem leichten Blümchenmuster versehene Schürze bedeckte ihren für eine Köchin und Wirtin recht schlank gebliebenen Körper.

Schweigen legte sich wieder über den Raum, bis die aus der Küche führende weiße Schwingtür aufgestoßen wurde und ein etwa 30-Jähriger, braungebrannter großer Mann die Gaststube betrat.

»Grüß Gott, liebe Kollegen.«

Alle Blicke richteten sich umgehend auf hin, Bauers braune Augen schweiften über die Tischrunde. Entweder trieb er viel Sport, oder die viele körperliche Arbeit hatte seinen Körper wohl proportioniert ausgeformt. Dunkles Wuschelhaar erhob sich über einem offenen Gesicht, das frisch rasiert war und allgemein einen gepflegten Eindruck machte.

Der Mann mit dem Schnurrbart ergriff wieder das Wort. »Hallo Heinrich, schön, dass du wieder zurück bist.«

»Ja, liebe Kollegen, ich war nun fast sechs Jahre unterwegs, es wird Zeit, wieder hier in Hohenlohe, hier in meiner Heimat«, dieses Wort sprach er besonders deutlich und pointiert aus, wobei seine Redegewandtheit sofort auffiel, »zu leben und zu arbeiten. Mein elterlicher Hof und meine Umgebung haben mir gefehlt. Auch wenn ich in Afrika und zuletzt in Indien viel Neues und Aufregendes erlebt habe.«

Bauer stand ungefähr einen Meter vom Tisch entfernt, der wohl auch als Stammtisch des Lokals diente. Dabei legte er das Gewicht seines Körpers auf beide Füße gleichzeitig, er war ein Bild von einem Mann. Schranz beobachtete dies gerne, zeigte es doch, ob ein Redner von Anfang an selbstbewusst und sicher auftrat.

Eine schwarze Hose und ein dunkelblaues Jeanshemd ergaben einen seriösen, aber nicht übertrieben edel wirkenden Auftritt.

»Als ich weg war, hat sich vieles ereignet. Und ich dachte, es wäre sinnvoll, wenn wir in Ruhe darüber reden würden. Vielen Dank, dass ihr gekommen seid.«

Schnell kreisten die Gespräche um das Wetter, um die letzten Ernten, um die Fleischpreise und vieles mehr. Die Zeit verging wie im Flug. Allerdings hatte Schranz gehofft, dass das geplante Gesprächsthema und damit der Hauptinhalt seines späteren Artikels bald zur Sprache kommen würde. Er hatte Martens versprochen, noch heute Abend den Bericht in der Redaktion abzuliefern.

Sicherlich waren die Erlebnisse Bauers interessant und dieser verstand es, seine Zuhörer zu fesseln. Wie er es geschafft hatte, die landestypischen Produkte in Afrika wieder beliebt und damit auch verkäuflich zu machen. Was er alles unternommen hatte und wie steinig und dornenreich der Weg gewesen war.

Bauer war Anfeindungen ausgesetzt gewesen, hatte wohl auch einmal eine Morddrohung erhalten. Zumindest ging das aus seinen Erzählungen hervor.

Aber seine Berichte waren spannend, und dem Journalisten wurde recht schnell klar, dass die Geschichte des heutigen Abends nicht mehr in der morgigen Ausgabe der HV erscheinen würde. Er wollte den Redefluss des Mannes nicht unterbrechen und so war es ihm nicht möglich, mit Martens zu telefonieren. Eine Rüge war ihm sicher. Aber Martens hätte sich an seiner Stelle wohl ähnlich verhalten, zumindest hoffte Schranz das.

Nur vom SHL, wie das Schwäbisch-Hällische Landschwein von den Züchtern genannt wurde, war nicht die Rede.

Der junge Mann drehte sein Bierglas hin und her. Seine Gedanken verselbstständigten sich. Er stellte sich vor, wie Heinrich Bauer in Afrika auf Englisch erklärte, auf welche Art Mais angebaut wurde, und welches Saatgut man wann wo verwenden musste. Wie das Wetter dort wohl gewesen war? Wie das Essen? Ob es überhaupt Bier in Afrika gegeben hatte?

»Und Herr Schranz wird darüber morgen in der ›Haller Volkszeitung‹ berichten.«

Schranz wurde aus seinen Gedanken gerissen.

»Es tut mir leid, meine Herren, aber dafür wird es nicht mehr reichen. Es ist nach 18.00 Uhr, also bereits nach Redaktionsschluss.«

Bauer schaute ihn überrascht an.

»Warum haben Sie das nicht früher gesagt?«

»Ich wollte Sie nicht unterbrechen. Tut mir leid.«

Ein Wesenszug an Bauer schien zu sein, dass er ziemlich direkt, vielleicht sogar etwas herrisch war. Aber vielleicht lag das auch an den vielen Jahren im Ausland, in denen er wahrscheinlich fast immer der Chef gewesen war und sich gegen andere Arbeitsauffassungen hatte durchsetzen müssen. Kurz war ein leichtes Zucken an seinem rechten Augenlid zu erkennen, seine ansonsten normal geformten Lippen verschmälerten sich für einen Moment, um sich dann schnell wieder zu normalisieren.

»Dann will ich zum eigentlichen Thema unseres Abends kommen.«

Bauer blickte ruhig in die Runde.

»Jetzt bin ich zwei Wochen wieder hier in Deutschland. Und was ich sehe, unterscheidet sich nicht so sehr von Afrika.«

Mehrere Bauern schauten ungläubig.

»Wir Bauern sind die Verlierer der Industriegesellschaft. Wir bekommen für unsere Tiere kaum Geld, es reicht gerade so zum Überleben. Und dabei knechten wir jeden Tag, sieben Tage die Woche, 52 Wochen im Jahr, ohne Urlaub. Wir sind abhängig von den Fleischkonzernen, und die geben uns gerade so viel, dass wir nicht verrecken.«

Das drastische Wort zum Schluss fand die meiste Zustimmung, mehrfach hallte ein kurzes ›genau‹ durch die immer stickiger werdende Luft.

Heinrich Bauer schien die Leute auf seiner Seite zu haben, was auch immer er damit erreichen wollte. »Schaut euch mich an, unseren Hof gibt es schon ewig.«

Das war wohl ein wichtiges Argument. Schranz vermutete, dass er den ältesten Hof der Umgebung sein Eigentum nannte. Oder war sein Vater notariell noch Herr auf dem Hof?

»Ich komme zurück aus Afrika, und was ist passiert? Die Preise für Schweine sind niedriger als vor sechs Jahren! Niedriger, könnt ihr euch das erklären?«

Bauer legte eine kurze Pause ein.

»Die Spritpreise sind gestiegen, ein Traktor kostet seit 1975 ungefähr 40 % mehr, und was macht diese Wirtschaftsmafia? Sie hält uns an der kurzen Leine. Unglaublich! Ein Skandal, meine Freunde!«

Rhetorisches Talent hatte er, das musste man ihm lassen. Und seine Körpersprache passte dabei perfekt zu seinen Worten, alles war aufeinander abgestimmt. »Und wisst ihr, was das Beste ist? Ja? Für unser heimisches Schwein, das SHL, gibt es sogar 50 Pfennige weniger pro Kilogramm. Dabei hat es weniger Fett und schmeckt viel besser als dieses Zuchtschweinefleisch. Und als Ausrede hören wir vom Schlachthof, die schwarzen Borsten seien das Problem. Dass ich nicht lache.«

Dem Journalisten wurde klar, warum Bauer vorhin so lange über Afrika und die dortigen Probleme geredet hatte. Damit konnte er einen genialen Bogen zu den Bauern im Hohenlohischen schlagen. Ihre Situation war somit eindeutig. Bei dem angeborenen Stolz der Menschen dieses Landstriches würde dies nur noch mehr Zustimmung hervorrufen.

Ein Bauer beklagte sich über den ruinösen Preiskampf der Kollegen.

»Wenn es ein gutes Jahr ist, fallen die Preise. Und wenn es danach ein schlechtes Jahr gibt, und wir wenig Ferkel zu verkaufen haben, dann bleibt der Preis genauso niedrig. Ich verstehe das nicht.«

Mehrere Wortbeiträge wechselten sich ab, wobei der Groll und der Ärger über die ›Wirtschaftsmafia‹, wie die Landwirte es drastisch ausdrückten, immer größer wurde. Bauer gab eine Flasche selbst gebrannten Schnaps aus, wovon sofort reichlich Gebrauch gemacht wurde.

Schranz verhielt sich ruhig und machte sich nur wenige Notizen. Er behielt Bauer stets im Auge. Dieser blieb gelassen, hatte gerade mal ein Bier und einen Schnaps getrunken, er schien sich auf sein Finale vorzubereiten.

»Männer, ich schlage Folgendes vor.«

Die folgende rhetorische Pause von Bauer nutzten

die meisten, um noch einmal einen tiefen Schluck aus ihrem Bierglas zu nehmen.

»Wir sind alle einer Meinung. Wir müssen etwas tun, sonst bleiben wir abhängig von diesen anderen Mitstreitern auf dem Schweinemarkt. Ich halte unser Schwäbisch-Hällisches Landschwein für sehr gut geeignet, Fleisch von überragender Qualität zu liefern. Geschmackvoll, mit wenig Fett. Seit Jahrhunderten ist dieses Schwein bei uns in Hohenlohe zu Hause, es ist wenig stressanfällig und vermehrt sich gut. Was uns fehlt, ist der Markt dafür. Und den wird niemand für uns schaffen, den müssen wir, ja, Männer, wir müssen uns diesen Markt selber aufbauen.«

Stille breitete sich aus. Sie sahen sich alle als Landwirte, konnten sich aber nicht vorstellen, wie das gehen sollte.

»Ich habe jetzt jahrelang am Aufbau von Vermarktungsorganisationen in Entwicklungsländern gearbeitet. So wie ich es einschätze, lässt sich das auch auf uns hier und das SHL übertragen. Lasst uns in vier Wochen nochmals zusammenkommen, ich überlege mir ein Konzept. Wer von euch könnte sich das vorstellen?«

Bauer blickte in die Runde, die Gesichter schienen verschlossen und in sich gekehrt. Und trotzdem war in ihnen eine gewisse Anspannung zu erkennen. Irgendwie schien Bauer mit dieser Reaktion gerechnet zu haben, trotzdem war Schranz einigermaßen überrascht von den abschließenden Worten:

»Wie ich sehe, könntet ihr euch alle so eine Landwirtschaft vorstellen. Und schon als Kind habe ich doch auf euren Höfen diese schwarz-weißen Sauen mit den schönen Sätteln gesehen.«

Bauers Stimme nahm einen fast liebevollen Klang

an, seine Gesichtszüge wirkten rund, ehrlich und vertrauensvoll. Und auch die Gesichter der Männer entspannten sich zusehends.

»Sie liefen frei auf euren Weiden herum. Jeder von euch hatte genug Umsatz mit seinen Ferkeln, konnte seine Familie ernähren und den Hof über Wasser halten. So soll es wieder werden.«

Jetzt setzte der Redner sich auf den einzigen noch freien Platz. Bisher war er wie ein Löwe von einer Ecke des Stammtisches in die andere Ecke gelaufen, nur unterbrochen von kurzen Ruhephasen. Nun nahm auch Heinrich Bauer einen tiefen Schluck aus seinem Bierglas. Kurz danach entfuhr ihm ein tiefer Rülpser und zur Freude aller übernahm er als Einstand die gesamte Zeche.

Die Landwirte hatten sich schnell verabschiedet und sich auf den Nachhauseweg gemacht. Die Arbeit im Stall wartete. Der Journalist nutzte die Chance und wandte sich an Bauer.

»Verlief alles so, wie Sie es sich gedacht hatten?«

»Komische Frage, ich dachte, Sie waren dabei?«

Mit den manchmal etwas ruppigen Umgangsformen vieler Hohenloher kam Schranz noch nicht zurecht, aber er lebte nun seit ein paar Monaten hier und würde sich mit der Zeit daran gewöhnen.

»Sie haben einen souveränen Eindruck gemacht.«

Schranz wandte seine alte Taktik an, am Anfang ein paar lobende Worte zu sagen, um einen guten Gesprächseinstieg zu haben.

»Ja, ich kenne viele schon von Kindesbeinen an. Während meiner Abwesenheit hat sich einiges nachteilig entwickelt. Vor allem, was das Finanzielle betrifft. Der Ertrag pro Hofstelle ist während der letzten sechs

Jahre um mehr als 20 Prozent gesunken. Rationalisiert wurde, soviel es ging, trotzdem sind auch die Erträge um praktisch diesen Prozentsatz zurückgegangen. Das kann nicht mehr aufgefangen werden, das spürt jeder am eigenen Geldbeutel. Und unser Hof gehört dazu.«

Das hätten auch die Worte des Vorstandsvorsitzenden eines Industrieunternehmens sein können, von idyllischer Landwirtschaft und auf dem Feld arbeitenden Männern mit Strohhut war überhaupt nichts zu spüren.

»Das Hauptproblem ist auf jeden Fall diese Wirtschaftsmafia. Billig einkaufen, nur beim Landwirt in der Produktion soll gespart werden. Und dann wird teuer weiterverkauft. Diesen Teufelskreis müssen wir durchbrechen.«

Als Schranz auf der Bundesstraße wieder Richtung Crailsheim und von dort aus weiter nach Bernau fuhr, war er sichtlich erschöpft. Was sollte er jetzt bloß schreiben? Dass in vier Wochen das nächste Treffen von irgendwelchen Landwirten sein würde, die sich gegen eine dubiose, bisher für ihn nicht greifbare Wirtschaftsmafia auflehnen wollten?

Martens würde ihn trotz seiner gewohnten Großzügigkeit sofort ins Büro zitieren, obwohl er freie Berichterstattungen mochte. Eine kleine Serie, die über diverse Höfe hier in der Gegend berichten würde, wäre eine gute Sache. Das Alter der Höfe, welche Kulturen früher dominiert hatten, wie es heute aussah usw. Dies würde das Thema allgemein halten, und er könnte die Kontakte dieses Abends nutzen.

Die hiesige Gegend lebte von der Landwirtschaft und war Westdeutschlands Zentrum der Ferkelproduktion.

Bei einer einseitigen Berichterstattung war großer Ärger vorprogrammiert.

Aber irgendetwas musste er schreiben. Als freier Mitarbeiter wurde er nach Zeilen entlohnt. Eine Zeile brachte rund 50 Pfennige, also sollten es heute nach Möglichkeit zwischen 80 und 100 Zeilen sein.

Von Bauer hatte er ein Bild gemacht, wie er eindringlich gestikulierend vor seinen Kollegen stand. Er würde den Film morgen früh zum Entwickeln bringen, damit der Artikel am Abend vom Setzer übernommen werden konnte. Ihm war nur noch nicht klar, wie er die Zeilen zusammenbringen sollte. Aber jetzt freute er sich auf den Feierabend.

Schranz bog rechts ab und fuhr die schmale Auffahrt zu seinem gemieteten Bauernhaus hinauf. Oben, auf der anderen Seite des schmalen Schottersträßchens, schraubte sein Nachbar Franz Hirsch an einer alten Baumaschine herum.

Er war noch braungebrannter als die meisten anderen Landwirte, und seine beiden Knie mussten bereits mit künstlichen Gelenken ausgestattet werden. So wie Franz sagte, lag dies an seiner jahrzehntelangen Tätigkeit auf Baustellen in ganz Baden-Württemberg. Wobei genau dies ihn wohl auch so kameradschaftlich hatte werden lassen; stets hatte er ein nettes Wort für seine Nachbarn übrig, und war ebenso hilfsbereit, wenn irgendwo Not am Mann war.

Wie immer begrüßten sich die beiden Männer freundschaftlich.

»Na Franz, wie war dein Tag?«

»Gut. Danke. Wir waren heute auf der A 7, du kennst die Dauerbaustelle. Seit nunmehr fast einem Jahr arbeiten wir dort. Mein Bagger lief heute gut, ich hatte den 18-Tonner dabei und wir haben ordentlich was weggeschafft.«

»Und was machst du jetzt?«

»Diese alte Rüttelplatte will einfach nicht mehr anspringen. Ich zerlege sie und in ein paar Tagen werden wir sehen, woran es liegt.«

Schranz war immer noch dankbar, dass die Nachbarn ihm freundschaftlich begegneten. Dies schien ihm nicht selbstverständlich zu sein. Als er von Stuttgart hierher gezogen war, befürchtete er, in einer Art Isolation leben zu müssen. Aber das war nicht der Fall gewesen. Schon von Anfang an hatte er bei Franz die Fußballspiele der Europameisterschaft angeschaut, und er konnte sich jederzeit mit Fragen und Problemen an seine Nachbarn wenden.

»Hast du das heute in der HV gelesen?«

Seit wann las Franz die Tageszeitung? Seine Frau Anne hatte einmal mit einem Augenzwinkern bemerkt, ihr Ehemann würde nur die Bilder angucken. Je bunter desto besser ...

»Was denn?«

Die HV bekam Schranz nur dann kostenlos geliefert, wenn einer seiner Artikel darin veröffentlicht worden war. Die anderen Ausgaben hätte er sich kaufen müssen, und dazu war er zu geizig.

»In Zukunft soll der Schweinemarkt viel stärker von der EG aus Brüssel kontrolliert werden. Anscheinend gibt es zu viele Schweine, so wie es ja auch den Milchsee und den Butterberg gibt. Und das soll alles abgebaut werden.«

Schranz dachte bei sich, dass dies die Probleme der Schweinezüchter nicht unbedingt verkleinern würde.

Probleme über Probleme, und das in dieser scheinbar heilen Welt.

»Sag mal Franz, hast du schon mal was von einer Wirtschaftsmafia gehört?«

Das braungebrannte Gesicht von Franz zeigte keinerlei Emotionen.

»Weißt du, Chris, das ist eine lange Geschichte. Für mich ist das ja egal, ich habe nur noch ein paar Tiere und bin nicht vom Ertrag und Verkaufswert dieser wenigen Schweine und Rinder abhängig. Aber bei den vielen anderen, den Vollerwerbsbetrieben, da sieht es anders aus.«

»Wer sind diese Leute? Warum nennt man sie so?«

Es kam Schranz fast so vor, als ob sich sein Nachbar umblickte, ob auch wirklich keiner der anderen Anwohner zuhören konnte.

»Komm die nächsten Tage mal abends zu mir. Mein Most mit den Wacholderbeeren müsste dann trinkbar sein.«

Das laute Gebell seines Hirtenhundes Gipsy erinnerte Schranz daran, dass es höchste Zeit war, sich um seinen vierbeinigen Liebling zu kümmern. Er hatte ihn als Baby aus dem Tierheim in Stuttgart geholt, mittlerweile war er ein Jahr alt – ein richtiger schwarzer Wirbelwind.

5. September 1983

Die Zeit war verflogen. Schon schien der Sommer zu Ende zu gehen, letzte Nacht hatte das Thermometer nur 5 Grad über null angezeigt.

Schranz war mit den letzten beiden Wochen zufrieden. Er hatte einen allgemeinen Artikel über das SHL verfasst, der einen positiven Leserbrief nach sich gezogen hatte. Ansonsten gab es keine Reaktionen: keine Anrufe und kein Martens, der sich in irgendeiner Art und Weise geäußert hätte.

Das Verhältnis zu seinem Hauptauftraggeber war momentan schwierig. Dank der regelmäßigen Aufträge der HV erreichte Schranz einen Wochenumsatz von durchschnittlich 700,- DM, womit er sich ernähren konnte. Durch die immer wieder anfallenden Lektoratsarbeiten junger Autoren verdiente er sich zudem ein kleines Zubrot. Und die daraus resultierende Gesamtsumme war völlig ausreichend, sodass er sich für die kommenden Monate keine großen Sorgen machte.

Der Sommer galt allgemein als ›Saure-Gurken-Zeit‹. Die interessanten Monate der Berichterstattung würden folgen.

Sein Nachbar Franz hatte ihn noch nicht zu dem versprochenen Gespräch eingeladen. Und Schranz wollte auch nicht drängen. Er hatte von Anne gehört, dass ihr Mann gerade wieder Herzprobleme hatte; sein Arzt hatte es noch nicht geschafft, ihm die richtige Dosierung an Medikamenten zu verordnen. So hatte er einen Tag einen hohen Blutdruck, am anderen Tag schlief er während der Arbeit auf seinem Bagger fast ein.

Bauer hatte sich auch nicht gemeldet, und so war Schranz überrascht, als er auf seinem neu erstandenen Anrufbeantworter eine Nachricht abhörte: »Rufen Sie mich an, wir haben den nächsten Termin.«

Gut, dass er die Stimme sofort erkannt hatte. Bauer hatte viel zu früh zu sprechen begonnen und seine Worte in der Geschwindigkeit von Gewehrsalven abgefeuert. Wahrscheinlich mochte er keine Anrufbeantworter.

Schranz rief sofort zurück, die Nummer hatte er auf einem kleinen Notizblock neben dem Telefon stets griffbereit liegen. Aber niemand meldete sich, ein Anrufbeantworter war nicht geschaltet. Beim Blick auf die Uhr wurde ihm klar, dass 10 Uhr eine sehr ungünstige Uhrzeit für einen Anruf war. Er wollte es über Mittag zwischen 12 und 13 Uhr nochmals versuchen. Jetzt war der Landwirt sicher auf den Feldern oder im Stall zu finden.

Wie immer war der nächste Auftrag für die HV eher gegen Abend zu erwarten, deshalb konnte er sich nun Gipsy widmen. Der Hundefriseur hatte ihm nochmals sein schwarzes Fell heruntergeschoren, es war schon ziemlich verfilzt gewesen. Nur schade, dass er sich mit dem Schäferhund aus der Nachbarschaft gerauft hatte, just in dem Moment, als sein Fell so kurz gewesen war. Von dieser Auseinandersetzung hatte er einige Abschürfungen und Bisswunden im Fell davongetragen. Wieder einmal hatte er sich nicht unterworfen, obwohl Bonnie viel größer war als er und auch viel kräftiger. Gipsy würde das lernen müssen, ansonsten konnte das übel ausgehen und für Schranz eine hohe Tierarztrechnung bedeuten.

Während er so sinnierte und den Vierbeiner streichelte, klingelte das Telefon. Eine gute Bekannte, Veronika, wie er sie für sich bezeichnete, war dran, und lud ihn auf ein Glas Wein ein. Noch hatte Schranz nichts von der HV gehört, war sich also noch unsicher, ob er am Abend überhaupt Zeit haben würde.

Er hatte momentan nichts vor, aber Veronika schon.

Ihre Kinder waren noch da, sie sollten heute Abend von ihrem Vater ins lange Wochenende abgeholt werden. Und dann wäre es günstig, mit ihr in Ruhe die letzten Wochen zu besprechen.

Eigentlich war Veronika die einzige Frau, die Schranz bisher in seiner neuen Heimat kennengelernt hatte. Wie so oft hatte er vor einigen Wochen einen Abendtermin wahrgenommen, eine Aufführung eines Laientheaters. Martens hatte ihn ausgewählt, weil er ein gewisses Kunstverständnis hätte. So hatte er zumindest argumentiert, und wenn es in seine Strategie passte, dann hatte Schranz beim nächsten Auftrag auch politisches Verständnis. Er machte es immer passend.

Es wurde ein langer Abend. Um 22 Uhr stand erst der Beginn des zweiten von drei Akten an, und Schranz ärgerte sich bereits, dass er diesen Auftrag angenommen hatte. Vier Stunden Theateraufführung und es würden 80 Zeilen und ein Bild dabei herauskommen. Ein niedriger Stundenlohn, fürwahr.

Er verfolgte eher gelangweilt den Verlauf des Stückes. Es handelte von irgendeiner Verwechslungsgeschichte zwischen zwei Bauern, in die dann später auch noch die beiden Frauen verstrickt wurden. Dabei fand Schranz indessen immer mehr Gefallen an der rotblonden Schauspielerin, die eine der beiden recht garstigen Bauersfrauen spielte. Sie hatte eine gute Figur, eine schöne Stimme, ihre Augen glänzten, was entweder an den Bühnenscheinwerfern lag oder am vierten Bier, das der Journalist vor sich stehen hatte.

Nach der Vorstellung sah er die Mittdreißigerin kurz im Gang stehen, und sie bat ihn, ihr eine Kopie des Artikels dieses Abends zu schicken. Der Regisseur hatte sich schon vor Beginn des Stückes bedankt und Schranz darum gebeten, eine freundliche Kritik zu schreiben. Und so wusste der ganze Saal, dass Schranz nun am Zug war, diesen Abend in positiver Weise in der HV darzustellen.

Veronika hatte den jungen Mann angestrahlt und dabei erklärt, sie habe leider keine Möglichkeit, die Zeitung zu kaufen.

Durch dieses kurze Zusammentreffen war ein feines Band von Gefühlen entstanden, ohne dass sich die beiden in den letzten Wochen bisher sehr nahe gekommen wären.

Deshalb freute er sich über die Einladung. Allerdings fühlte er sich auch unsicher ob dieser Zweisamkeit, die auf ihn wartete.

Bauer klang am Telefon ziemlich genervt und hektisch.

»Mensch, Schranz, was haben Sie da für ein komisches Gerät? Immer mehr von diesen Dingern gibt es jetzt hier bei uns.«

»Sie haben Ihren Namen nicht draufgesprochen.«

»Doch klar, aber dieses Gerät hat dauernd gepiepst.«

Schranz vertiefte das nicht weiter. Er wollte zum eigentlichen Grund des Anrufs kommen.

»Was gibt es denn Neues?«

»Wir, das heißt, Sie, die Schweinezüchter und ich, werden uns wieder treffen. Gleicher Ort wie letztes Mal, gleiche Uhrzeit. Sie sollten bitte eine halbe Stunde früher da sein, wir beide müssten uns vorab noch absprechen.«

Es kam schon öfter mal vor, dass Leute versuchten, einen Journalisten vor dem Verfassen eines Berichtes zu beeinflussen. Was genau Bauer vorhatte, ahnte Schranz noch nicht. Da er sich nicht gerne beeinflussen ließ, war er auf der Hut. Obwohl auch sein Chef eine Art Zensur darstellte. Wenn Martens Kürzungen oder kleine Umstellungen am Text vornahm, dann hatte Schranz es auch zu akzeptieren.

In den ersten Wochen hatte er sich deswegen mit seinem Vorgesetzten ausgesprochen. Und die Erklärung von Martens für starke Textkürzungen an einem von Schranz' Artikeln war gewesen, dass aufgrund eines Berichts über einen schweren Verkehrsunfall eben alle anderen Artikel auf dieser Zeitungsseite gekürzt worden seien. Und die entsprechenden Zeilen hatten natürlich auch seinen Artikel betroffen. Was hätte Schranz darauf erwidern sollen? Ein Chefredakteur würde immer plausible Erklärungen finden.

8. September 1984

Der Abend bei Veronika zog sich hin.

Schranz hatte sich nicht getraut, der jungen Frau zu gestehen, dass er sie großartig fand. Und sie war offensichtlich völlig übermüdet, die Erziehung ihrer beiden pubertierenden Töchter schien sie sehr anzustrengen. Nachdem sie nunmehr ein freies Wochenende vor sich hatte, brauchte sie dringend Erholung. So kam es, dass Schranz noch vor 24 Uhr wieder daheim gewesen war.

Der Termin bei den Schweinezüchtern stand auf der Tagesordnung. Wieder war Schranz viel zu spät losgefahren, durch Crailsheim hindurch herrschte das übliche Verkehrschaos. Es wurde Zeit für die schon lange geplante, aber noch nicht gebaute Umgehungsstraße.

Er würde wieder einmal mindestens 10 Minuten zu spät zu einem Termin kommen.

Diesmal fand er die Einfahrt zum Gasthaus Sonne auf Anhieb, er stellte seinen Golf in den kühlen Schatten einer hohen, alten Kastanie und betrat die Gaststube. Im Hintergrund hörte er Bauers kräftige Stimme. Er telefonierte wohl in einem Nebenraum.

»Nein, dem können wir nicht zustimmen. 50 Pfennige weniger als für die Rasse der Holländischen Schweine, das kommt gar nicht in Frage.«

Ein vernehmliches Krachen ließ vermuten, dass Bauer den Hörer auf die Gabel des Telefonapparats geknallt hatte.

Die Durchgangstüre wurde mit Schwung aufgestoßen, touchierte leicht die Wand, in welcher ihre Scharniere verankert waren und der Landwirt erfüllte sofort den Raum durch seine Präsenz.

»Hallo, Herr Schranz. Schön, Sie zu sehen. Außer uns ist noch niemand da. Gut so. Wir sollten uns eine Strategie überlegen.«

»Es ehrt mich ja, dass Sie *wir* sagen, aber ich weiß von nichts.«

»Na, mit *wir* meine ich auch wir alle, nicht nur Sie und mich. Alle Hohenloher, alle Bauern hier. Wir sitzen doch in einem Boot.«

Ein einnehmendes Wesen, da gab es keinen Zweifel.

Er hatte beide Arme in seine Hüften gestemmt, sodass sich seine kräftigen Oberarmmuskeln zeigen konnten und dabei das eng anliegende schwarze T-Shirt deutlich nach außen bogen.

»Ich möchte die nächsten Monate meine ganze Kraft daran setzen, einige Ferkel vom SHL so großzuziehen, dass es das bestmöglichste und schmackhafteste Fleisch ergibt. Dazu will ich mich aber nicht von den Futtermittelproduzenten abhängig machen. Ich werde das Getreide unserer Felder selbst zum Schweinefutter aufarbeiten, und ich werde die Ferkel nicht mit Antibiotika spritzen lassen. Dann wollen wir doch einmal sehen, ob sich dafür nicht ein Markt entwickelt.«

»Und wozu brauchen Sie die anderen Bauern?«

»Erstens bin ich hundertprozentig von meinem, bzw. unserem Erfolg überzeugt. Letztes Mal hat sogar einer der anderen Bauern beim Abschied zu mir gesagt, ich sei für sie alle so etwas wie ein ›Patrone‹.«

Bauer war sichtlich stolz darauf.

»Und zweitens, ich habe hier auf unserem Hof noch genau eine Sau vom SHL. Ich könnte zwar auf die Manneskraft des Ebers meines Schwagers zurückgreifen, aber ich brauche unbedingt frisches Blut. Und wissen Sie, noch etwas ist mir besonders wichtig ...«

Seine Augen funkelten, als er Schranz anschaute.

»Letztes Mal muss einer dabei gewesen sein, der alles Wort für Wort an die Schweinezentrale ausgeplaudert hat. Danach hat diese den Einkaufspreis je Kilogramm für die normalen Ferkel nochmals um 10 Pfennige angehoben, bei den SHL ließen sie allerdings den alten, ungünstigeren Preis stehen. Typisch!«

Bauer machte eine verächtliche Handbewegung. Dabei hatte er anscheinend nicht mit einkalkuliert, dass er schon sehr nahe am Stammtisch stand. Seine Hand donnerte mit den Knöcheln auf die eichene Tischplatte, ein leichtes Krachen war zu vernehmen. Bauer verzog kurz sein Gesicht, um sich bald darauf wieder im Griff zu haben.

Das Gespräch mit den Landwirten nahm einen ähnlichen Verlauf wie beim letzten Mal, allerdings fehlten drei Bauern aus der Runde von vor zwei Wochen.

Schranz hatte sich nicht alle Gesichter einprägen können. Die Teilnehmer saßen auch an einem anderen Platz als beim letzten Mal. In Gedanken überlegte er, was wohl die Gründe sein konnten, diese Details an Dritte weiterzugeben. Wobei man schon sagen musste, dass es clever von der Schweinezentrale gewesen war, den Preisabstand zwischen normalem Schweinefleisch und dem SHL nochmals zu vergrößern. Er verstand jetzt auch, dass sich zwei Bauern beim letzten Mal selbst als Spinner und Idealisten bezeichnet hatten. Logisch schien es wahrlich nicht, ausgerechnet jetzt auf das SHL zu setzen.

Der Patrone führte das Wort, es gab wenige Wortmeldungen. Und alle hörten ihm zu, kommentarlos, wortlos, ohne Widerspruch, aber auch ohne ein Zeichen der Zustimmung.

Aber sie sagten ihm zu, dass er jeden ihrer Eber anfordern durfte, um seine letzte Sau vom SHL zu decken. Und sie wollten auch auf die übliche Deckgebühr verzichten. Anscheinend hofften sie darauf, an etwas Neuem, Zukunftsweisendem beteiligt zu sein. Ab der Stunde null, aus dem Nichts sozusagen.

Zum Abschluss versprach der Kollege Neumann dem Patrone, dass er den nächstmöglichen Decktermin seiner Sau ausnutzen wollte. So könnte es eventuell klappen, dass das SHL auf der nächsten *Grünen Woche* in Berlin ausgestellt werden konnte. Diese weltweit größte Veranstaltung ihrer Art schien Bauer genau dafür prädestiniert zu sein, die Geschichte des SHL wieder aufleben zu lassen. Wie er berichtete, hatte er auf eigene Kosten dort bereits einen Stand angemietet. Obwohl sich dieser aus finanziellen Gründen auf eine gewisse Mindestgröße beschränkte, würden laut Bauer doch zwischen 20.000 bis 30.000 DM an Kosten anfallen. Für die anderen Landwirte war das ein gewichtiges Wort, ein Grund mehr, einen Vertrauensvorschuss zu gewähren.

Als sich alle von ihren Plätzen erhoben hatten, um wieder zu ihrer Arbeit zurückzukehren, stellte der Patrone wie beiläufig noch eine Frage:

»Weiß jemand von euch, ob unsere drei heute nicht anwesenden Kollegen noch an unserem Projekt interessiert sind?«

Einer brummelte vor sich hin:

»Du hast doch was gehört, Fritz.«

»Ja, Angermann hat zu mir gesagt, dass er vor einer Woche noch drei holländische Muttersauen gekauft hat. Vielleicht war er deshalb nicht hier.«

Die Versammlung löste sich rasch auf. Schranz blieb sitzen.

»Darf ich über diesen Abend jetzt als offizielle Veranstaltung berichten und auch über Ihre Ziele etwas schreiben?«

»Ja, geben Sie es raus. Vielleicht bringen wir damit die Sache noch mehr ins Rollen. Und ich werde mich um den Hinweis von meinem alten Freund Fritz kümmern. Wissen Sie, Schranz«, der Patrone schaute Schranz fast schon freundschaftlich an.

»Friedrich Neumann oder Fritz, wie wir ihn alle nennen, kennt mich schon von Kindesbeinen an. Er war des Öfteren bei uns auf dem Hof und hat mit meinem Vater über die Landwirtschaft diskutiert. Ich weiß noch, wie ich als Kind lange auf der Holzbank vor unserem Haus gesessen bin, und die beiden Männer stundenlang über Kühe, Schweine, Winterweizen usw. gesprochen haben.«

Jetzt verhärtete sich sein Blick wieder.

»Aber diesem Angermann, dem traue ich schon länger nicht mehr. Dass er ausgerechnet auch noch in Rufweite von Fritzens Hof wohnt, ist wirklich nicht optimal.«

Als Schranz nach Hause kam, sah er seinen Anrufbeantworter hektisch blinken.

»Haben sich gelohnt, die 200 DM, auch wenn es viel Geld für so ein kleines, schwarzes Kästchen ist«, murmelte er vor sich hin.

»Schranz, gut, dass Sie dieses Gerät haben.«

Martens klare Stimme klang aus dem Mikro.

»Heute ist eine Anzeige bei uns drin, dass ein gewisser Herr Freongard aus dem Odenwald Züchter vom SHL hier bei uns in der Gegend sucht. Diese sollen sich bei ihm melden, er wolle die Schweinerasse erhalten. Richtig große Anzeige. Könnte ja vielleicht wichtig sein für Ihren Artikel. Bis später.«

Bevor die Leitung unterbrochen wurde, hörte man im Hintergrund noch das aufgeregte Klappern der Schreibmaschinen im Redaktionsraum. Die Produktion der Texte für die morgige Ausgabe schien während des Telefonats auf Hochtouren gelaufen zu sein. Der Anruf war wohl gegen 17 Uhr gewesen.

Also noch Zeit genug, um in Stimpfach schnell im Gasthof Linde die dort auf dem alten Schirmständer hängende Ausgabe der HV zu studieren und die Telefonnummer dieses Herrn Freongard herauszufinden.

Er lief hinter das Haus, um seinen Golf zu holen, als er auf der gegenüberliegenden Seite seinen Nachbarn am Traktor hantieren sah. Wie so oft in den letzten Tagen hatte Franz die große Ladeschaufel an seinen Traktor montiert, um abends Brennholz aus dem Freilager in seinen Schuppen einzufahren. Dort sollte es die letzten Monate vollends austrocknen, um im Winter als preiswerte Heizmöglichkeit zu dienen.

Schranz schmunzelte. Was wäre Franz bloß ohne sein Holz ...

Schon von Weitem rief dieser ihm zu.

»Chris, komm kurz her, ich habe dir heute eine Anzeige aus der Zeitung herausgeschnitten. Das könnte interessant für dich sein.«

Schranz wählte die kurze Nummer von Freongard, nach der Vorwahl kamen nur noch zwei Ziffern für die Rufnummer. Das musste dort wirklich eine sehr ländliche Gegend sein.

»Freeeongaaard.«

Eine extrem tiefe Männerstimme meldete sich schon nach dem dritten Klingeln.

»Grüß Gott, Herr Freongard. Hier Chris Schranz von der ›Haller Volkszeitung‹.«

Keine Reaktion am anderen Ende der Leitung.

»Hallo?«

»Ja?«

»Ich dachte schon, Sie seien nicht mehr da. Ich habe Ihre Anzeige in der ›Haller Volkszeitung‹ gelesen.«

»Ja?«

»Und ich wollte Sie fragen, ob Sie mir dazu etwas erzählen könnten.«

»Haben Sie ein Schwein?«

»Wie, ob ich ein Schwein habe?«

»Ich suche jemanden, der mir Ferkel vom SHL produzieren kann. Damit ich meine Zucht auffrischen kann.«

Schranz war etwas überrascht, dass Freongard anscheinend doch längere Sätze sprechen konnte.

»Nein, ein Schwein habe ich nicht. Aber ich kenne jede Menge Bauern, die noch eines oder mehrere in ihrem Stall stehen haben.«

Rasch vermittelte Schranz den Kontakt zum Patrone. Nicht, ohne sich fest vorzunehmen, am übernächsten Tag nachzufragen, ob sich Freongard auch wirklich gemeldet hatte.

2

9. September 1984

Schranz war wie üblich zwischen 8 und 9 Uhr aufgewacht, und als er sich noch etwas müde den Schlaf aus den Augen rieb, klingelte auch schon das Telefon.

»Klasse, dass Sie mich da in den Odenwald vermittelt haben.«

Das ging ihm nun alles ein wenig zu schnell, ohne Kaffee am Morgen brauchten seine Gehirnwindungen etwas länger als gewohnt.

»Wir können über Freongard bereits 30 Ferkel vom SHL absetzen. Das kommt wie gerufen.«

Bauer schien bester Stimmung zu sein.

»Guten Morgen, Herr Bauer. Oh, es hat schon funktioniert?! Gut! Zu was Zeitungslesen nicht alles gut ist.«

»Und stellen Sie sich vor, dieser Freongard zahlt sogar den Preis, den wir hier für die normalen Schweine als Ferkelpreis bekommen. Zudem hat er mir versprochen, dass er den Transport der Ferkel selbst organisieren und bezahlen wird. Ich bin begeistert!«

Der Patrone bedankte sich noch mehrfach. Landschweine wie die Schweinezentrale für die holländischen Schweine. Wirklich erfreulich.

Am Morgen steckte die HV in seinem Briefkasten. Wahrscheinlich hatten sie im Verteilerschlüssel vermutet, dass sein Bericht über das SHL bereits heute abgedruckt sein würde. So hatte er nun eine interessante Frühstückslektüre.

Schranz hatte sich nur mit einer kurzen Hose und einem T-Shirt bekleidet. Morgens empfand er es zu dieser Jahreszeit immer noch angenehm warm im Haus, und die Tasse Grüntee und die zusätzliche Tasse Milchkaffee heizten ihm jeden Morgen zusätzlich ein, sodass er sich meist erst nach einer Stunde komplett anzog.

Der Wasserkocher blubberte. Auf den ersten Seiten der HV gab es die üblichen Beiträge, die CDU hatte sich mit der SPD in der Wolle und umgekehrt. Im Wirtschaftsteil stieß er auf die Schlagzeile: ›Fleisch vom Schwäbisch-Hällischen Landschwein schlecht vermarktbar‹. Was war das nun schon wieder? Und warum ausgerechnet jetzt?

Die Bildunterschrift lautete: ›Schwäbisch-Hällisches Landschwein bringt den Bauern zu wenig Ertrag. Sie stellen deshalb wieder auf holländische Schweinerassen um.‹

Schranz war zu vertieft und so entging ihm, dass das Telefon anhaltend klingelte. Der Anrufbeantworter schaltete sich ein. Bauers Stimme schallte ihm entgegen, als er lossprintete.

»Die Schweinezentrale hat alle restlichen Ferkel bis auf fünf Stück, die Neumann *nicht* hergegeben hat, gekauft. Wissen Sie da was? Ich versteh das nicht! Und dann noch dieser Artikel heute in der HV. Bitte rufen Sie zurück. Ach ja, mein Name: Baauuuuer!«

Schranz grinste. Lernfähig war er durchaus. Nur der Inhalt dieser Nachricht machte in Kombination mit der Zeitungsmeldung überhaupt keinen Sinn. Dieser Artikel vom Leiter der Schweinezentrale sagte etwas ganz anderes aus. Und dann kauften sie fast alle Jungschweine vom SHL auf.

Schranz rief bei Neumann an. Er war natürlich nicht zu erreichen, seine Frau behauptete, ihr Mann wisse überhaupt nichts. Die Schweine seien verkauft und bei der Abholung bar bezahlt worden. Mehr sei nicht aktuell, und außerdem hätten sie fünf Stück auf dem Hof behalten. Und die Muttersau und der Eber seien auch noch da.

Aus ihren Worten klang ihre Verwunderung über dieses Aufsehen. Wie konnte man herausfinden, was hinter den Kulissen der Schweinezentrale ablief? Schranz entschloss sich, nach Crailsheim zu fahren und zuerst einmal deren Gebäude in Augenschein zu nehmen.

Dort war viel los, es war um die Mittagszeit und ein Lkw reihte sich an den anderen. Durch die Gitterstäbe der Aufbauten konnte Schranz in das Innere der Ladeflächen schauen. Die meisten waren leer, und wenn sie etwas geladen hatten, dann meistens ausgewachsene Schweine. Als die Lkw vom Hof fuhren, notierte er sich einige Kennzeichen. Die meisten waren aus Süddeutschland, ein paar aus Niedersachsen und einer sogar aus der DDR. Das war überraschend. Gab es tatsächlich einen innerdeutschen Austausch von Schweinefleisch? Oder brachte einer von beiden Handelspartnern dort seine Überproduktion unter?

Bevor er sich verdächtig machte, fuhr er wieder nach Hause. Natürlich war der Patrone im Moment nicht zu erreichen. Er war auf den Feldern unterwegs. Seine

Mutter sagte, man müsse das gute Wetter ausnutzen, der Winter stünde vor der Tür. Die Waldbäume müssten gepflegt werden, das nächste Holz eingebracht werden und noch vieles mehr.

Vielleicht konnte Schranz Franz einspannen und der konnte über irgendwelche Kanäle etwas in Erfahrung bringen. Und außerdem würde er ihn bitten, nach seinem Golf zu schauen. Obwohl Schranz den Joke voll gezogen hatte, stotterte dieser seltsam, wenn er den Motor anließ. Die Werkstatt verlangte schon für den Kostenvoranschlag 75 DM. Gut, dass der Journalist so einen geschickten Nachbarn hatte.

11. September 1984

Der Artikel hatte, zumindest am ersten Tag nach seiner Veröffentlichung, keinerlei Reaktionen hervorgerufen. Schranz traute dem Frieden aber nicht.

Heute hatte er nochmals einen Erholungstag eingelegt und war mit seinem aufgeregten Vierbeiner zum Badesee am Ort spaziert. Sie hatten beide im noch warmen See ausgiebig gebadet, Gipsy hatte mindestens 50 Mal ein Stöckchen aus dem Wasser apportiert. Ein herrlicher Tag. Gemütlich lief er die rund zwei Kilometer zu Fuß nach Hause. Daheim sah er, dass Franz mit seinem Oberkörper fast vollständig unter der roten Motorhaube des Golfs verschwunden war. Beim Näherkommen hörte er seine Stimme dumpf zwischen all den Schläuchen und dem Metall hervorklingen.

»Mensch, Junge, der Marder hat ganze Arbeit geleistet. Kein Wunder, dass dein Auto so viele Aussetzer hatte.«

Eine schwarze Hand aus dem Motorraum streckte sich ihm zum Gruß entgegen. »Und noch was, ich habe über Wilfried herausbekommen, kennst du doch, den Bauer aus Gerbertshofen, dass sie die jungen Ferkel vom Hällischen in die DDR verkauft haben.«

»Unglaublich, warum denn das?«

Schranz stand wie angewurzelt neben seinem Auto.

Ein heller metallener Ton verkündete, dass Franz etwas aus der Hand gerutscht war.

»Gibst du mir bitte mal den 12-er-Schlüssel hoch? Der liegt irgendwo unter dem Motorblock.«

Schranz tastete nach dem Schraubenschlüssel. Er berührte ihn, konnte ihn aber nicht beim ersten Mal greifen. »Ja, das ist es!«

Schranz fuhr mit einem Ruck hoch und schlug sich dabei schmerzhaft den Kopf an.

»Sie haben die jungen Ferkel in die DDR verkauft, um sie los zu sein. Die Ferkel sind jetzt sozusagen hinter dem Eisernen Vorhang. Dort haben sie noch Geld dafür bekommen, aber damit ist die Zucht vom SHL hier bei uns wieder monateweit zurückgeworfen!«

Mit einem lauten Ächzen richtete Franz sich auf.

»Hast du den Schlüssel? Und was meinst du mit *zurückgeworfen*?«

Schranz bückte sich nochmals, streckte seinen Arm und fand das Werkzeug. Schnell gab er es an seinen Nachbarn weiter und eilte dann wortlos in sein Haus hinüber.

Der Patrone hielt die Erklärung für möglich, aber er war sich nicht sicher. Am meisten schien es ihn zu ärgern, dass er nunmehr nur noch ein paar Ferkel für die weitere Zucht zur Verfügung hatte. Das Ganze ging ihm viel zu langsam voran.

Auf den Hof zurückgekehrt, war die Motorhaube bereits wieder geschlossen und Franz zeigte Schranz ein Kupferkabel, dessen schwarze Ummantelung nur noch teilweise sichtbar war.

»Morgen früh besorge ich dir eines dieser Kabel, und morgen Abend nach der Arbeit baue ich es dir ein. Dann kannst du dein Auto wieder benutzen.«

Auf dem Küchentisch lag immer noch die aufgeschlagene HV.

Darin war auch ein Prachtexemplar eines Landschweins abgebildet: lang gestreckt, nicht dünn aber auch nicht dick. Schöne, deutliche Farbzeichnung mit exakter Abgrenzung zwischen Schwarz und Weiß. Und dann dieser lange, kurz hinter der Körpermitte beginnende schwarze Körperteil, der sogenannte Sattel.

Irgendwie richtig edel. Die schwarze Farbe war schon etwas Besonderes! Dass manche Schweine richtiggehende Schlappohren hatten, erheiterte ihn. Fast war er versucht, ›süß‹ zu sagen.

Wobei er beim Betrachten von Schweinebildern immer diesen feinen Geruch in der Nase hatte, den er zum ersten Mal hier im Hohenlohischen beim Besuch auf dem Hof von Bauer gehabt hatte. Landluft pur, nicht allzu unangenehm, aber doch eindeutig nach Schwein riechend.

Am nächsten Morgen hatte Schranz keine Lust, sich im Haus zu betätigen. Er trödelte vor sich hin, fand kein Buch, das er intensiv lesen wollte. Beim Betrachten seiner Bilder inklusive der an der Wand hängenden Urlaubsfotos wurde er noch ein wenig schwermütiger.

Oder sollte er Veronika anrufen? Schranz dachte kurz über diese Idee nach, verwarf sie dann aber wieder. Insgeheim sehnte er sich schon nach einer festen Partnerin, obwohl ihm bewusst war, dass er durchaus ein wenig eigenbrötlerisch geworden war.

Und gestandene Frauen faszinierten ihn, auch wenn vom Alter her eine 20-Jährige durchaus noch Interesse an ihm haben könnte. Seine braunen, längeren Haare wellten sich leicht, seine tiefblauen Augen strahlten die meiste Zeit, weil er sich einfach zufrieden und glücklich fühlte. Die vielen Spaziergänge mit Gipsy hielten sein Körpergewicht auf einem akzeptablen Niveau, wobei man bei ihm nicht von einem Waschbrettbauch sprechen konnte.

Auch seine umgängliche, lebhafte Art wurde von allen und besonders von der Damenwelt geschätzt. Er war als Gast überall gerne gesehen, wobei es ihm meistens und vor allem bei Familienfesten sehr langweilig war. Unweigerlich kam hier das Thema auf den Bereich Fernsehfilme und hierzu konnte er überhaupt nichts sagen. Er besaß kein Fernsehgerät. Als sein Fernseher das Zeitliche gesegnet hatte, schaffte er damals kein neues Gerät an, weil ihm fast alle Sendungen als Zeitverlust erschienen. Gerade in den Abendstunden schrieb er einen Großteil seiner Artikel, da brauchte er Zeit und Ruhe zum Arbeiten.

Gipsy strich leicht an seinem rechten Bein vorbei. Sein Herrchen zuckte kurz zusammen. Er tätschelte seinem Hund die Seite und das Tier schaute ihn anbetend an. Auf dem Schaukelstuhl sitzend, berührte seine rechte Hand den Rücken seines ›schwarzen

Teufels‹, wie er ihn immer wieder nannte, wenn dessen garstige Phase sein ansonsten sonniges Gemüt überdeckte.

Schranz dachte an den Patrone, und wie konsequent dieser seinen Weg ging. Wer stand noch an seiner Seite? Es hatte den Anschein gehabt, dass es zumindest Neumann wäre. Aber jetzt hatte auch er fast alle seine Ferkel des SHL an die Gegenseite verkauft. Mafiöse Strukturen sah er dort keine. Auch wenn Bauer anderer Meinung war.

Die anderen Bauern wirtschafteten weiter wie bisher, vielleicht würden sie ein paar SHL aufziehen, genau schienen sie sich noch nicht geäußert zu haben. Und dann stand auf der anderen Seite die Schweinezentrale, Tausende von Kleinbauern besaßen Anteile daran und waren dadurch loyal zu dieser, ihrer Organisation eingestellt.

So wie es aussah, hatten die Leiter der Schweinezentrale ihr Augenmerk auch sehr wachsam auf Heinrich Bauer gelenkt. Sie hatten auf jeden Fall einen Informanten in seinen Reihen. Als Ferkel auf den Markt gekommen waren, informierte dieser sie sofort und durchaus mit einer gehörigen Portion Bauernschläue.

War der Patrone ein Einzelkämpfer? Sein Dickkopf eventuell sogar schon zu stark ausgeprägt? Hatte David gegen Goliath überhaupt eine Chance? Eine faire Chance? Und was würde die Gegenseite unternehmen, um dessen möglichen Aufstieg zu bremsen?

Gispy war eingeschlafen. Die Atmosphäre im Schreibzimmer tat ein Übriges. Die vielen Bücher in den selbst gezimmerten Regalen, der große Schreibtisch, der ausnahmsweise recht aufgeräumt wirkte, vermittelten Behaglichkeit.

Das Telefon schrillte, Martens war dran.
»Mahlzeit Herr Schranz, störe ich Sie gerade?«
Hätte er ehrlich antworten sollen? Wie spät war es? Mittag schon?
»Hallo Herr Chefredakteur.« Martens gefiel diese Anrede nicht. Er wollte vielmehr als Kollege angesehen werden, nicht als Vorgesetzter.
»Ich bin am Lektorieren.«
Diese Ausrede hatte er von Martens übernommen, als er einmal eine geschlagene Stunde neben ihm in seinem Büro gesessen war, nur um danach einen Zettel von ihm zu bekommen, wo er als Nächstes hinfahren und einen Bericht schreiben sollte. Aber immer wenn Martens nicht die Wahrheit sagte, dann atmete er besonders ruhig und seine Stimme war etwas tiefer als normal. Ganz so, als ob er zusätzlich vertrauensvoll wirken wollte.
»Wir haben zwei Aufträge für Sie. Einmal eine Goldene Hochzeit in Stimpfach. Und dann die Kreisversammlung des Deutschen Roten Kreuzes in Honhardt. Dort gibt es auch noch einen Vortrag über die Blutspendeaktivitäten. Können Sie alles heute Abend erledigen.«
Hoffentlich war sein Auto bald fertig. Ablehnen konnte er diese Termine auf keinen Fall. Er musste Geld zusammensparen, um noch trockenes Holz vor dem nahenden Wintereinbruch kaufen zu können.
Wobei die Aufträge wirklich nicht seinen Vorlieben entsprachen. Bei Jubiläen verhielten sich die Ehepaare entweder so hektisch, dass er die Informationen gar

nicht alle aufschreiben konnte. Oder er musste ihnen jedes Wort aus der Nase ziehen. Und Blutspende, alleine, wenn er das Wort hörte, bekam er feuchte Hände. Er konnte kein Blut sehen, weder sein eigenes noch das von anderen, und jetzt sollte er auch noch einen Vortrag zu diesem Thema anhören.

3. Oktober 1984

Die Kreisversammlung der Grünen stand an.

Schon zu Beginn seiner Tätigkeit hatte Schranz Martens gebeten, keine Berichterstattung über Politik machen zu müssen. Aber ein Kollege hatte sich krank gemeldet und Martens war als Blattmacher nicht in der Lage, selbst vor Ort zu recherchieren. Andere Journalisten waren unterwegs oder schon verplant.

Schranz solle sich nicht so anstellen, schließlich stünden Wahlen an, meinte sein Vorgesetzter. Einen der Bewerber würde er sogar persönlich kennen. Dabei hatte sich Martens linke Augenbraue etwas nach oben gezogen, was umso mehr auffiel, da sein Haaransatz erst sehr weit hinten begann. Es war tatsächlich so: Bauer war erst vor wenigen Wochen bei den Grünen eingetreten und stellte sich jetzt heute schon zur Wahl, um ein Amt zu übernehmen.

Die Waldhalle in Stimpfach, ein Betonfunktionsbau aus den 70er Jahren, der sein Baumaterial gar nicht verheimlichen wollte, war herbstlich geschmückt.

Als Schranz die gläserne Schwingtür nach innen aufdrückte, war die Halle bereits gut gefüllt.

Wie üblich war ganz vorne ein Platz für die Presse reserviert. Eine Lehrkraft der Grund- und Hauptschule

Stimpfach kam sogleich auf ihn zu und führte ihn zu seinem Platz.

Es hieß ja immer, dies sei eine ›Jesus-Latschen-Partei‹, und Schranz hatte noch nie so viele Bärtige und Strickpulli tragende Männer gesehen.

Als er ganz vorne am Tisch angekommen war, direkt vor ihm lag nun die mit einem dunkelbraunen Holzparkett belegte Bühne, erkannte er auch Heinrich Bauer, der an einem der langen Tische saß. Und daneben Neumann. Was machte der denn hier? Ihn hatte er wahrlich nicht erwartet.

Wie Schranz schon vermutet hatte, gab es zu Beginn den ›Einpeitscher‹, einen ungefähr 50-Jährigen, der alle anderen politischen Parteien verdammte, über die Atomkraft herzog und aus Deutschland ein Bioland machen wollte.

Danach stellten sich die Parteimitglieder vor, welche als Kandidaten für den Kreistag gewählt werden wollten. Alle saßen auf der Bühne, der Redner von vorhin spielte nun den Interviewer und befragte alle dort Anwesenden. Jeder musste fünf Fragen beantworten. Es ging um Umwelt, Natur und um Landespolitik.

Das Ergebnis war vorhersehbar, Bauer hatte schon nach wenigen Sätzen das Publikum für sich eingenommen. Und es waren dieselben, manchmal sogar wörtlich gleichen Formulierungen, die er gegenüber den Bauern verwendet hatte. Wirklich erstaunlich, wie schnell der Patrone die Menschen für seine Sache und seine Ideen begeistern konnte.

Als er gesprochen hatte, gab es donnernden Applaus. Die Sache war schon entschieden, bevor der letzte, neben ihm sitzende Redner seine Antworten geben konnte. Bauer würde das Rennen machen. Das war klar.

Am Ende der Sitzung mied er den Kontakt mit Heinrich Bauer. Er wollte nicht den Anschein erwecken, überall dort aufzutauchen, wo dieser sich aufhielt. Und danach immer Artikel schrieb, welche diesen heroisierten.

Allerdings, was wollte Neumann heute Abend hier? Er würde ihn unter irgendeinem Vorwand anrufen und ein wenig aushorchen.

4. Januar 1985

Heinrich Bauer hatte mit Martens abgesprochen, dass die HV die Exklusivrechte haben sollte, wenn der erste Zuchteber in Dangertshausen eintreffen würde.

Dafür war Bauer morgens um 5 Uhr Richtung Odenwald gefahren, um bei Freongard ein Tier zu kaufen. Zuerst hatte er den jungen Journalisten noch gefragt, ob er nicht mitfahren wolle. Aber diesem war die Entfernung zu groß gewesen, und schließlich sollte er noch mit einer gewissen mentalen Distanz darüber berichten.

Dafür brauchte es Konzentration und Kraft. Zumindest nahm er das als Ausrede, warum er jetzt bei der Mutter von Bauer einen Schweinebraten mit Kartoffeln bestellte. Natürlich vom SHL.

So ließ sich die Wartezeit angenehm verkürzen. Glücklicherweise waren heute die Straßen frei, die Tage davor hatte es stark geschneit und da wäre auch ein Landrover nicht problemlos durchgekommen.

Schon nach kurzer Zeit bekam er sein Essen serviert. Frau Bauers Bäckchen glänzten heute besonders rosig. Entweder ging es ihr richtig gut oder sie freute sich auf den neuen Eber, der den Schweinezüchtern in Hohenlohe eine gute Zukunft bringen sollte.

Das Fleisch des Bratens war zart, es zerging fast auf der Zunge. Ganz feine Fettadern durchzogen es, aber diese waren ebenfalls weich, sodass es beim Kauen überhaupt nicht auffiel, dass der Braten nicht ganz mager war. Die hellbraune Soße hatte sich schon teilweise mit dem Fleisch vermischt und es schmeckte saftig und würzig. Schranz schnitt die Kartoffeln in Scheiben, und tauchte dann deren lange Seite in die Bratensoße hinein. Dazu dann noch ein Schluck des kühlen Haller Bieres, einfach wunderbar. So ließ es sich aushalten.

Diesen Gefallen tat er ihm allerdings nicht, erst drei Viertel des Bratens waren gegessen, da ertönte draußen eine Autohupe. Frau Bauer kam sofort aus der Küche und eilte durch den Gastraum Richtung Ausgangstür. Schranz musste sich beeilen, damit er ihr folgen konnte.

Wenn der Journalist es nicht besser gewusst hätte, dann hätte er das Alter des Landrovers auf über 15 Jahre geschätzt. Aber er war fast neu und innen schön ausgestattet. So passte das Auto zum Fahrer.
Ein kleiner, aber hoher geschlossener Anhänger hing hinter dem Landi.

Der Patrone stieg aus, entweder hatte er seinen Hut die ganze Fahrt über getragen, oder er hatte ihn sich rechtzeitig aufgesetzt. Dieser Hut bedeutete ihm sehr viel, er stand für Freiheit, für einen *freien Bauer*, wie er stolz erklärt hatte.

Es war zwar erst 17 Uhr, aber schon fast stockdunkel, sodass Schranz seinen Fotoapparat mit einem starken Blitzgerät ergänzen musste.

»Ach hallo, Herr Schranz. Heute sind Sie pünktlich.«

Eine weniger ironische Begrüßung hätte es auch getan.

»Herzlichen Glückwunsch zur neuen Sau!«

»Ein Eber, Herr Schranz. Also ein männliches Schwein.«

Bauer nahm ihn heute ordentlich auf die Schippe.

»Und heißt ›HELM SH 304‹. Aber ich glaube, ›Helm‹ reicht vollkommen aus.«

Glücklich öffnete er den Deckel des Anhängers, um ihn danach nach unten zu klappen. Schranz nestelte noch an seinem Blitzgerät, bei dem kalten Wetter klemmte irgendetwas beim Hinaufschieben des Blitzes auf den Fotoapparat.

»Moment! Wir brauchen ein paar Fotos.«

Bauer war schon im Anhänger verschwunden. ›Helm‹ quiekte und es war nicht zu unterscheiden, ob das jetzt ängstlich oder erfreut geklungen hatte.

Man hörte Geräusche: Ein Strick wurde durch eine Öse gezogen, Trampeln war zu vernehmen und danach erschien Bauers Fuß auf der Anhängerrampe.

»Sind Sie bereit, Herr Fotograf?«

Trotz der kühlen Witterung schwitzte Schranz. Er wollte unbedingt ein gutes Foto schießen. Beim letzten Weihnachtsmarkt in Crailsheim hatte er sich extra für das Fotografieren im Winter Handschuhe gekauft, deren Fingerkuppen abgeschnitten worden waren. So konnte er den Druckpunkt des Auslösers seiner Canon spüren, auch wenn der metallene Knopf bereits eiskalt war.

Schranz drückte auf den Auslöser, diesmal war er zu früh dran und es würden sicherlich nur die Füße zu sehen sein. Aber er schoss noch weitere Aufnahmen, sodass eine kleine Bilderserie entstand, wie ›Helm‹ hohenlohischen Boden betrat.

Schön sah er aus, dieser ›Helm‹. Der Blitz erhellte seine schwarzen und weißen Hautfarben in der Dunkelheit und sie traten noch deutlicher zutage. Er war sehr kräftig, ein Laie würde vielleicht sogar fett sagen, und seine Ohren hingen lustig nach vorne. Wenn er allerdings ein Geräusch zu hören glaubte, dann spitzte er das eine Ohr kurz, wobei das andere Ohr schlaff hängen blieb. Ein witziger Anblick.

›Helm‹ schien die Fahrt gut überstanden zu haben: Er zeigte weder Angst, als er die Rampe des Anhängers hinunterlaufen musste, noch Sorge, wohin ihn denn nun sein neuer Herr führen würde. So ging Bauer voraus, und ›Helm‹ folgte ihm. Er war an einen ungefähr einen Meter langen Strick angebunden.

Quer über den Parkplatz ging es durch das hohe, metallene Gartentor Richtung Stall. Unweigerlich hatte Schranz sofort wieder diesen typischen Geruch in der Nase, diesmal allerdings freute er sich beinahe, hier sein zu dürfen. Alles verlief so harmonisch, auch das Tier schien glücklich zu sein. Es fühlte sich offensichtlich wohl.

14. Januar 1985

Der Bericht über ›Helm‹ hatte viel Beachtung gefunden. Martens hatte seinen Mitarbeiter für die guten Bilder gelobt. Das war zum ersten Mal vorgekommen, sonst bezeichnete der Chefredakteur seine Bilder oftmals als ›suboptimal‹.

Martens war von einigen wichtigen Leuten, so seine

Vermutung, in positiver Weise auf die Berichterstattung über das SHL angesprochen worden und bestellte ihn zu sich ins Büro, um ihm zu eröffnen, dass er ab sofort ein um 20 Prozent höheres Honorar und auch deutlich mehr Aufträge bekommen würde. Es gab nur lobende Worte, was Schranz etwas beunruhigte, als er mit seinem Golf nach Hause fuhr. Lob machte ihn immer misstrauisch.

Der Anstieg nach dem Dorf Alexandersreut in Richtung Bernau war tagsüber nicht mit Salz abgestreut worden, sodass es nun bei Einbruch der Dunkelheit und Rückkehr des Nachtfrostes gefährlich glatt geworden war. Schranz verlangsamte seine Fahrt und fuhr untertourig im dritten Gang, um den Anstieg ohne Rutschpartie zu bewältigen. Hoffentlich fuhr ihm jetzt kein anderes Auto entgegen, dazu noch mit hoher Geschwindigkeit, es würde zwangsläufig einen Unfall geben.

Mühevoll erhellten die Scheinwerfer des Golfs die schmale Straße durch den hohen Wald, ihm war fast ein wenig unheimlich. Wie schön war diese Fahrt dagegen im Sommer!

Erleichtert kam er zu Hause an, er ahnte bereits, dass ihn jetzt ein kaltes Haus empfangen würde. Niemand hatte in den letzten vier Stunden Holz im Kachelofen nachgelegt. Und da es keine andere Heizung in seinem Haus gab, stellte er sich schon einmal auf eine mindestens einstündige Kältephase ein.

Als er die Haustüre aufschloss, sprang Gipsy ihm freudig in die Arme. Im Hintergrund schien gerade jemand zu sprechen, es musste der Anrufbeantworter sein. Schranz eilte in seine Richtung, aber er hörte nur noch die letzten beiden Worte.

»Richtung Jagstzell.«

Es war Martens, und seine Stimme klang sehr aufgeregt.

Schranz drückte die Playtaste.

»In Stimpfach brennt ein Bauernhof. Großeinsatz von Feuerwehr und Polizei. Fahren Sie schnell hin. Kein Zeilenlimit, ein bis zwei Fotos. Liegt Richtung Jagstzell.«

Der Ofen war nur noch Nebensache, aber Gipsy wollte er nicht alleine zurücklassen. So öffnete er kurz die Heckklappe seines Autos, und der Hund sprang dankbar hinein.

Ein Glück, dass es wenigstens nicht in Alexandersreut brannte. Diese gefährliche Strecke brauchte er nicht zu fahren, Stimpfach lag in der anderen Richtung.

Als Schranz eintraf, schlugen aus dem Stall des Hofes hohe Flammen. Dicker, beißender Qualm stieg auf, das Wohnhaus, das rund 30 Meter davon entfernt lag, schien unversehrt. Menschen rannten wild durcheinander, sie wollten wohl möglichst viele Tiere aus den Flammen retten. Die Feuerwehr versuchte, aus der nahen Jagst eine Standleitung für das Löschwasser zu erstellen, aber momentan war noch kein Wasser aus dem Schlauchende getröpfelt. Der ebenfalls bereits eingetroffene Löschzug schien sein Wasser schon verbraucht zu haben.

Es war eine Szenerie aus lauten Rufen, spitzen Schreien und Gebrülle von Kühen. Schweine schien dieser Bauer keine zu halten.

Der Journalist baute sein Stativ auf, steckte den großen Blitz auf das Kameragehäuse, was diesmal trotz der Kälte erstaunlich schnell ging. Er drückte mehrmals auf den Auslöser, um nach dem Entwickeln der

Bilder wieder eine vernünftige Auswahl an Bildmaterial zu haben.

Als er die letzte Aufnahme machte, erhellte der Blitz eine merkwürdige Situation. Ein weiß-schwarzes Schwein trottete über den Hof, mitten hindurch durch das ganze Gewühl an Menschen und Tieren. Von niemandem angeleint, von keinem fortgescheucht. Einfach ruhigen Schrittes heraus aus dem Getümmel in Richtung Sicherheit und an die frische Luft.

Der Einsatzleiter der Feuerwehr trat neben Schranz. Die beiden kannten sich von einigen früheren Einsätzen.

»Hallo Chris!«

Schon beim ersten Zusammentreffen hatten sie sich geduzt, das war wohl bei der Feuerwehr so üblich.

»Hallo Markus, habt ihr alles im Griff?«

»Ja, kein besonders schlimmer Fall. Menschen waren keine gefährdet, nur der Stall hat angefangen zu brennen. Vom Großvieh konnten wir alle Kühe retten, auch ein junges Kalb. Das hätte bei den Schweinen ebenfalls funktioniert, aber die waren schon tot, als wir gekommen sind.«

»Echt? Warum denn das?«

»Ach, sicherlich wie bei den meisten unserer Brände. Die Schweine sind so stressempfindlich. Wenn es da zu brennen anfängt, bekommen sie einen Herzinfarkt und fallen tot um. Auch waren es hier nur 10 Schweine, der Bauer wird es verkraften können.«

Aber ein Schwein hatte überlebt, dessen war sich Schranz sicher. Es müsste auch auf einem der Fotos zu sehen sein.

16. Januar 1985

Es sah schon komisch aus. Ein weiß-schwarzes Schwein lief seelenruhig durch ein wüstes Chaos aus Feuerwehrschläuchen, durchhastenden Menschen und einem brennenden Stall. Martens hatte genau dieses Bild ausgewählt, um den Brand in Stimpfach zu dokumentieren. Und da gerade wieder einmal eine nachrichtenarme Zeit war, zierte es sogar die Titelseite der Zeitung. Menschen waren bei diesem Brand tatsächlich keine zu Schaden gekommen, die Bauern hatten nur einen leichten Schock erlitten.

Schranz las die Zeitung in Ruhe, und auch in der Küche spürte man, wie sich langsam aber sicher die Wärme des nun wieder laut vor sich hinknisternden Kachelofenfeuers im ganzen Haus ausbreitete. Das war ein gewisser Nachteil des Holzofens. Morgens war er zwar noch warm, aber bei minus 15 Grad Außentemperatur brauchte es ungefähr eine Stunde, bis die Zimmertemperatur wieder über 18 Grad lag.

Gipsy hatte sich auf die Zehenspitzen von Schranz gelegt, bei diesem Wetter eine willkommene Wärmflasche. Nächsten Sommer wollte der junge Journalist, in Absprache mit seinen Vermietern, das Thema Isolierung angehen. Das Fachwerk ließ durch sein Mauerwerk ziemlich viel Kälte ins Haus hinein. Schranz registrierte, wie sich auch an diesem Morgen der Vorhang vor dem Küchenfenster leicht im Lufthauch bewegte. Er ahnte bereits, dass das Fachwerk an der Außenseite auf jeden Fall sichtbar bleiben sollte. Dann blieb scheinbar nur die Innenseite zur Isolation. Aber auch davon hatte ihm eine Expertin abgeraten.

Gedankenversunken schreckte er auf, als das Telefon klingelte.

»Mensch, ein tolles Foto.«

Der Patrone hatte heute Morgen offensichtlich schon die Zeitung studiert.

»Guten Morgen! Sieht fast ein wenig gestellt aus.«

»Aber klasse, wirklich super! Ich würde Ihnen das Bild gerne abkaufen.«

Es war das erste Mal, dass Bauer das Wort Geld in ihrer Zusammenarbeit erwähnte.

»Sorry, ich habe es ja bereits verkauft.«

»Nein, ich will keinen Abzug. Ich würde gerne das Original kaufen.«

So hatte Schranz wieder einen Kubikmeter Brennholz verdient.

»Und noch etwas, ich würde Sie gerne in Zukunft als unseren ›Haus- und Hofberichterstatter‹ engagieren. Wenn etwas ansteht, würde ich mich bei Ihnen melden. So wie jetzt zum Beispiel. Am 1. Februar wollen wir zu einer Vorbesprechung zur *Gründung einer bundesweiten Züchtervereinigung für das Schwäbisch-Hällische Schwein* einladen. Um 13 Uhr im Gasthof Krone in Hessental. Für Sie wären Essen und Getränke frei.«

Das war der erste Großkunde für Schranz und nach knapp einem Jahr in Hohenlohe freute er sich sehr darüber. Es war schwer gewesen und deutlich langsamer gegangen als im Großraum Stuttgart üblich.

Das bedeutete, dass er weiterhin sein Geld von der HV bekommen würde. Aber die ersten Informationen über Projekte des SHL gingen ab jetzt gleichzeitig als Pressemitteilung an die HV und an Schranz. Ein sehr wertvoller Wissensvorsprung für ihn gegenüber anderen freien Journalisten.

1. Februar 1985

Über die Fahrtkosten hatten sie nicht gesprochen, und es waren über 40 Kilometer von Bernau bis nach Hessental. Schranz würde einen geeigneten Moment abwarten, um Bauer danach zu fragen.

Der Abend verlief enttäuschend. Keine Neuigkeiten, viele Sätze von Bauer kannte er nun fast schon auswendig. Nur eine Sache war ihm bisher entgangen. Es gab seit letztem Jahr eine ›Schweine-Körkommission‹. Am 11. 1. 84 hatte es Bauer geschafft, mit den Tierzuchtbehörden und der Vorstandschaft des Schweinezuchtverbandes ein Vorbuch für das spätere Zuchtbuch des SHL einzurichten. Damit hatte die Zucht für das SHL sozusagen wieder offiziell begonnen. Mit fünf Sauen von Manfred Gerlacher, der Sau ›Berta‹ vom Patrone und einem Eber mit Namen ›Felsen‹ von einem Züchter Gerner.

Inzwischen war ja auch noch der Eber ›Helm‹ dazugekommen.

Bauer war noch immer mächtig stolz darauf, dass er dies erreicht hatte. Auch für die anderen Schweinezüchter war es offenbar von großer Bedeutung, denn es war der Moment des Abends gewesen, der eine Reaktion hervorgerufen hatte.

Das war die einzige Neuigkeit, die Schranz an die HV verkaufen konnte. Sonst nichts. Vielleicht 40 Zeilen und ein Archivbild mit einer Muttersau inklusive Ferkel. Er musste mit Bauer ein Gespräch wegen der künftigen Zusammenarbeit führen. Der Ertrag dieser 40 Zeilen hatte gerade einmal die Spritkosten des heutigen Abends gedeckt.

Und er hatte Gerlacher kennengelernt. Als Erstes waren ihm die abstehenden, kleinen Ohren an ihm aufgefallen. In Kindertagen hatte die Oma von Schranz dazu immer *Schweinsöhrchen* gesagt, das passte! Ein kantiges Kinn und schmale, deutlich strukturierende Augenbrauen umrahmten das braungebrannte Gesicht. Dazu diese starke Falte rechts und links parallel von der Nase den Mund umschließend bis an das Kinn. Ein wahrlich markanter Kopf.

Reden war nicht Gerlachers Sache, das schien hier so üblich zu sein. Aber er war geachtet, schien fast einer der Anführer zu sein. Ob es daran lag, dass er der Schwager von Bauer war? Oder eher daran, dass fünf von sechs Zuchtsauen der Gründergeneration von ihm stammten? Schranz hatte bei diesem Mann ein eigenartiges Gefühl, nichts Bestimmtes, einfach so. Komisch fand er auch, dass Heinrich Bauer so wenig über Gerlacher erzählt hatte.

Wie auch immer, es war schon eine skurrile Truppe gewesen, die sich an diesem Abend zusammengefunden hatte. Dabei war Bauer wie üblich der Boss, ihr Patrone im wahrsten Sinne des Wortes gewesen. Und so hatten ihn auch einige andere bereits angesprochen.

2. Februar 1985

Dinge auf die lange Bank zu schieben, das lag Schranz nicht. Also rief er über die Mittagszeit beim Patrone an.

»Mahlzeit Herr Bauer!«

»Gut, dass Sie sich melden. Haben Sie mit der Berichterstattung von gestern Abend alles im Griff?«

»Danke, das passt alles. Ich muss mal schauen, wie

viele Zeilen das werden. War nicht besonders ergiebig. Es war eine ähnliche Besprechung wie die Male zuvor. Nur waren mehr Leute da. Und es gibt das eindeutige Ziel, in absehbarer Zeit die Gründungsversammlung einer Züchtervereinigung abzuhalten.«

»Jede Menge Punkte.«

»Aber wir hatten das schon so ähnlich drin in der HV. Ich muss mit Martens reden, mal sehen, was sich machen lässt.«

Schranz war klar, dass da nichts möglich war.

»Ich wollte Sie noch fragen, wie wir es finanziell regeln? Sie meinten das letzte Mal, ich sei von nun an Ihr Haus- und Hofberichterstatter.«

Keine Antwort von Bauer. Dann:

»Ich will einmal anders herum anfangen. Wir alle, Sie, ich, die anderen Bauern, wir arbeiten alle an einer richtig großen, sicheren Zukunft. Jeder von uns zahlt das Porto, die Telefonkosten, das Spritgeld aus seiner eigenen Tasche. Gar nicht zu reden von den Arbeitsstunden, sowohl für die Vorbereitung unserer Aktivitäten, wie auch die Zusammenkünfte. Und ich würde Sie, lieber Herr Schranz, gerne in die Zukunft mitnehmen. Gemeinsam packen wir das!«

Bauer hatte es geschafft, ihn in diese Sache zu involvieren. Nur davon ließ sich aktuell kein Holz für den Kachelofen kaufen, der Winter war streng und die Vorräte neigten sich dem Ende zu. Er würde ein zusätzliches Buch im Lektorat des Wissenschaftsverlags annehmen müssen, alles andere war zu riskant, zumal er aufgrund der hohen Umzugskosten nach Bernau noch kein finanzielles Polster angelegt hatte.

»Und noch was.«

Wieder machte er eine seiner Kunstpausen.

»Auf dem Nachbarhof von Kollege Neumann, Sie kennen ihn ja, unseren Fritz, gibt es Probleme. Da sind vorgestern zwei Schweine gestorben, gestern fünf, alle einfach umgekippt. Wenn ich dort nachhake, ist das zu auffällig. Machen Sie das doch.«

Daraus konnte sich eventuell eine neue Geschichte entwickeln. Und diese könnte Schranz vielleicht den benötigten finanziellen Umsatz bringen. Es widerstrebte ihm, so profitorientiert zu denken, aber er musste schließlich für weitere kalte Wochen Vorsorge treffen.

»Hallo Herr Neumann. Entschuldigen Sie den späten Anruf!«

Schranz hatte erst nach dem Essen bei Neumann angerufen. Ab 20 Uhr waren die Landwirte im Winter normalerweise nicht mehr im Stall.

»Kein Problem. Sind Sie nicht dieser Schreiberling?«

Schranz hatte keine allzu freundliche Begrüßung erwartet.

»Von der HV. Darf ich Sie etwas fragen?«

»Ja.«

»Was passiert gerade bei Ihrem Nachbarn?«

Ein langes Schweigen folgte.

»Ich weiß nicht!«

Wieder sekundenlanges Schweigen.

»Wissen Sie, ich will morgen nicht in der Zeitung stehen.«

»Das tun Sie auch nicht.«

»Wer weiß!«

»Sie kennen mich jetzt schon von ein paar Bauernversammlungen. Ich habe mich immer an die Vereinbarungen gehalten. Auch zum Patrone habe ich, wie Sie wissen, ein sehr offenes, vertrauensvolles Verhältnis.«

Hoffentlich zog das auch in diesem Fall.

»Ja, ich weiß.«

Er schien seine Gedanken zu ordnen.

»Dort ist etwas Komisches passiert. Ich kann es aber noch nicht genau einschätzen. Wenn Sie mich fragen, dann könnte es die Aujetzki-Krankheit sein. So sah das vor über 10 Jahren auch schon einmal bei uns im Stall aus. Ich war gestern noch drüben, da war nichts. Alles sieht gut aus. Und am nächsten Tag sind die Schweine tot.«

Diese Krankheit kannte Schranz nur dem Namen nach, etwas Genaues wusste er nicht.

Aber es musste furchtbar sein. Ganze Bestände wurden gesperrt und dann getötet, wenn dieser Erreger nachgewiesen wurde. Neumann hoffte sehr, dass es eine andere Krankheit war. Sonst würde womöglich auch er mit seinem Betrieb unter die Quarantänevorschriften fallen, schließlich lag sein Hof nur rund 200 Meter vom Krankheitsherd entfernt.

Es war alles sehr besorgniserregend. Schranz vereinbarte mit ihm, dass sie sich am nächsten Vormittag auf Neumanns Hof treffen würden, um die Lage zu besprechen. Der Journalist war beunruhigt, auch weil aus Neumanns Stimme hörbare Angst geklungen hatte. Und dieser Gemütszustand kam bei den sturen, willensstarken Hohenloher Bauern nur sehr selten vor.

3. Februar 1985

Eine sehr unruhige Nacht lag hinter Schranz.

Wieder einmal hatte er die Holzfüllung für den Kachelofen nicht richtig bemessen gehabt, der Ofen strahlte morgens nur noch eine lauwarme Wärme ab. So war es mit 12 Grad in der Küche deutlich zu kalt.

Die morgendliche Winterlandschaft entschädigte Schranz für die kalten Hände und Füße. Wie überzuckert standen die Bäume im schrägen, milchigen Sonnenlicht. Die Sonne versuchte, den Nebel zu verdrängen.

Es war wenig los auf den Straßen, alles war gut gestreut, und so erreichte er bereits nach 20 Minuten den Hof von Neumann.

Da der Boden steinhart gefroren war, knirschte die Kiesauffahrt nicht, wie zu erwarten gewesen wäre, aber Neumann kam sogleich aus dem Haus gelaufen, nur mit einem Hemd bekleidet, und bat ihn herein in die Küche.

Neumanns Stimme klang noch aufgeregter als gestern, sein Händedruck war schlaff und feucht.

Was war passiert?

»Kommen Sie schnell herein. Es ist zu gefährlich hier draußen.«

Obwohl Neumann viel kleiner war als Schranz, hatte dieser Mühe ihm zu folgen und rechtzeitig vor dem Schließen der Haustüre im Haus zu sein.

»Es muss etwas Schlimmes sein. Die Polizei und das Veterinäramt haben Angermanns Hof gesperrt.«

»Angermann?«

»Ja, warum sind Sie jetzt erstaunt?«

»Ich dachte, es sei ein anderer Hof.«

»Ach, Sie meinen Scholpp? Dort ist eine Sau gestorben, das stimmt. Aber bei den anderen Schweinen scheint alles in Ordnung zu sein. Die Tierärztin hat den Hof nicht gesperrt.«

»Und bei Angermann?«

»Fällt ein Schwein nach dem anderen tot um. So eine Tragik! Gerade jetzt!«

»Warum gerade jetzt?«

»Er war auf *unserer* Seite und hat mir versprochen, all die Ferkel vom SHL abzunehmen, die ich nicht selber für die Zucht brauche. Zum selben Preis wie die normalen Ferkel. Wir hatten uns so abgesprochen, nachdem diese Aktion damals mit den DDR-Ferkeln echt danebengegangen war.«

Schau an, diese Geschichte hatte die Bauern noch dichter zusammenrücken lassen. Schranz realisierte dies erst jetzt in seinem ganzen Ausmaß. Neumann sagte das überzeugend, klar und deutlich, und es war hundertprozentig glaubhaft.

»Und was passiert nun?«

Schranz hatte aus seiner Studienzeit noch eine Vorlesung in Erinnerung: Bei bestimmten Krankheiten konnte es dazu kommen, dass Sperrzonen eingerichtet und die Schweine notgeschlachtet wurden. Das Image der Betriebe in dieser Region litt jahrelang unter diesen Aktionen.

»Das Ärgerliche ist doch, dass der Großteil der Tiere gar nicht krank ist. Nur in ihrem Blut finden sich Antikörper, die Krankheit bricht folglich gar nicht aus. Aber diese elende Wirtschaftsmafia, da hast du keine Chance. Die Vorschriften sind so, Antikörper heißt krank, heißt keulen und fort vom Hof.«

Von Neumanns Hof konnte man sogar die Gebäude des betroffenen Betriebes sehen.

Erst jetzt bemerkte er Neumanns Ehefrau, die in der Küche stand und irgendwelche Sachen sortierte. Sie wirkte sehr in sich gekehrt, die Bedrohung greifbar nahe und fast körperlich spürbar.

»Und wissen Sie, was ich glaube? Diese Viren wurden bewusst auf den Hof von Angermann angesetzt. Die hat er sich nicht zufällig eingeschleust. Da gehe ich jede Wette ein.«

War Patrones Einfluss so groß? Schranz konnte sich das kaum vorstellen.

»Wie wird denn die Krankheit übertragen?«

Neumann strahlte Angst und Entschlossenheit gleichzeitig aus. Er hatte jetzt einen Strickpulli an, den er komischerweise nicht einmal in der warmen Küche auszog. Die hellblaue Hose war geeignet, um sie sowohl zum Arbeiten als auch in der Freizeit zu tragen. Und der Seitenscheitel seiner mittelbraunen Haare ließ erahnen, dass er mit erstem Haarausfall kämpfte und dies mehr oder weniger geschickt mit einer entsprechenden Frisur kaschierte.

Seine Augen funkelten Schranz an.

»Schauen Sie sich die Abwehrmaßnahmen an: vor den Eingangstüren der Ställe Matten und ein Desinfektionsbad für die Füße. Im Stall peinlichste Hygiene, damit sich nirgendwo etwas entwickeln kann. Futter nur von kontrollierten Betrieben und keine Schlachtabfälle. Oberste Sauberkeit bei der Schlachtung, falls die Tiere nicht eh im Schlachthof verarbeitet werden.«

»Es gibt also viele Möglichkeiten.«

»Nein, ich kenne doch den Hof. Da gibt es gar nichts, der ist vorbildlich. Es kann nur etwas von außen reingekommen sein.«

»Wo ist Aujetzki bisher schon ausgebrochen? Irgendwo hier in der Nähe?«

»Nein, seit mehr als 10 Jahren ist die Krankheit hier im gesamten Umkreis nicht mehr aufgetaucht. Das ist es ja gerade.«

Schranz beschloss, mit Angermann Kontakt aufzunehmen. Heute war es bestimmt ungeschickt, aber morgen wollte er mit ihm telefonieren. Eigenartig war es schon.

Auf der Rückfahrt hörte Schranz, dass aus Amerika die ersten Mobiltelefone nach Europa gekommen seien. So groß wie eine Wasserflasche und sogar schwerer als eine solche. Empfang dafür gab es gerade einmal um die Hauptstadt Bonn herum und dann noch ein paar Punkte in Frankfurt. Der Reporter erzählte stolz, dass er damit auch schon telefoniert hätte. Es sei großartig, überall auf der Welt könne man telefonieren. Falls das Funknetz ausgebaut werden würde. Kosten sollte dieses Telefon ungefähr 3.500 DM.

Schranz schüttelte den Kopf. So teuer und dann noch überall erreichbar sein? Es würde sich nicht durchsetzen, da war er sich sicher.

3

4. Februar 1985

Es war schon erstaunlich warm. Tagsüber in der Sonne zeigte das Thermometer über 10 Grad an.

Schranz sah die ersten Golfcabrios offen fahren. Zwar wirkte es fast so, als ob ihnen das Dach mit einer Flex aufgeschnitten worden wäre, aber das Autofahren musste herrlich sein. Dieses Spüren des Windes, diese Wahrnehmung des Geruchs von Laub, von gemähtem Gras, das Gefühl von Freiheit und Lebenslust. Vielleicht würde er nicht unbedingt ein rotes Auto wählen, diese landläufige Bezeichnung von einem ›Erdbeerkörbchen‹ war wenig schmeichelhaft.

Da hieß es für Schranz sparen, gebraucht kosteten die Autos immer noch über 20.000 DM. Für ihn war diese Summe utopisch, praktisch nicht erreichbar. Aber er träumte davon, die Zeiten würden irgendwann einmal auch wieder besser werden. Wobei er sich eigentlich nur beim Finanziellen beklagen konnte, alles andere empfand er als sehr zufriedenstellend. Bis auf diese Geschichte mit dem Singleleben. Doch das Frühjahr nahte.

»Hallo, Herr Angermann. Schranz von der ›Haller Volkszeitung‹.«

»Ich möchte nicht mit der Presse reden.«

Angermann schien schon im Begriff, den Hörer wieder aufzulegen. Schranz beeilte sich zu sagen:

»Bauer hat mich beauftragt, Sie anzurufen.«

Das war gelogen.

»Ach ja, der hat sich die ganze Zeit nicht gemeldet.«

»Deshalb rufe *ich* jetzt an.«

Er hatte ihn an der Strippe. Nur durfte er nicht vergessen, sich im Anschluss gleich beim Patrone zu melden. Damit dieser informiert war.

»Wie geht es Ihnen?«

»War schon mal besser.«

»Ich soll Ihnen ausrichten, dass Sie unsere vollste Unterstützung haben. Ich arbeite als Journalist für unsere Interessen. Und ich werde mit der Rückendeckung von Herrn Bauer alles dafür tun, Ihren Schaden so klein wie möglich zu halten.«

»So?«

»Ist Aujetzki wirklich bei Ihnen ausgebrochen?«

»Man hat Antikörper im Blut meiner Schweine gefunden.«

Er hätte auch mit ›ja‹ antworten können.

»Haben Sie eine Ahnung, woher die Krankheit kommt?«

»Keine Ahnung, ich habe absolut nichts falsch gemacht.«

»Ist irgendetwas anders gewesen als sonst? Haben Sie anders geschlachtet? Waren Besucher da?«

»Nein, Besuchern habe ich schon lange keinen Zutritt mehr gewährt. Das schien mir zu gefährlich. Nur vor so ungefähr einer Woche war ein Vertreter von der Schweinezentrale nochmals da. Wir verkaufen ja noch immer mehr als die Hälfte der Schweine an sie. Er hatte gehört, dass wir in Zukunft mehr SHL züchten und weniger mit ihnen zusammenarbeiten wollten. Er hielt dies für eine schlechte Entscheidung.«

»Ja, und?«

»Nichts, das war alles. Wir sind durch die Ställe gelaufen, er hat sich nochmals alles angeschaut. Und dann ist er wieder gegangen.«

»Und die Wannen vor den Ställen?«

»Die sind nicht von mir, die sind vom Veterinäramt.«

Schranz' Gedanken drehten sich wirr im Kreis. Stichhaltige Beweise gab es keine. Aber die Dinge waren äußerst dubios gelaufen.

Es kam ihm eine neue Frage in den Sinn.

»Wie hieß der Mitarbeiter, dieser Vertreter der Schweinezentrale?«

»Oh, das weiß ich nicht mehr.«

Angermann versuchte, sich zu erinnern.

»Er war noch nie hier. Bestimmt ein neuer Mitarbeiter, so ungefähr 1,80 Meter groß, helle, etwas leicht rötliche Haare. Und er sprach Sächsisch.«

»Sächsisch?«

»Ja, ich habe noch niemals jemanden in unserem Landkreis so reden hören. Ich musste mich konzentrieren, um ihn zu verstehen.«

Schranz ließ sich auf seinen Schaukelstuhl fallen. Gab es nun womöglich noch ein Komplott gegen das SHL? In das auch noch die DDR verwickelt war? Oder sah er Hirngespinste, nur weil sich mehrere Vorfälle ereignet hatten, die auf solche Verwicklungen hindeuten konnten? Der Patrone war telefonisch nicht zu erreichen, Schranz bat um seinen Rückruf

Konnte die Schweinezentrale so unprofessionell arbeiten, dass ihre Aktivitäten so leicht durchschaubar waren? Oder war das alles purer Zufall?

Gut, dass Schranz einige andere Aufträge von der HV zu erledigen hatte. So fand er willkommene Abwechslung von den Gedanken über und an das SHL.

4

5. Februar 1985

Heute hätte sein Vater Geburtstag gehabt. Schranz dachte schon lange vorher an diesen Tag, da es die Erinnerung an seinen Vater wach hielt. Seit dessen Tod, als Schranz 15 Jahre alt war, hatte er genaue Bilder und Worte von ihm nicht mehr vor sich, aber er dachte gerne an Kleinigkeiten zurück. Wie ihn sein Vater zu Sportveranstaltungen mitgenommen hatte, wie sie zusammen Fußball gespielt hatten – so intensiv und mit begeistertem Einsatz, bis sich sein Vater bei einem Sturz die Hand gebrochen hatte. Sicherlich war das einer von Schranz' wesentlichen Charakterzügen, dieses Kämpfen, dieses Niemals-Aufgeben-Wollen. Das musste sich in den Kinder- und Jugendjahren eingebrannt haben.

Auch fühlte er sich schnell an neuen Plätzen und Orten wohl, er genoss fremde Kulturen und auch neue Köstlichkeiten aus Küche und Keller. Daran konnte er sich komischerweise noch gut erinnern, wie sein Vater ihm Dias gezeigt hatte, Schranz musste so ungefähr fünf bis sechs Jahre alt gewesen sein. Dias von goldenen Kuppeln, von Menschen mit Turbanen, von ausgetrockneten braunen Gebirgszügen – sein Vater war als Messepersonalmitglied auf einer Weltausstellung in Teheran gewesen und hatte einen silbernen Samowar mitgebracht, der noch heute in Schranz Bilder aus fernen Welten erweckte. Auch wenn er selbst noch niemals im Vorderen Orient gewesen war.

Gipsy knurrte vernehmlich, entweder kam jetzt der Postbote oder ein Überraschungsgast. Sekundenbruchteile später klingelte es an der Haustüre, und sein Knurren verstärkte sich in ein tiefes, lautes Bellen.

Als Schranz die Türe öffnete, stand Neumann vor ihm.

»Hallo, Herr Neumann. Habe ich gestern etwas vergessen?«

»Nein, ich muss mit Ihnen reden.«

Es musste sich um etwas Wichtiges handeln, wenn Neumann dafür die lange Fahrt auf sich genommen hatte.

»Heute Morgen lag ein totes Schwein bei mir im Stall.«

»Woran ist es gestorben?«

»Keine Ahnung, aber ich habe Angst.«

»Verständlich.«

»Was kann ich bloß tun? Ich vermute auch, dass sie unser Telefon abhören. Es knackst so komisch in der Leitung.«

Man könnte meinen, Neumann hätte zu viele Kriminalromane gelesen. Warum sollte er abgehört werden? Das machte überhaupt keinen Sinn.

»Jetzt beruhigen Sie sich zuerst einmal, ich setze einen Kaffee auf.«

Mehr oder weniger widerwillig nahm Neumann in der Küche Platz. Er faltete seine Hände vor sich in seinem Schoß, dann rieb er sie an seinen Hosenbeinen, schlug die Beine übereinander, um sie danach wieder nebeneinander zu stellen. Er war sichtlich nervös.

»Möchten Sie lieber einen Kamillentee?«
»Nein, Kaffee, ohne Milch und ohne Zucker.«

Neumann schaute aus dem Fenster. Wie Franz Schranz erzählt hatte, kannte er Neumann. Sein Nachbar hatte vor vielen Jahren als Baggerfahrer ein Fundament für dessen Stall ausgehoben. Franz hatte den Mann in guter Erinnerung behalten, er sei stets freundlich und hilfsbereit gewesen.

Während der Kaffee durch den Filter lief und die Küche mit seinem angenehmen Duft erfüllte, zerbrach sich Schranz den Kopf, wie er helfen konnte. Der Landwirt war noch immer im Visier Gipsys, der sich mitten in die Küche auf den Fußboden gelegt hatte. Sein Kopf ruhte auf den Vorderpfoten, und seine braunen Hundeaugen hatten Neumann ganz genau im Blick.

»Wir müssen die SHL retten.«

Neumanns Stimme klang leise und konzentriert.

»Und wenn Sie diese einfach zum Patrone bringen?«

Diese Idee war dem Journalisten ganz spontan gekommen. Bauer baute gerade einen neuen Stall, der ausschließlich für das SHL gedacht sein sollte. So wie er wusste, war dieser Stall praktisch fertig, Heizung und Lüftung funktionierten. Nur die Schweine waren noch nicht da, die Aufzuchten seiner Kollegen und seines Schwagers sollten das neue Gebäude füllen.

Überrascht schaute Neumann ihn an.

»Denken Sie, er würde sie nehmen?«

»Keine Ahnung, ich habe ihn ja noch nicht gefragt. Aber der Stall ist neu, es ist ein Extragebäude und daher auch gesundheitlich leicht im Griff zu halten, falls doch eine schwerwiegende Krankheit ausbrechen sollte. Und man steckt dadurch sicher keine anderen Tiere an. Alles ist für sich.«

Sie warteten nicht lange, sondern schilderten Heinrich Bauer am Telefon Neumanns Situation. Bauer war angesichts dieser Notlage sofort bereit, die Schweine vorübergehend in seinen neuen Stall einzustellen.

Da war er wieder, dieser Wesenszug von Bauer. Wenn man ihn brauchte, dann war er da. Ohne Wenn und Aber. Wahrscheinlich war das auch einer *der* Grundcharakterzüge der Hohenloher Bauern. Manches Mal schroff und abweisend. Aber wenn es darauf ankam, hielten sie zusammen.

Kurz nachdem Neumann gegangen war, klingelte das Telefon. Trat der Patrone von seinem Hilfsangebot zurück?

»Hallo, Schranz. Sie sind zu Hause?«

Martens Stimme klang freundlich und nicht so gestresst wie sonst.

»Ja, der freie Mitarbeiter der HV hat heute frei, im wahrsten Sinne des Wortes.« Schranz stellte sich das Schmunzeln von Martens vor, aufgrund dessen runden Gesichts würde dabei der ganze Kopf grinsen.

»Ich habe heute einen positiven Grund für meinen Anruf. Ein großes Lob an Sie, vom Kollegen Karthaus persönlich. Sie haben sich in der letzten Zeit gesteigert, wirklich gut, was Sie zu Papier bringen! Oder um es mit anderen Worten zu sagen: Sie haben auf den Punkt geschrieben ...«

Das Blut schoss Schranz in den Kopf, er fühlte, wie er errötete.

»Deshalb sollten Sie sich die nächsten Wochenenden

nichts vornehmen. Wir buchen Sie jeweils von Freitag bis Sonntag.«

Es jubilierte in ihm, noch bevor Martens den Hörer aufgelegt hatte. Nun war für sein Einkommen gesorgt. Und er konnte auch die Versicherungsrechnung für sein Auto fast pünktlich bezahlen. Er fühlte sich großartig. Zusätzlich hatte er mitgeholfen, Neumanns Schweine zu retten. Ein wunderbarer Tag! Es musste wohl an seines Vaters Geburtstag gelegen haben.

5

8. Februar 1985

Die Schweinekrankheit wütete in Kleinfaltersbach.

Durch die Anordnung der Häuser des kleinen Dorfes war die Verbreitung der Viren zusätzlich begünstigt. Wie für sogenannte Haufendörfer typisch, waren alle Höfe an der Hauptstraße angesiedelt, und die Felder und Wiesen begannen direkt hinter dem Haus. Dort waren die Ställe manchmal nur 20 Meter voneinander entfernt, und je weiter man das Dorf verließ, desto weitläufiger wurden die bewirtschafteten Flächen.

Angermanns Hof lag von Neumann aus gesehen Richtung Westen, genau in der Richtung, aus der vorwiegend der Wind kam.

Neumann erzählte am Telefon, dass die Tiere ›einfach umfielen‹ und dass in manchen Ställen nur noch zwei bis drei Schweine stehen würden. Der Rest sei tot, oder man habe anhand von Blutuntersuchungen festgestellt, dass das Blut der Schweine Antikörper enthielt.

Der Stall von Angermann sei nun komplett leer. Paul hätte schon damit begonnen, alles zu reinigen und zu desinfizieren. Nun müsse er nur noch warten, bis er in einigen Wochen wieder die ersten Ferkel kaufen und einstellen könne.

»Und wissen Sie, was das Beste ist? Dann stellt er nur noch SHL ein. Ha, die Mafia hat genau das Gegenteil von dem erreicht, was sie wollte. Bei Angermann ist die Umstellung damit perfekt. Er überlegt sogar, ob er nicht auch die Produktion auf einen Biohof umstellt.«

Was waren da für Umwälzungen im Gang? Wie hatte Angermann in so kurzer Zeit eine solche Wandlung durchmachen können?

Schranz rief Martens an, ob dies nicht eine interessante Geschichte für die HV wäre. Er fände es nicht schlecht, meinte sein Vorgesetzter. Aber gerade seien die Schweine ständiges Thema, und man wisse ja auch noch nicht, wie die Umstellung des Hofes bei Angermann tatsächlich vor sich gehen würde. Als kleines Hoffnungszeichen meinte der Chefredakteur noch, dass er, Schranz, an der Sache dranbleiben solle. Das würde vielleicht doch einmal einen Bericht geben.

Zuerst ärgerte sich der Journalist ein wenig, dass aus dieser Geschichte aktuell nichts geworden war. Aber als er es sich genauer überlegte, schienen ihm die Argumente von Martens durchaus plausibel. Er musste die Inhalte seines Blattes gewichten und abwägen. Meinungsfreiheit und Neutralität waren das A und O. Er hatte recht damit, das Projekt noch eine Weile zurückzustellen.

Aber immerhin brachte Schranz 50 Zeilen über die Aujetzki-Krankheit und in welchem Ausmaß sie wütete, unter. Im Einvernehmen mit dem Blattmacher dieser Woche, es war Andreas Karthaus, einigten sie sich darauf, kein Bild von einem Hohenloher Bauernhof in diesen Artikel hineinzubringen. Es sollte niemand in den Verdacht gebracht werden, dass gerade dieser Hof betroffen wäre. Sie verwendeten das Foto eines Tierarztes, der gerade mit seinem Geländewagen auf einer Einsatzfahrt war.

Schranz war über diese Neutralität froh.

Wieder klingelte das Telefon.

»Hallo, hier Bauer. Stellen Sie sich das mal vor!«

Seine Stimme überschlug sich fast.

»Hat doch gestern die Schweinezentrale bei meinem Schwager, dem Manfred Gerlacher, angerufen und gefragt, ob sie ihm nicht den letzten Wurf von seinen SHL abkaufen können. So was, das gibts doch gar nicht.«

»Das hatte ich schon fast erwartet.«

»Wie, warum denn das?«

»Sie sprechen doch immer von einer Mafia. Und solche Geschichten sind dort normal.«

Jetzt schien sein Gesprächspartner sprachlos zu sein. Wahrscheinlich hatte er es nicht erwartet, dass Schranz die Prinzipien bereits verinnerlicht hatte.

»Und was denken Sie, was sie als Nächstes machen?«

»Da ist die von Ihnen bezeichnete Mafia schon dran: vernichten und auslöschen. Woher die aktuelle Aujetzki-Epidemie kommt, wissen wir beide nicht. Oder noch nicht. Aber es könnte natürlich schon sein, dass da was Mafiöses dran ist. Der letzte Besucher des Stalles sprach ein äußerst auffälliges Sächsisch.«

»Was!«

Schranz fiel fast der Hörer aus der Hand, so sehr brüllte Bauer ins Telefon.

»Genau solch einen Akzent hatte der Anrufer bei Manfred. Verdammt noch mal, was da wieder läuft! Das ahnen wir alles gar nicht!«

Bauer schien zutiefst beunruhigt. Für Schranz war

es so, dass dieser normalerweise sehr intensiv beobachtete, wo sich etwas ergab und was als Nächstes passieren könnte. Daraus zog Bauer dann seine Schlüsse und dachte strategisch, wie er die neue Situation beurteilen und daraus Vorteile ziehen könnte. Nur gerade in der momentanen Phase war der Landwirt wohl zu sehr von der Sache betroffen, als dass er souverän und selbstsicher wirken konnte.

Kurze Zeit später rief Bauer schon wieder an.
»Sie sollten diese Sache für uns in die Hand nehmen!«
»Wie meinen Sie das?«
»Nun, ich würde Sie dafür bezahlen, dass Sie uns durch diese schwierige Zeit hindurchhelfen. Wir vereinbaren einen Stundensatz, und Sie helfen mir immer dann, wenn Not am Mann ist.«
»Wie?«
Die Frage klang erstaunt.
»Sie müssen mir nicht im Stall helfen.«
Bauer schien sich zu amüsieren.
»Vielmehr sollten Sie einfach vor Ort sein, wenn es Anfragen der Presse gibt, Fernsehen dirigieren, Pressekonferenzen abhalten und so weiter.«
Schranz war sich absolut sicher, dass er damit noch tiefer in diese Sache hineinrutschen würde. Und was wäre dann, wenn die Krankheit vorbei war? Jeder würde ihn mit den Bauern und mit der Aujetzki-Krankheit in Verbindung bringen.
Daher sagte Schranz Bauer ab, was ihm dieser übel zu nehmen schien. Er verabschiedete sich am Telefon kaum hörbar, fast wütend schien der Hörer auf die Gabel geknallt zu werden. Aber Schranz wusste, dass Bau-

er ein intelligenter Landwirt und Manager war. Spätestens morgen würde er verstehen, was Schranz ihm mit Neutralität und Unvoreingenommenheit verdeutlichen wollte.

20. Februar 1985

»Hallo Nachbar, hast du gestern den Bauer im Fernsehen gesehen?«

Franz konnte nicht verstehen, dass jemand wie Schranz keinen Fernseher haben konnte.

»Nein, was war da los?«

»Nun, es gab eine Pressekonferenz. Teile davon hat die Tagesschau ausgestrahlt. Da waren Bauer und ein Journalist, ich glaube er hieß Bernd Rauch, zu sehen. Sie haben gemeint, dass man die Krankheit bald im Griff haben würde. Und dass es keine Gefahr darstelle, Schweinefleisch aus Deutschland zu essen. Ha, ganz so ist es nicht.«

»Warum?«

»Ich habe gestern schon 20 Pfennige weniger pro Kilogramm für meine Sau bekommen. Das ist doch klar, kein Mensch kauft gerade dieses Fleisch.«

Schranz hatte keine Angst davor, Schweinefleisch zu essen. Er würde das nächste Mal in der Metzgerei bewusst danach fragen, vielleicht war es auch dort schon billiger geworden.

Gerade jetzt musste man dieses Fleisch essen. Momentan wurde so gut und viel kontrolliert, da standen die Chancen auf einwandfreies Fleisch gut.

Seine Lieblingsmetzgerei ›Broß‹ in Stimpfach war wie immer gut sortiert. Aber am Preis hatte sich nichts geändert. Schranz fragte die Chefin, ob es denn aktuell Preisunterschiede geben würde. Nein, meinte sie, es sei alles wie immer. Sie würden das Fleisch bei den Bauern kaufen, bei denen sie immer einkaufen würden. Und da sei noch niemals ein Schwein mit Aujetzki dabei gewesen.

Er kaufte für die nächsten zwei Tage Fleisch und Wurst ein. Nun würde er die freien Stunden nutzen, um mit Gipsy die weitere Umgebung zu erkunden und einen schönen langen Spaziergang zu machen.

Die Gegend um Dangershausen hatte ihm gut gefallen. Vielleicht ließe es sich sogar einrichten, dass er eines der guten Gerichte von Bauers Mutter essen konnte.

Als er am Sonnenhof ankam, war der Parkplatz gut gefüllt. Obwohl es ein normaler Wochentag war, reihten sich doch fast 10 Autos auf den Stellplätzen nebeneinander.

Schranz ließ Gipsy kurz im Auto, um nach den Öffnungszeiten zu schauen.

Warme Küche gab es bis 14 und dann wieder ab 18 Uhr.

Er würde eine kleine Programmumstellung vornehmen. Zuerst einmal die gute Mahlzeit und danach ein längerer Verdauungsspaziergang.

Die Gaststube war fast voll besetzt, aber hinten in der Ecke gab es noch einen freien Tisch.

Der Hund legte sich unter den Tisch und Schranz freute sich auf das kurze Gespräch mit ›Oma Johanna‹ – wie sie von Bauer liebevoll genannt wurde.

Und natürlich auf diesen wohlschmeckenden Hohenloher Schwartenbraten. Diese leckere goldbraune Kruste. Ihm lief schon das Wasser im Munde zusammen.

Die Wirtschaft leerte sich zusehends. Wahrscheinlich waren viele Gäste über die Mittagspause hierher gekommen, und mussten jetzt zurück zu ihrer Arbeit.

Schranz hatte bereits sein Bier vor sich stehen, Gipsy war unter dem Tisch eingeschlafen und atmete ruhig und gleichmäßig. Als Schranz aufstand, um die Bilder an der Wand zu betrachten, hob der Hund nur kurz den Kopf. Als er aber keinerlei Zeichen des Aufbruchs erkennen konnte, streckte er sich und schlief schnell wieder ein.

»Das ist eines der ersten Bilder aus Dangershausen, ich kenne es noch aus meiner Jugend.«

Die Wirtin war aus der Küche gekommen, sie roch nach den heute zubereiteten Speisen.

»Ihr Essen kommt gleich. Die Kruste muss ich immer wieder frisch anbraten, deshalb dachte ich, ich komme kurz zu Ihnen.«

Sie sprachen ein paar Minuten über das Engagement des Journalisten bei ihrem Sohn, dann kamen sie nochmals auf das Bild zurück.

»Früher gab es richtige Schweineweiden. Wir haben als Kinder immer die Schweine gehütet, es war wichtig, dass sie Grünfutter und Klee mit all den Kräutern und Gräsern gefressen haben. Schauen Sie hier«, ein Lächeln huschte über ihr Gesicht.

»Wie glücklich diese Muttersau über die Wiese rennt. Und wenn dann im Herbst noch das Fallobst unter den Obstbäumen dazukam, das ergab später dicke Schweine, die auch einen aromatischen Braten abgegeben haben.«

Schranz empfand eine gewisse Sorge, dass seine so

ersehnte Mittagsmahlzeit auf dem Herd anbrennen würde. Zumal aus der Küche Brutzeln zu vernehmen war.

Johanna ließ sich nicht aus der Ruhe bringen.

»Es gab noch keine Gefriertruhen. Wir hatten unten im Dorf einen Eiskeller, den müssen Sie sich einmal anschauen. Da hatte es im Sommer nur so 5 bis 7 Grad, egal wie warm es draußen war. Und im Winter haben wir dort das Eis eingelagert, das hat dann bis in den August hinein gehalten.«

Sie zeigte mit ihrer rechten Hand auf das nächste Bild. Zum ersten Mal fiel Schranz auf, wie fleischig und kräftig auch ihre Hände waren. Nur an den Knöcheln der Finger meinte er Schwellungen erkennen zu können, ein Zeichen von Überbeanspruchung durch die viele körperliche Arbeit.

»Und jeder Hof hatte sein eigenes Backhäusle, mit Holz beheizt. Backtag war alle zwei bis drei Wochen, Sie können sich vorstellen, wie hart das Brot am Ende dieses Zeitraums war. Und zur Freude der Kinder gab es an diesen Tagen auch immer *Blooz*, unsere Hohenloher Spezialität. *Blooz* wurde aus dem Teig gemacht, den man auch für das Brot verwendete. Wir haben den Teig mit verquirlten Eiern, klein geschnittenen Zwiebeln, Kartoffeln und die süßen *Blooz* mit Äpfeln und Zwetschgen belegt. So, jetzt ist Ihr Braten fertig.«

Mit leichten Schritten verschwand sie Richtung Küche. Schranz freute sich auf das Essen. Er hatte Hunger.

Nun saß er alleine in der Gastwirtschaft, eine kleine Gruppe hatte sich bereits von der Wirtin verabschiedet.

Johanna erschien mit einem beinahe übervollen Teller.

»Guten Appetit! Lassen Sie es sich schmecken!«

»Danke!«

Noch bevor er einen Bissen gegessen hatte, füllte sich seine Nase bereits mit dem herrlichen Duftgemenge aus Braten und Kartoffeln.

»Wissen Sie, mein Sohn hat schon von Ihnen erzählt.«

Sie setzte sich zu ihm an den Tisch. Heute hatte sie ein weißes Hemd und eine schwarze Schürze an. Deren Ränder und Träger waren mit einem bunten Blumenmuster bestickt.

Schranz kannte das Gefühl von den letzten Besuchen in der Gastwirtschaft, hier fühlte man sich gerade so, als ob man ›zu Hause‹ essen würde. Die Chefin nahm sich Zeit für ihre Gäste, wusste von vielen ihrer Stammgäste schon von vornherein, was sie essen und trinken wollten, und hatte stets auch den einen oder anderen Tipp zu Gerichten, zur Zubereitung von Gemüse und erstaunlicherweise auch zu Gesundheitsfragen zur Hand. Ihr Wissen über heimische Kräuter und Wurzeln war so detailliert, dass man damit sicherlich die meisten kleineren Krankheiten selbst kurieren konnte.

»Ihre Artikel in der ›Haller Volkszeitung‹ lesen sich wirklich gut. Nicht nur die über die Schweine.«

Normalerweise schätzte es Schranz nicht so sehr, wenn er nicht in Ruhe essen konnte. Aber irgendetwas lag der Wirtin auf dem Herzen.

»Wissen Sie, ich mache mir Sorgen.«

Ihr Blick richtete sich in die Ferne.

»Mein Sohn macht so vieles anders als wir. Jetzt will er auch noch die Wirtschaft schließen.«

»Wie? Warum denn das?«

»Er hat es mir gestern gesagt. Das würde sich nicht

mehr lohnen. Der Umsatz stünde in keinem Verhältnis zu den Kosten.«

»Davon hat er mir gegenüber aber nichts erwähnt.«

Sie schien seine Worte nicht gehört zu haben.

»Mein Mann und ich sind die 13. Generation hier auf dem Hof. Es ging doch all die Jahre gut, wir hatten unser Auskommen. Wir konnten den Hof halten, haben die Kinder groß gezogen. Und jetzt bringt er auch sich selbst noch in Gefahr. Das gibt viel zu viel Unfrieden bei uns in der Gegend, wenn Heinrich sich so sehr auf das Schwäbisch-Hällische Landschwein konzentriert. Kann er es nicht so machen wie all die Generationen vor ihm?«

Sie tat ihm fast leid, wie sie da neben ihm saß. Gerade wirkte sie mindestens 20 Jahre älter, als sie wahrscheinlich tatsächlich war. Ihre schmalen Schultern beugten sich nach vorne, wodurch die weiße Bluse, die eh schon ein wenig zu groß war, sich noch etwas mehr aufstellte. Schranz hatte Verständnis für ihre Situation, mochte aber die Aussage nicht: ›Das haben wir schon immer so gemacht, also machen wir es die nächsten 50 Jahre noch genauso‹.

6

11. Juli 1985

Das Frühjahr war schnell vergangen, stutzte Schranz, als er die Rechnung für die Autoversicherung des zweiten Halbjahres erhielt. War schon mehr als die Hälfte des Jahres vorbei?

Was hatte er alles erlebt? Was hatte er erreicht?

Die Schweinezüchter hatten ihn noch eine Weile beschäftigt, aber nachdem die Aujetzki-Krankheit wieder abgeklungen war, schien alles seinen gewohnten Gang zu gehen. Die Bestände am SHL nahmen langsam, aber stetig zu. Der Gasthof Sonne sollte tatsächlich Anfang nächsten Jahres geschlossen werden. Gerade jetzt, wo er sich dort so wohl fühlte.

Da die HV ihn genügend beschäftigte, hatte er auch finanziell keine allzu großen Sorgen. Zwar konnte er nur ganz wenig auf die Seite schaffen, maximal 100 DM im Monat, aber die laufenden Kosten waren alle pünktlich bezahlt worden.

Nur mit der Liebe, da wollte es überhaupt nicht klappen.

Woran es lag? Er wusste es nicht. Veronika rief immer wieder an, aber wenn sie sich trafen, dann waren entweder die Kinder um sie herum oder einer von ihnen beiden war nicht in der Stimmung, das heikle Thema über die Zukunft ihrer Beziehung anzupacken.

Sollte er vielleicht eine der schon lange beendeten Liebeleien wieder aufleben lassen? Fast hatte er dabei ein schlechtes Gewissen, vor allem wenn er an Veronika dachte.

Aber eine Beziehung? Nein, das hatten sie nicht. Umarmungen und Küsse auf die Wange im Dreiwochenrhythmus waren das höchste der Gefühle.

Martens hatte ihn damit beauftragt, den Kontakt zum Landkreis Ansbach zu intensivieren. Und da die Kinderzeche, ein Volksfest für die Kinder nach historischem Vorbild, nächstes Wochenende anstand, sollte Schranz für Vorkontakte nach Dinkelsbühl fahren.

Eine alte Studienkollegin, Lilian Schwarzburg, hatte dort auf dem Rathaus einen Posten angenommen, der sich mit der Koordination von ländlichem Raum und Flurneuordnung befasste. Er konnte nicht einschätzen, was das bedeuten könnte. Aber er wollte sie heute am Spätnachmittag einfach mal wieder besuchen.

Als er sich aufmachte, die rund 20 Kilometer durch tiefstes Hohenloher Land mit seinem Golf hinter sich zu bringen, wusste er, dass ihn Lilian gegen 17 Uhr pünktlich zum Kaffee erwartete. Sie wohnte in der Altstadt, gleich hinter dem Rathaus, in einem alten, grün gestrichenen Fachwerkhaus. Es sei nicht zu verfehlen, hatte sie ihm noch mit auf den Weg gegeben.

Die Altstadt von Dinkelsbühl erlaubte keinerlei Pkw-Verkehr, und so stellte auch Schranz sein Auto auf einem großen Parkplatz vor den Stadttoren ab. Er notierte exakt die gefahrenen Kilometer in seinem Fahrtenbuch, hatte er heute doch Glück, dass er diese Fahrt als Dienstfahrt abrechnen konnte. Auch wenn ihm das Private heute wesentlich wichtiger war.

Die Zusammenarbeit mit den Veranstaltern der Kinderzeche war angenehm. Sie hatten dieses Fest schon Dutzende Male ausgerichtet, und so hatte Schranz schnell alle benötigten Informationen beisammen.

Es blieb noch Zeit, durch die wunderschöne Altstadt zu schlendern. Sie bestand ausschließlich aus Fachwerkhäusern, kein Neubau war zu sehen. Die Häuser unterschieden sich vorwiegend in der Größe und in der Farbe des Putzes. Ein Haus lehnte sich an das andere, aber keines war gleich dem anderen. Alleine schon die Ausgestaltung des Holzfachwerks war faszinierend. Man konnte fast überall die Jahrhunderte alte Technik des Verzapfens der einzelnen Holzbalken erkennen. Die Zimmerer verwendeten damals beim Hausbau keinen einzigen Nagel, und sein Nachbar Franz hatte ihm beschrieben, wie widerstandsfähig die Aussteifung der alten Eichenbalken war. Wenn er mit seinem Bagger solch ein Haus abzubrechen hätte, dann könne er mehr Arbeitsstunden als gewöhnlich einplanen. Selbst der gewaltigen Kraft seines Baggers würden die Hölzer lange widerstehen.

Die breiten, mit grauem Granit gepflasterten Gassen bestanden alle aus dem gleichen Stein. Durch die lange Benutzung hatten sich einzelne Fahrspuren gebildet, und auch auf den Fußwegen waren dort Vertiefungen zu erkennen, wo besonders häufig Menschen unterwegs waren. Schranz war fasziniert, es schien ihm fast ein schöneres Städtchen als Rothenburg ob der Tauber zu sein.

Schon einige Minuten vor dem vereinbarten Zeitpunkt stand er vor Lilians Haus. Zwar war kein Name an der

Türglocke zu sehen, aber in der Farbe Grün gab es nur dieses eine Haus in dieser langen Gasse.

Schranz setzte sich gegenüber der Haustüre auf einen Granitpoller, der die Autos der Anwohner vor allzu dichtem Fahren entlang der Häuser abhalten sollte.

Von Weitem erkannte er Lilian, wie sie daherschlenderte. Sie war ungefähr 1,70 Meter groß, ihr mittelblondes, halblanges Haar federte bei jedem Schritt auf und ab. Sie hatte Schuhe mit halbhohen Absätzen an, und bewegte sich geschickt auf dem holprigen Pflaster. Daran war sie wohl gewöhnt.

In ihrem Wohnzimmer nahm sie ihn in die Arme.

»Schön, dich nach so langer Zeit mal wieder zu sehen!«

»Schön, dass du so kurzfristig Zeit hast!«

Sie drückte ihn immer noch, fast schien es Schranz, als hielte sie ihn zu lange im Arm. Wobei er diesen leichten Druck auf seinen ganzen Körper durchaus als angenehm empfand.

»Komm, lass uns zur Begrüßung einen Sekt trinken!«

Es blieb nicht bei dem einen Sekt, und danach gab es noch Kaffee und Kuchen. Vor allem der Zwetschgenkuchen mundete Schranz vorzüglich. Er schmeckte die von der Sommersonne verwöhnten Früchte bei jedem Bissen heraus.

Lilian hatte wirklich einen interessanten Job. Sie koordinierte die verschiedensten Interessengruppen bei den gerade erfolgenden Flurbereinigungen, oder wie sie lieber sagte, bei den Flurneuordnungen.

Es waren viele verschiedene Belange zu berücksichtigen, und sie zeigte ihm einen ganzen Aktenordner voll mit Zeitungsausschnitten über dieses Projekt.

Schnell verging die Zeit und eine innere Uhr mahnte Schranz zur Heimkehr.

»Wie, du willst schon gehen?«

»Ja, ich muss. Leider. Mein Hund wartet.«

»Ach schade, ich habe gedacht, vielleicht gehen wir noch zusammen ins Kino. Komm, ich lade dich ein.«

»Wirklich, meine Liebe, ich muss gehen. Aber du kannst mich doch sonst einmal besuchen.«

»Oh gerne, vielleicht irgendwann einmal, wenn du einen interessanten Auftrag für die Zeitung hast. Ihr habt ja ebenfalls Flurneuordnungen bei euch in der Gegend, das würde mich schon interessieren. Oder diese Geschichte mit den Hällischen Schweinen. Einer meiner Landwirte ist wohl auch ein Fan davon.«

Hatte Bauer auch mit ihr Kontakt? Wie weit wollte er den Bereich Hohenlohe bei der Zucht ausdehnen? Dinkelsbühl lag ganz eindeutig in Bayern. Und nicht mehr im Hohenlohischen.

Lilian reichte ihm seine Windjacke. »Lass uns in Kontakt bleiben.«

Er spürte ihre Umarmung, und diesmal drückte sie ihn noch ein wenig fester als vorhin. Eine Hand ruhte auf seiner rechten Pobacke, und sie presste sich an ihn.

Für einen kurzen Moment sah er ihre Augen ganz dicht vor sich, ihre Haut roch frisch und angenehm mild. Und als er ihr einen Kuss auf ihre Wange gab, spürte er, wie die Sehnsucht seinen Körper überfiel.

Er würde sie morgen anrufen. Auf jeden Fall.

12. Juli 1985

Am Morgen hatte überraschenderweise Martens angerufen. Er, Schranz, sei der Experte für die landwirtschaftlichen Berichte. Und heute Nachmittag sei eine Betriebsbesichtigung auf einem Hof in Großfaltersbach angesetzt, bei einem Bauern Eberhard. Allerdings sei dies eine Veranstaltung von der Schweinezentrale.

»Haben Sie ein Problem damit, dass dies genau der Gegenpart zu Ihrem Herrn Bauer ist?« Martens schien geradeheraus zu fragen, ohne Ironie.

»Nein, ich sehe mich weiterhin als absolut unabhängig. Auch wenn Bauer mir dieses Angebot gemacht hat.«

»Welches Angebot?«

»Ach, er wollte mich als eine Art Pressesprecher seiner in Gründung befindenden Gesellschaft. Aber das war mir zu eng, zu abhängig.«

»Großes Lob, Herr Schranz. Wir alle sehen uns als unabhängige Journalisten, wir sind nicht zu kaufen. Aber bitte, heute Nachmittag, setzen Sie keine voreingenommene Brille auf. Schauen Sie genau hin, auch neben und hinter die Kulissen. Und falls möglich, gerne ein Interview mit diesem Falko Dombrowski.«

»Wer?«

»Das ist der 1. Vorsitzende der Schweinezentrale. Ein feiner Kerl, zumindest, was sein Aussehen betrifft.«

Schranz war es gewohnt, dass Martens immer mal wieder ironische Andeutungen machte. Wobei ihm in der letzten Zeit aufgefallen war, dass die Artikel seines Chefredakteurs durchaus Stellung bezogen. Ob seine Meinung vom Geschäftsführer der HV vorgegeben wurde?

Rein betriebswirtschaftlich besehen hörte es sich gut an. 100 Zeilen, plus Foto, plus Interview.

Schranz fuhr die übliche Strecke Richtung Bauer, und bog dann rund 8 Kilometer vor Erreichen des Sonnenhofs rechts ab in Richtung Großfaltersbach. Von groß konnte dabei keine Rede sein, der Ort bestand aus rund 100 Häusern, wobei sich wohl etwa 10 Bauernhöfe darunter befanden.

Es schien ein wichtiger Termin zu werden, bereits am Ortseingang parkten die ersten Autos, und Schranz entschied sich dafür, lieber gleich hier einen Parkplatz zu suchen.

Mehrere Besucher, die in Richtung eines Bauernhofes gingen, erleichterten Schranz das Auffinden des Eberhardschen Hofes. Dieser war wohl der größte hier am Ort, mehrere Ställe reihten sich nebeneinander zu einem großen Komplex zusammen.

»Meine Damen und Herren, liebe Landwirte, ich darf Sie sehr herzlich heute in unserer Mitte begrüßen.«

Ein großer, grauhaariger Mann begrüßte die rund 200 Anwesenden mit scheinbar professioneller Herzlichkeit.

Er war in einen schwarzen Anzug gekleidet, mit weißem Hemd und kräftiger hellgrüner Krawatte. Außer seinen stechend grünen Augen, die nicht so recht zum freundlichen Gesichtsausdruck passen wollten, war alles an ihm gepflegt, aber irgendwie bieder. Leichter Seitenscheitel von mittellangen, braunen Haaren. Gepflegte Zähne, die beim Lächeln leicht hinter den Lippen hervorblinzelten. Saubere Gesichtshaut, sicher täglich rasiert. Hemd und Hose waren faltenfrei gebügelt.

Und die schwarzen, nicht zu eleganten Schuhe deuteten nicht darauf hin, dass er regelmäßig Schweineställe betreten würde.

»Gerade in den heutigen Zeiten ist es wichtig, dass alle Schweinezüchter eng zusammenstehen und damit einen Schulterschluss zeigen. Deshalb betrachte ich den heutigen so zahlreichen Besuch als Bestätigung unserer Arbeit.«

Applaus, wenn auch verhalten, kam auf. Waren diese Bauern darauf trainiert, sich so zu verhalten? Beim Patrone gab es maximal ein Kopfnicken oder leichtes Gemurmel als Zustimmungsbekundung.

»Wir waren erfolgreich, wir sind erfolgreich und wir werden es auch in Zukunft sein. Ganz egal, was dieser andere Mensch anstellen wird. Jetzt freue ich mich auf den Rundgang durch den nagelneuen Stall unseres Mitglieds Erich Eberhard.«

Der Tross setzte sich in Bewegung, wobei die große Menschenmenge sich wie ein Lindwurm durch den neuen Stall hinzog. Schranz war viel zu weit vom Redner, wahrscheinlich dem Hofbesitzer entfernt, als dass er sich Notizen hätte machen können.

Der Stall teilte sich in einen langen, breiten und mit Betonplatten belegten Mittelgang und schmale Seitenwege an den Stallwänden. Schranz folgte schnell einem vor ihm am Seitengang entlangeilenden Mitstreiter.

»Und hier lebt immer eine Gruppe von 15 Ferkeln. Sie bleiben die gesamte Zeit während der Mast zusammen. Der Boden ist sehr pflegeleicht, durch die Ritzen darin fällt der ganze Kot nach unten. Und ich kann diesen problemlos abends mit Wasser wegschwemmen.«

Es sah alles sauber und hygienisch aus. Auch der Geruch erinnerte nur wenig an einen Schweinestall.

Eberhard erzählte sichtlich stolz, wie schnell es mit der Mast der Ferkel vor sich ging, wie wenig Krankheiten seine Sauen dank der ständigen Kontrolle durch einen Tierarzt hätten und welche Umsatzsteigerung sich nunmehr durch den neuen Stall für ihn ergeben würde. Der Mann im schwarzen Anzug folgte Eberhard auf Schritt und Tritt, immer wieder redeten sie leise miteinander. Gerade so, als ob sie ihre Worte aufeinander abstimmen wollten.

Am Ende des Gangs verharrten sie vor der Stalltüre, und Eberhard fragte in die Runde, ob es Fragen gebe.

Schnell meldeten sich eine ganze Reihe von Bauernkollegen, sie fragten nach den Baukosten des Stalls, nach der Futterbeschickung und vielem mehr. Dann war Schranz mit seiner Frage an der Reihe.

»Wie oft bekommen Ihre Schweine Auslauf im Freien?«

Fast 200 Köpfe drehten sich ruckartig zu ihm herum.

»Warum denn das?«

Eberhards Mund blieb halb geöffnet.

Lautes Gemurmel entstand, Schranz hörte aus dem allgemeinen Stimmengewirr den Satz: »Wer ist denn das?« heraus.

»Unsre Schweine brauchen keinen Auslauf im Freien.«

Dombrowski sprach ruhig und sachlich.

»Sie haben hier im Stall alles, was sie brauchen. Sie können hier schlafen, essen, sich ausruhen. Sogar einen Kratzbaum haben wir dort hinten.«

Nach diesem Aufruhr seiner ersten Frage vermied es Schranz, die eigentlich noch zusätzlich geplanten

Fragen zu stellen. Die Reaktion der vielen Schweinezüchter war deutlich genug gewesen.

Trotzdem wollte er es sich nicht nehmen lassen, Dombrowski noch für ein Kurzinterview zu gewinnen.

Als Dombrowski den Großteil der Anwesenden verabschiedet hatte, kämpfte Schranz sich nach vorne und vereinbarte mit ihm einen Interviewtermin am Ende der Veranstaltung. Der Vorsitzende der Schweinezentrale nahm sich erstaunlich viel Zeit für jeden Besucher, und wenn er mit seinen Bauern ein paar private Worte wechselte, dann war ein leichter sächsischer Akzent herauszuhören.

Nach rund einer halben Stunde war es endlich so weit.

Schranz stellte sich kurz vor. Dombrowski meinte, dass er viele Journalisten von der HV kennen würde, ihn aber noch nie gesehen hätte.

»Wie viele Mitglieder haben Sie?«

»Wir haben derzeit über 1.500 Mitgliedsbetriebe. Vorwiegend Kleinbauern und mittelständische Betriebe in Baden-Württemberg.«

»Und seit wann gibt es Ihre Organisation?«

»Eigentlich schon 150 Jahre, aber die Kriegsunterbrechungen wollen wir nicht mitzählen.«

Schranz fragte routinemäßig die Fakten ab, er würde bei einem nächsten Termin besser präpariert sein und sich vorab Hintergrundwissen beschaffen.

»Wissen Sie, für Sie ist es wahrscheinlich interessant, was uns auszeichnet. Wir sind die größte Genossenschaft weit und breit, und wir bieten das beste Schweinefleisch an. Mit rund 58% Fleischanteil, gut verteilt.

Unser Fleisch ›schweinelt‹ nicht so sehr, es nimmt eher den Geschmack der Soße an.«

»Welche Rassen werden bei Ihnen gehalten?«

»Wir geben aufgrund der jeweils neuesten Zuchtergebnisse die ›Hybridschweine‹ vor, deshalb haben wir auch ›diese‹ in unseren Ställen stehen.«

»Auch das Schwäbisch-Hällische Landschwein?«

»Nein, daran sind wir überhaupt nicht interessiert.«

»Warum?«

»Es hat nur 45-50 % Fleischanteil und ist fetter. Solches Fleisch wollen die Kunden nicht. Das wird unser Herr Bauer auch noch feststellen.«

Dombrowski sprach emotionslos und klares Hochdeutsch. Obwohl sich Schranz darauf konzentrierte, hörte er jetzt keinerlei Dialekt mehr heraus. Hatte er sich vorhin getäuscht?

»Stellt Bauer keine Gefahr für Ihre Schweinezüchter dar?«

»Nein, in keinster Weise. Der Markt wird solche Spinnereien regeln. Und der Markt macht die Vorgaben, nicht so ein freier Hohenloher Bauer, wie er sich selbst gerne bezeichnet.«

Für ein Kurzinterview in der HV reichten diese Sätze vollkommen aus, wobei Schranz umgehend beschloss, dieses Thema nicht überzubewerten. Er würde nur die Fakten darlegen und die Person Bauers komplett aus dem Interviewbericht herauslassen.

7

30. Juli 1985

Martens hatte Schranz eine neue Aufgabe gestellt, die dem jungen Journalisten nicht behagte. Da auch die überregionale Presse auf den Patrone aufmerksam geworden war, wollte Martens eine Reportage veröffentlichen, in welcher die Chefs der Schweinezentrale und der Erzeugergemeinschaft direkt miteinander verglichen werden sollten. Dafür hatte er bereits die Titelseite der kommenden Wochenendausgabe reserviert.

»Der Bauer soll links stehen, großes Bild. Der andere dann rechts, ein gleichformatiges Bild. Darunter der Lebenslauf der beiden. Und in den beiden Spalten in der Mitte zweizeiliger Text, welcher die Unterschiede der beiden Personen herausarbeitet, inklusive Interview.«

Um Kosten zu sparen, sollte Schranz die beiden anrufen und das Interview telefonisch durchführen. Dabei hatte Martens angeregt, nach Möglichkeit nicht zu sagen, dass der Artikel auf der Titelseite prangen würde.

Eigentlich hätte Schranz schon gestern schreiben sollen, heute Nachmittag war Abgabetermin. Aber irgendetwas sträubte sich in ihm, er wollte lieber andere Dinge erledigen. Nun blieb nichts anderes übrig als endlich damit zu beginnen, es wurde allerhöchste Zeit, die notwendigen Informationen einzuholen.

»Hallo, Herr Dombrowski. Schön, dass Sie da sind. Haben Sie Zeit für mich?«

»Für die Medien habe ich immer Zeit. Warten Sie, ich verschiebe das anstehende Gespräch um ein paar Minuten, kleinen Moment bitte.«

Kurz rauschte es in der Leitung, dann war leise Musik zu hören. Dies war wohl eine neue Errungenschaft, Musik während der Pause. Es musste irgendetwas von Beethoven sein, Schranz summte die Melodie leise mit.

»So, da bin ich wieder. Entschuldigen Sie die Unterbrechung. Worum geht es?«

Schranz erläuterte es kurz. Und er erzählte geradeheraus, dass es sich um eine vergleichende Titelgeschichte handelte.

»Da gebe ich Ihnen gerne Informationen. Wissen Sie, wir sind ein mittelständiges Unternehmen. Mein Konkurrent, oder eigentlich ist es gar keiner, hat eine Idee, die zu nichts führen wird. Da bin ich mir vollkommen sicher.«

»Warum?«

»Es hat doch schon die letzten Jahrzehnte immer wieder neue Ideen und Versuche gegeben. Einmal mit der einen Schweinerasse, einmal mit einer anderen. Das hat nie funktioniert.«

»Vielleicht klappt es ja diesmal.«

»Hundertprozentig nein. Wir haben auch alle anderen Versuche abgewehrt.«

»Abgewehrt?«

Am anderen Ende der Leitung blieb es still. Dombrowski räusperte sich. Ob er wohl auch bei dieser Affenhitze draußen Anzug und Krawatte trug?

»Da habe ich mich wohl gerade ein wenig falsch ausgedrückt. Der Markt hat diese Versuche abgeblockt, nicht wir.«

Dombrowski hatte wohl absichtlich das Wort Abwehr vermieden. Hatte in diesem letzten Satz nicht wieder ein sächsischer Akzent mitgeklungen?

»Wie lange sind Sie schon bei der Schweinezentrale?«

»Oh, das ist schon ewig her. Ich wohne nun schon 25 Jahre in Crailsheim, davon habe ich die meiste Zeit hier in unserer Firma gearbeitet.«

»Und wo sind Sie geboren?«

Wieder schwieg er kurz.

»In Chemnitz.«

»Sie meinen Karl-Marx-Stadt?«

»Ja, so heißt es heute.«

Tatsächlich, das hatte Schranz noch nicht gewusst. Dombrowski musste kurz vor dem Bau des Eisernen Vorhangs geflüchtet sein. Hatte er deswegen so betont Hochdeutsch geredet, weil er dachte, dass sein Dialekt hier nicht so gerne gehört werden würde?

»Wie viele Mitarbeiter haben Sie?«

»Ungefähr 150, inklusive dem Schlachthof in Crailsheim, den wir auch betreiben.«

»Stellen Sie aktuell noch Mitarbeiter ein?«

»Nein.«

»Aber Sie haben in letzter Zeit Mitarbeiter eingestellt?«

»Nein, seit rund einem Jahr nicht mehr.«

Schranz hatte genug gehört, er würde jetzt Bauer

anrufen und versuchen, Antworten auf ungefähr die gleichen Fragen zu bekommen.

Wie zu erwarten gewesen war, befand sich der Landwirt gerade irgendwo in den Ställen und war nicht zu sprechen. In diesem Punkt hatte Dombrowski recht, eigentlich war es gar keine Konkurrenz. Zumindest aktuell noch nicht. Bauer hatte eine großartige Idee und einen in die Zukunft weisenden Plan, mehr aber auch nicht. Er solle es über den Mittag nochmals versuchen, sagte man dem Journalisten.

So konnte sich Schranz der ersten Hälfte seines Artikels widmen. Die andere Seite musste frei bleiben, bis er Bauer erwischte. Wobei er eigentlich schon genug Informationen über dessen Schweine und seine Person hatte, aber ein paar Details würden dem Artikel sicher gut tun.

Er erreichte Bauer kurz nach 12 Uhr.

»Hallo Herr Schranz, was verschafft mir die Ehre?«

Er wiederholte die Sätze, die er zwei Stunden zuvor auch zu Dombrowski gesagt hatte.

»Was, mit dem soll ich auf eine Seite?«

Der Landwirt schien wenig begeistert.

»Muss das wirklich sein? Na gut, wenn es von Ihrem Chef beschlossen worden ist und der Sache im Allgemeinen dient.«

Schranz atmete innerlich kurz auf, denn im Falle einer Ablehnung, wäre es schwierig geworden. Man durfte es sich mit den Landwirten auf keinen Fall verscherzen.

»Auf welcher Seite stehe ich?«

»Wie, auf welcher Seite?«

»Na, Sie sagten doch, einer steht links und einer rechts.«

»Sie stehen links.«

»Na, das passt wenigstens politisch. Aber mit diesem Affen auf einer Seite, das ist wirklich unangenehm.«

Kurz fragte Schranz die Fakten ab, welche er vorhin auch bei Dombrowski durchgesprochen hatte. Dann lag ihm noch eine Frage auf der Zunge.

»Dombrowski erwähnte, dass seine Schweinezentrale frühere Konkurrenzorganisationen abgewehrt hätte? Was hat es damit auf sich?«

»Da hat er durchaus recht! Man könnte auch von einem Schweinekrieg reden!«

Bauer beschrieb ausführlich, wie die Lobby der Schweinezüchter sich in alten Zeiten mit jedem herumgeschlagen hatte, der etwas anderes im Sinn gehabt hatte als sie. Und wenn diese Auseinandersetzung vorbei gewesen war, dann konnte es sein, dass die Schweinezentrale kurze Zeit später genau diese Ideen übernommen und selber ausgeführt hatte.

»Aber mich werden sie nicht kriegen, nein, auf keinen Fall. Ich ziehe das hier durch, komme, was wolle. Übrigens, was für ein Bild von mir wollen Sie nehmen?«

»Warum?«

»Ich würde mir ein Bild von mir mit Hut wünschen. Mit einem breiten, braunen Hut, wie ich ihn gerne trage.«

Schranz überlegte kurz, ob er eine solche Aufnahme bei sich im Archiv hatte. Er meinte, ja. Bei einem der Treffen hatte der Patrone einen solchen Hut getragen und er hatte damals bestimmt auf den Auslöser gedrückt.

»Und noch etwas.«

»Ja?«

»Trauen Sie diesem Dombrowski nicht, er ist ein abgeschlagenes Schlitzohr.«

Nun denn, dachte Schranz bei sich. Das sind sie wohl beide, jeder auf seine ganz persönliche Art. Aber das war heute nicht Thema des Zeitungsartikels, er würde sachlich und fair seine Zeilen verfassen.

14. Oktober 1985

Schranz freute sich, dass er in diesen Tagen sehr mit Arbeit von der HV eingedeckt war. Heute stand noch ein besonderer Termin auf dem Programm. Der Hamburger Fischmarkt gastierte auf dem Marktplatz in Crailsheim, und obwohl Martens ein großer Fan von Nord- und Ostsee war, hatte er sich überreden lassen, diese Aufgabe an Schranz abzutreten.

Schon von Weitem waren die vielen weißen Lkws und Anhänger zu erkennen, die sich um das mit grauem Muschelkalk verkleidete Crailsheimer Rathaus gruppierten. Und es herrschte sehr großer Andrang, Schranz hatte Mühe, sich direkt vor einen der Verkaufswagen durchzukämpfen.

Dort bezahlte gerade ein Kunde, ein 20-Mark-Schein wurde in die Höhe gestreckt, wo der Wurstverkäufer das Geld flugs entgegennahm und schnell in irgendeine Jackentasche stopfte. Als sich der Kunde, der inzwischen eine überaus volle Wursttüte in seinen Händen hielt und diese prüfend betrachtete, noch immer nicht zur Seite rührte, kam von oben ein deutliches Kommando: »Junger Mann, mach Platz. Zähl bloß nicht nach, beschissen habe ich dich eh.« Und die seitlich nachdrängenden anderen Besucher ließen den graumelierten Wurstkäufer umgehend in der Menschenmasse verschwinden.

Mindestens 10 weitere Wursttüten wechselten den Besitzer. Als sich dann eine kurze Pause zu ergeben schien, kurbelte der Wattwurm, wie er sich selbst nannte und wie es von großen Buchstaben seiner Lkw-Wände herunterleuchtete, das Geschäft schon weiter an.

»Kommt her, hier dürft ihr kostenlos probieren.«

Mehrere Besucher, vorwiegend Frauen mittleren Alters, drängten sich nun an der Wursttheke ganz vorne. Sie schnitten dünne Scheiben von den länglichen, weichen Salamistangen ab und kosteten sie.

»Mensch, schneid nicht so dick ab! Wir haben es nicht so dicke!«, brüllte der Wattwurm in sein Mikrofon. Die Wurst Probierenden lächelten verlegen, die anderen Besucher lachten lauthals.

Bevor er noch etwas sagen konnte, schallte es von links herüber.

»Kauft keine Wurst beim Schweinemörder!«

Schranz drehte seinen Kopf leicht zur Seite, Aal Eckehard bediente eine Kundin und schien gleichzeitig ein Auge auf seinen rund fünf Meter entfernten Nachbarstand zu haben.

»Wenn ihr Qualität kaufen wollt, dann kommt zu mir. Frischen Fisch, norwegischer Lachs, alles dabei. Wurst könnt ihr auch beim Metzger eures Vertrauens kaufen.«

Der Wattwurm bellte zurück.

»Dein Fisch, der stinkt bis hierher. Den kauft kein Mensch!«

Die Menschenmenge amüsierte sich, fuhr dann allerdings schnell herum, als aus der anderen Ecke des Marktplatzes Pflanzen geflogen kamen.

»Oooooohne Geld, ooooooohne Geld!«, rief Blumen Richard, und warf in schnellem Takt kleine Pflanzen inklusive Topf in die Menge. Da die Menschen so dicht gedrängt standen, wurde alles Wurfgut schnell abgefangen und niemand unabsichtlich am Kopf getroffen. Der Blumenhändler schien kein Ende seiner kostenlosen Verteilaktion zu finden, immer weitere Pflanzen, Schranz meinte kleine Bananenstauden zu erkennen, flogen in die Menschenansammlung. Diese setzte sich kaum merklich in Richtung des Blumen-Lkws in Bewegung, was Richard zu Höchstleistungen anzutreiben schien. Er griff nach einem ganzen Einkaufsständer voll von weiß und lila blühenden Orchideen, nahm fünf davon in einen Arm und holte mit dem anderen Arm weit aus, um sie ins Publikum zu werfen.

Die ersten Hände gingen nach oben, fangbereit wartete das Volk auf die Geschenke.

Doch Richard ließ seinen rechten Arm sinken, setzte die Orchideen auf den Boden seines Lkws ab und zeigte unübersehbar allen den Vogel.

»Ihr glaubt wohl, dass ich spinne?!«

Damit hatte er augenscheinlich sein Ziel erreicht, die Menschen standen nun vor seinem Lkw und er hatte die Hauptmenschenmenge direkt vor sich.

»Was darf ich dir einpacken? Alles um fünfundzwanzig? Nen Fikus, vielleicht noch nen Kaktus dazu ...« Und schon hatte er seinen ersten Kunden an der Angel.

Schranz kam kaum mit Schreiben nach, so viele Einstellungen und Momente gab es, die er in seine Reportage einbringen wollte. Immer wieder bekam er einen Schubs aus der Menschenmenge, wenn sich ein potenzieller Käufer nach vorne drängte oder sich andere in die weiter hinten liegende, ruhigere Gegend zurückkämpften.

Dabei schoss es ihm durch den Kopf, wie gierig doch die Besucher waren. Wenn es so preiswerte Ware gab, dann fragte niemand nach der Aufzucht der Tiere, welche später zu Wurst verarbeitet wurden. Mehrere Kilogramm geräucherte Wurst für nur 20 Mark, da blieben letztendlich für den Bauern vielleicht ein bis zwei Mark übrig. Heinrich Bauer tat gut daran, von Anfang an einen anderen Weg der Vermarktung einzuschlagen.

18. Oktober 1985

Noch immer hatte es keinen Nachtfrost gegeben, die Blätter hingen sattgrün auf den Bäumen. Und die Apfelernte war so reich, dass die Bauern gerne ein Auge zudrückten, wenn Schranz den einen oder anderen Apfel von einem Baum stibitzte.
    Auch Gipsy hatte Gefallen an diesem süßsauren Geschmack gefunden, und Schranz teilte den Genuss gerne.

Er war ein richtiger Landhund geworden. Andere Hunde wurden akzeptiert, wenn sie nicht zu nahe an sein Haus kamen. Menschen wurden nicht verbellt, wenn

Schranz in der Nähe war. Ansonsten ließ er sie bis kurz vor die Haustüre kommen, ab diesem Punkt wurde sein Knurren aber so stark, dass sich niemand näher herantraute.

Katzen hatte er schon von klein auf zum Fressen gerne, und glücklicherweise gab es diverse große Bäume in nächster Nähe des Hauses. So konnten sich die Katzen immer in höhere Gefilde retten, bevor Gipsy sie erwischte.

Morgen sollte ein ganz besonderer Tag werden.

Lilian würde ihn besuchen. Immer war etwas dazwischen gekommen, entweder bei ihr wegen kurzfristiger Termine mit Landwirten in Bezug auf die Flurbereinigung oder bei ihm, dass die HV schnellstens einen Bericht benötigte.

Schranz hatte sich für heute vorgenommen, sein Haus auf Vordermann zu bringen. Das schrille Klingeln des Telefons holte ihn aus allen Träumen von Lilian zurück.

»Herr Schranz, hier Bauer, ich werde erpresst!«

»Was? Wie denn das?«

»Vor drei Tagen habe ich ein Rundschreiben an alle Landwirte verschickt, in welchem ich eine Befragung über das SHL und die Betriebe der Bauern durchführte. Dabei habe ich auch erwähnt, dass wir eine Züchtervereinigung gründen möchten.«

»Und was ist daran schlimm?«

»Keine Ahnung. Die Dame am Telefon sagte nur, ich solle diese Aktivitäten bleiben lassen. Sonst würde es mir schlecht ergehen.«

»Wer könnte das gewesen sein?«

»Ich habe auch nach dem Namen gefragt. Und war überrascht, als sie tatsächlich sagte, sie heiße Elena Schall. Aber, so wie ich jetzt denke, war das nur ein Fantasiename. Und sie sprach so komisch ...«

»Wie? Komisch?«

»Sie war um reines Hochdeutsch bemüht. Aber da war ein leichtes osteuropäisches, vielleicht russisches Näseln zu hören.«

»Ist Ihnen sonst noch etwas aufgefallen?«

»Nein, oder doch! Ich weiß auch nicht, wie ich es sagen soll. Es gackerte immer im Hintergrund. Ja, sie muss von einem Hof angerufen haben, wo es viele Hühner gibt. Bestimmt. Wer ist das hier in der Gegend? Kennen Sie jemanden?«

Schranz kannte sich zwar schon einigermaßen gut im Hohenlohischen aus, allerdings hatte niemand mehr Hühner auf seinem Hof, als er für den Eigenbedarf benötigte. Es dominierte eindeutig die Schweinezucht, deutschlandweit war Hohenlohe in diesem Bereich der Marktführer.

»Was sollen wir jetzt tun?«

»Nehmen wir die ganze Sache nicht so schwer. Lassen Sie uns zuerst einmal beobachten, was als Nächstes passieren wird.«

»Sie haben gut reden, bei Ihnen hat ja auch niemand angerufen!«

Bauer war hörbar in hellster Aufregung.

»Das stimmt schon, aber ein so blöder Anruf wird Sie doch nicht aus Ihrem Gleichgewicht bringen.«

»Diese Damen von dem Hühnerhof, oder waren es eher Hennen?«

Bauer hatte einen verächtlichen Ton angeschlagen.

»Also diese Damen vom Hennenhof, die werde ich

schon noch kriegen. Diese elende Mafia, die hängen doch alle zusammen. Andauernd diese Sticheleien und Gemeinheiten. Aber ich werde vorsichtig sein, wenn wir Anfang nächsten Jahres die Gründungsversammlung machen. Und ich nehme an, Sie werden auch dabei sein?«

»Wenn Sie und Martens grünes Licht geben, gerne. Melden Sie sich bitte bei mir, wenn es etwas Neues gibt.«

Die Dame hatte am Nachmittag nochmals angerufen.

Bauer hatte ihn sofort informiert und einige kräftige Flüche über ›die Damen vom Hennenhof‹ abgelassen. Aber es gab nichts wirklich Neues, sie hatte nur die Forderung und die Drohung von heute Vormittag wiederholt.

Der Journalist war nicht dafür, damit zur Polizei zu gehen. Sie hatten zu wenige Fakten. Und diese Art von Presse benötigten sie momentan wahrlich nicht.

8

19. Oktober 1985

Schon früh am Morgen wachte Schranz auf.

Heute würde ein toller Tag werden. Auch wenn der Nebel noch im Tal von Bernau lag, die Herbstsonne würde ihn bald durchdringen und auflösen.

Ob wohl Lilian genauso aufgeregt war wie er?

Würde sie etwas mitbringen? Welche Kleidung würde sie wohl wählen?

Schranz hatte nur noch ein kurzes Interview mit einer 100-Jährigen Dame zu führen, die am Freitag ihren Ehrentag feierte. Anschließend hatte er Zeit für die restlichen Aufräum- und Putzaktionen eingeplant. Er freute sich auf Lilian. An Veronika dachte er nicht mehr. Sie war eine liebe Freundin, aber nicht mehr. Lilian löste andere Gefühle in ihm aus, die er meinte, schon lange vergessen zu haben.

Wie zu erwarten gewesen war, klingelte sie überaus pünktlich an der Türe.

Gipsy führte sein übliches furchteinflößendes Gebell vor, wobei er sich schnell beruhigte, als die junge Frau zur Tür hereinkam.

Alle Gäste, die sein Herrchen freundlich empfing, fand auch er in Ordnung. Außer wenn sie ruckweise von ihrem Stuhl aufsprangen, dann gab es meistens auch ein paar Beller als Zurechtweisung.

Sie hatte ein Parfüm an sich, das sie für ihn noch begehrenswerter machte.

Wie vom letzten Mal schon gewohnt, nahm sie Schranz lange in die Arme und drückte ihn an sich.

»Klasse, dass es geklappt hat.«

Sie schien auch ihre Zweifel gehabt zu haben.

»Du siehst umwerfend aus.«

Unter einer weißen, modischen Bluse trug sie ein schwarzes Top, das deutlich, aber nicht penetrant hervorlugte und ihre weiblichen Rundungen betonte.

»Ich habe für dich gekocht. Das sollte die Überraschung für heute Abend sein. Da die Jagdsaison eröffnet wurde und mein Nachbar von gegenüber ein Wildschwein geschossen hat, gibt es dieses jetzt als Braten in einer Rotweinsauce.«

Lilian hatte ihm einen Strauß Herbstastern in Kombination mit Gräsern mitgebracht, der jetzt zwischen ihnen auf dem Esszimmertisch prangte.

Ihre Gespräche drehten sich um die Arbeit der letzten Wochen.

Lilian hatte eine Erhebung gemacht, welcher Bauer wie viel Stück Vieh von welcher Rasse in seinem Stall stehen hatte.

Es waren interessante Zahlen für Schranz, ganz nebenbei beschloss er, Martens eine sogenannte ›länderübergreifende Geschichte‹ über die Landwirtschaft anzubieten. Wie sahen die Viehbestände in Bayern aus? Wie wurden sie vermarktet?

Das konnte eventuell ein interessanter Auftrag werden.

Kurz waren seine Gedanken abgeschweift, schon fragte ihn Lilian, ob sie sich nicht ins Wohnzimmer und vor den Kamin setzen könnten. Im Esszimmer sei es nicht so gemütlich wie dort.

Gipsy schaute den beiden mit seinen braunen Kulleraugen nach, als sie das Zimmer verließen, und zog es vor, im Esszimmer zu bleiben, das sich direkt an die Küche anschloss. Wahrscheinlich hoffte er noch darauf, die Essensreste zu erhaschen.

Schranz hatte Holz nachgelegt, sodass es im Wohnzimmer mollig warm war. Bestimmt über 25 Grad, genau die Temperatur, die er liebte. Dann konnte er an seinem Schreibtisch sitzen, auf seiner alten, schwarzen Adler-Schreibmaschine die Geschichten für die HV und andere Magazine schreiben. Und dabei einen Hauch von Sommer erspüren, wenn er in kurzer Hose, T-Shirt und ohne Socken inmitten seiner vielen Bücher und Zeitschriften saß.

Für Lilian war das sicher ungewohnt, aber es hatte den angenehmen Nebeneffekt, dass sie ihre weiße Bluse auszog und Schranz durch das schwarze Top ihren schönen Oberkörper betrachten konnte.

»Du hast immer noch keinen Fernseher?«

»Nein, ich brauche auch keinen.«

»Willst du mein altes Gerät? Ich habe mir vor kurzem einen Farbfernseher gekauft, ich gebe dir den anderen gerne ab.«

Aber er wollte wirklich keinen.

Es waren für ihn die wertvollsten Stunden, von Sonnenuntergang bis ungefähr 2 Uhr nachts. Die Dunkelheit schlich sich in sein Schreibzimmer, im Sommer fächelte von draußen der kühle Wind herein. Und im Winter reflektierte der Schnee die Helligkeit des Mondes und tauchte alles in ein fast mystisches Licht, welches seine Fantasie beflügelte.

Nein, darauf wollte er nicht verzichten.

Sie sprachen über Bücher, über die letzten Kochrezepte, und man hätte fast den Eindruck haben können, sie seien schon lange ein Paar.

»Chris, ich finde dich toll.«

Das hatte nun wirklich schon lange niemand mehr zu ihm gesagt.

»Danke gleichfalls. Du umfängst mich mit deiner Wärme und deiner Liebenswürdigkeit.«

Mit der Zeit kuschelten sie enger aneinander, und Schranz spürte, wie sich jede Faser seines Körpers zu ihr hingezogen fühlte.

Sie war wirklich eine begehrenswerte Frau. Schöne Optik und dazu noch etwas ›in der Birne‹, wie Martens solche Frauen bezeichnete.

Zwei Stunden vergingen wie im Flug, und da Lilian am Tag darauf wichtige Termine und Besprechungen hatte, wurde es bald Zeit für sie, die Heimfahrt anzutreten.

Schranz reichte ihr im Flur die warme Wolljacke und sie nutzte den Moment, um sich an ihn zu schmiegen.

»Ich habe dich die letzten Wochen vermisst. Wann sehen wir uns wieder?«

Dabei fuhr ihre Hand an seinem Rücken auf und ab, Schranz war wie elektrisiert. Er rührte sich nicht von der Stelle, denn dieses Gefühl von Nähe und Zärtlichkeit wollte er möglichst lange auskosten.

Vorsichtig drückte er ihren Oberkörper an seine Brust, wodurch er deutlich ihre wohlgeformten Brüste spürte. Ein wunderbares Gefühl für einen jungen

Mann, der monatelang alleine gelebt hatte. Sie zog sein T-Shirt inklusive Unterhemd aus der Hose und strich ihm mit zwei Fingern die Wirbelsäule hoch und runter, wobei sie nach kurzer Zeit begann, ihn zärtlich zu massieren.

»Sollen wir nicht noch einmal reingehen?«
»Nein, ich muss los.«

Aber sie machte genau das Gegenteil, vorsichtig zog sie den Reißverschluss seiner Hose auf.

Als sie sich später verabschiedete, war Schranz rundherum glücklich.

»Du bist wundervoll, Chris. Ich mag dich sehr.«

Sie küsste ihn direkt auf den Mund, und auch er konnte diesen Geschmack von Lust, Erotik und Sex spüren.

»Bis bald!«

Mit demselben verführerischen Parfümhauch wie vor ein paar Stunden ging sie vorsichtig zur Haustüre. Gipsy stand schwanzwedelnd davor, er hatte seine Konzentration vom Essen auf das Spazierengehen verlagert.

Schranz begleitete die junge Frau bis vor die Tür und zu ihrem Auto, und er schaute ihr voller Hoffnung und Wehmut nach, als sie vor seinem Haus links abbog in Richtung Wäldershub und Dinkelsbühl.

Sein Herz sagte ihm, dass er Lilian möglichst bald und möglichst oft wiedersehen wollte.

20. Oktober 1985

Während es draußen regnete und sich der Winter mit niedrigeren Temperaturen als bisher gewohnt ankündigte, schlief Schranz noch ruhig und zufrieden, bewacht von Gipsy, der vor der Schlafzimmertüre postierte.

Nachts kam der Hütetrieb in ihm durch, als ungarischer Hirtenhund war er es gewohnt, die ihm Anvertrauten stets bestmöglichst zu beschützen. Wobei er durchaus bestechlich war, ein gutes Stück Fleisch konnte viel bewirken.

Im Schreibzimmer schrillte das Telefon. Als Schranz mit einem Auge den Wecker fixierte, zeigte dieser kurz vor 9 Uhr an. Für ihn eine sehr frühe Zeit.

Er rannte Richtung Büro, fiel fast über Gipsy, der sich just in dem Moment aufrichtete, und erreichte gerade noch das Telefon, bevor der Anrufbeantworter sich einschaltete.

»Hallo?«

»Guten Morgen, mein Lieber!«

»Oh, du bist es. Hallo, das hätte ich jetzt nicht erwartet.«

Er war mit einem Schlag hellwach.

»Schön, dass du anrufst. Ich habe noch geschlafen.«

»Echt? Sorry! Ich bin schon seit halb acht hier am Arbeiten. Aber ich merke mir das.«

»Kein Problem! Vor allem, weil du es bist!«

Ohne es zu wollen, regte sich sein edelstes Teil und verschaffte ihm eine dicke Beule in seiner Boxershort.

»Heute Morgen ist es rein beruflich. Zumindest fast.«

»Wie geht denn das?«

»Gerade habe ich einen neuen Termin ausgemacht, bei dem ich dich gerne mit dabei hätte. Er ist in Crailsheim, schon in drei Tagen, und die Landfrauen veranstalten ihren Herbstabend. Ein buntes Programm mit diversen Vorträgen, Musik und jede Menge Essen.«

»Na, hört sich ja nicht ganz so prickelnd an.«

»Und ich bin auch dabei.«

»Das wertet es natürlich erheblich auf.«

Schranz schmunzelte über beide Ohren und Lilian ahnte das wahrscheinlich.

»Eine der Vortragenden ist im Übrigen Frau Bauer, die kennst du ja bestimmt, oder?«

»Nein, ihn kenne ich nun schon lange, aber sie, also seine Mutter kenne ich, aber äh, seine Frau, nein, die habe ich noch nicht gesehen.«

»Siehst du, passt doch hervorragend. Und wir beide sehen uns auch wieder.«

Eigentlich freute er sich auf diesen Abend. Zwischendrin würde es wahrscheinlich manchmal langweilig werden, aber dann würde er eben in dieser Zeit mit Lilian reden. Wobei es nicht schaden konnte, auch die Ehefrau von Bauer kennenzulernen. Schranz lebte hier nach der alten Journalistenregel, je mehr Informationen, desto besser. Und diese würden sogar noch aus erster Hand sein.

21. Oktober 1985

Warum nur hatte diese Elena beim Patrone ihre Handynummer hinterlassen? Das machte überhaupt keinen Sinn. Sie wollten Bauer erpressen und er telefonierte mit ihnen?

Bauer wollte umgehend die Polizei informieren, die Telefonnummer durchgeben und erhoffte sich dadurch, dass die Telefonanrufe aufhörten. Aber Schranz hatte ihn nach kurzem Überlegen überzeugt, dass dies auf keinen Fall der richtige Weg war. Das einzige Ergebnis würde sicherlich sein, dass sich Elena eine neue Telefonnummer geben ließ und nach einem kurzen Gespräch bei der Polizei wieder agieren würde. Nur würde wahrscheinlich einer ihrer Kollegen Bauer künftig bearbeiten, eventuell würden die Erpresser sogar noch zu härteren Abschreckungsmethoden greifen.

Heute nun wollte sich Schranz mit Elena treffen. Mittlerweile kannte er die abgelegenen Plätze der Stadt, und das alte Bahnhofsgelände in Crailsheim schien ihm geeignet für solch eine Begegnung. Elena hatte darauf bestanden, sich nur mit ihm alleine zu treffen. Er sollte neben ihrem Auto, einem schwarzen Audi Kombi, parken. Sie würde ihn dann kurz beobachten und danach in sein Auto steigen, um kurz miteinander zu sprechen.

Die Fahrt ging Richtung Altenmünster, dort folgte er der Ausschilderung in Richtung Sportanlagen. Die Sonne war vor einigen Minuten untergegangen, der Himmel zeigte sich in einem winterlichen Grau. Links ab ging es in die Horaffenstraße, die mit einigen Kurven und Biegungen in Richtung der alten Bahnhofsanlage führt. Begleitet wurde die Straße auf der linken Seite von drei Gleisen, die in früheren Jahren eine der Hauptschlagadern für die aufstrebende Stadt darstellten. Davon waren sie heutzutage weit entfernt, Crailsheim war keine Drehscheibe des internationalen Schienenverkehrs mehr.

Aus diesen Tagen war noch der alte Wasserturm erhalten. Stolz reckte er sich als tiefschwarzes Bauwerk in den immer dunkler werdenden Nachthimmel.

Schranz wusste von anderen Terminen hier, dass sich an den Backsteinsockel ungefähr in halber Höhe eine schwarze Metallhaut anschloss. Dort war der Turm auch bauchig ausgeformt und hatte irgendwie die Form einer zusammengestauchten Colaflasche. Bei diesen Wetterverhältnissen waren ungefähr 30 kleine am Wasserturm befestigte Lämpchen das Einzige, was einen Hauch von Leben in die unwirtliche Umgebung brachte.

Die Straße führte leicht bergab, um dann in einen großen Platz zu münden. Dieser war mit Schotter befestigt worden und mit Pfützen übersät. Nach 100 Metern war rechts im Zwielicht ein zweistöckiger Backsteinbau zu erkennen, ungefähr 10 Meter links davon ein eingeschossiger Flachdachbau, und dahinter die alten Lockschuppen, wie Schranz sie noch als Modelle von seiner Spielzeugeisenbahn her kannte. Durch drei große Torbögen konnten die Lokomotiven in den Schuppen einfahren, dann wurden die großen Holztore geschlossen und die Mechaniker konnten an den großen stählernen Ungetümen arbeiten.

Doch jetzt wucherte Unkraut zwischen den Schienen, vom Lockschuppen platzte der Putz in großen Stücken ab und auch die anderen Bauwerke hatten ihre beste Zeit schon lange hinter sich.

Schranz hielt an, stellte den Motor ab, ließ aber das Licht brennen. Es war niemand zu sehen, kein Auto, kein Lebenszeichen auf dieser großen Fläche. Ganz in der Ferne konnte er die Häuser von Crailsheim erkennen, links von ihm ragten in zirka 500 Metern die ersten Bauwerke von Altenmünster in den Nachthimmel.

So verharrte Schranz in seinem Auto, langsam beschlugen die Autoscheiben von innen. Er drehte den Autoschlüssel nach rechts, die wieder eingeschaltete Zündung ließ die Autolüftung wieder anspringen.

Ein Klopfen an der Beifahrertüre ließ ihn aufschrecken.

Wo kam diese Person jetzt bloß her?
»Kommen Sie herein!«, reif er unsicher.

Die Beifahrertüre wurde geöffnet, eine weibliche Person ließ sich auf den Sitz fallen. Schranz meinte, einen nicht genau zu identifizierender Schatten hinter dem Backsteingebäude verschwinden zu sehen. »Herr Schranz?«
»Ja, richtig. Und Sie?«
»Elena, Elena Schall. Wie mit Herrn Bauer vereinbart, hat ja alles prima geklappt.«

Momentan war keinerlei Akzent hörbar, ihre Stimme klang noch jünger, als er sie in Erinnerung hatte.

Schranz drehte den Kopf nach rechts, um sie zu mustern. Ihre Augen waren schmal, lange braunschwarze Haare glänzten im fahlen Licht der Bahnhofsumgebung. Ihr Mund musste dunkelrot geschminkt sein, immer wieder glitzerte er kurz in einem Lichtschein auf. Sie trug einen schwarzen Blazer mit Schulterpolstern, eine ebensolche dunkle Hose und ein weißes T-Shirt. Eine nicht sehr passende Kleidung bei dieser Witterung.

»Sie arbeiten als Journalist, ja?«

Sie schaute ihm kurz in die Augen, das Weiß des Augapfels kontrastierte mit einer helleren Pupille, deren Farbe er nicht erkennen konnte.

Als er nicht sofort antwortete, zogen sich an ihrem

rechten äußeren Augenlid drei feine Fältchen nach oben. Ihr Blick wurde wachsam.

»Ja ... Sie werden sicherlich auch über mich Informationen eingeholt haben.«

Ihre Gesichtszüge zeigten keinerlei Reaktion. Vielleicht lag dies auch an der perfekt aufgetragenen Schminke. Vor allem am Rouge hatte sie nicht gespart.

»Nun, Sie wollten etwas über unsere Arbeitsweise wissen. Ich vermute, Sie haben auch schon einmal etwas über die Firma ›Kief Inkasso‹ oder kurz KI, gelesen? Wir machen meistens in den großen Sonntagszeitungen Werbung für unsere Dienstleistungen.«

Tatsächlich war ihm die eine oder andere Anzeige aufgefallen, die mit Erfolgsgarantien bei uneinbringbaren Forderungen Werbung machte.

»Einer unserer Kunden, der Name tut hier nichts zur Sache, hat eine Rechnung mit Ihrem Bekannten offen. Und unser Job ist es, diesen Betrag einzutreiben.«

»Soweit ich weiß, ist diese Forderung aber gar nicht existent.«

Schranz bluffte.

Elena schaute ihn verwundert an.

»Woher wollen Sie das wissen? Im Übrigen geht uns das überhaupt nichts an. Wir verlassen uns dabei auf unseren Kunden.«

So kam er nicht weiter.

»Aber was bringen Ihnen denn die vielen Anrufe?«

»Es sind ja nicht nur die Anrufe bei Ihrem Bekannten, wir telefonieren ebenso mit seinen Nachbarn, mit seinen Kunden, seinen Lieferanten usw. Nicht, dass wir irgendwelche falschen Aussagen oder Behauptungen machen würden. Wir fragen vielmehr, ob denn der Angerufene nicht auch Probleme mit der Zielperson hat, ob denn immer das Geld rechtzeitig geflossen ist und vieles mehr.«

»Damit machen Sie sich nicht strafbar?«

»Wir verprügeln niemanden, wir gehen davon aus, dass wir sauber arbeiten.«

Das klang wie eine Waschmittelwerbung. Diese Methoden waren wirklich nicht astrein, auch wenn sie eventuell nicht strafbar waren.

Sollte man Elena nicht einfach anzeigen? Aber das hatten Bauer und Schranz bereits vor ein paar Tagen verworfen.

Wenn man die feingliedrigen, gepflegten Finger dieser Elena so sah, wenn man ihr dezentes und doch angenehmes Parfüm in sich aufnahm, dann war es schon bedauerlich, dass sie gerade in so einem zweifelhaften Beruf arbeitete. Als Außendienstlerin wäre sie sicher sehr erfolgreich.

»Wo sind Sie mit Ihren Gedanken?«

Er fuhr ertappt zusammen.

»Ich bin schon wieder da!«

Sie wirkte irgendwie unnahbar.

»Was möchten Sie mit diesem Gespräch erreichen?«

»Ich hoffe sehr, dass Ihr Herr Bauer bald zahlen wird. Einer unserer Klienten hat sich letzte Woche den Arm gebrochen. Man sagt, dies sei bei einem Sportunfall passiert. Allerdings hatte er auch Besuch von Kollegen von mir erhalten ...«

Sie schaute abwesend vor sich hin, die Autoscheibe hatte sich stark von innen beschlagen.

Die Mitarbeiter von KI schienen wirklich unangenehm werden zu können. Auch wenn dies andererseits auch nur eine leere Drohung sein konnte.

»Ich werde dafür plädieren, die Sache mit seinem Kunden oder Lieferanten umgehend zu klären.«

»Das glaube ich eher nicht, aber Sie können es zumindest versuchen.«

Mit einem Ruck hatte sie die Autotüre geöffnet, stieg elegant aus und schloss die Tür. Schranz wischte hektisch an der Scheibe herum, sah aber nur noch wie die attraktive Erscheinung zügig in Richtung des Backsteingebäudes ging und sich dort eine zweite Person zu ihr gesellte, bevor beide von der Dunkelheit verschluckt wurden.

22. Oktober 1985

Heute wollte sich Schranz seinen Lektoratsaufgaben widmen.

Er genoss es, nach dem Aufwachen noch einige Minuten ruhig im Bett liegen zu bleiben und sich Gedanken über seinen Tagesablauf zu machen.

Der Baier-Verlag hatte ihm ein Buch über Geschichten aus dem Baltikum mitgegeben, dies solle er doch bitte in der HV in der nächsten Woche als Buchbesprechung abhandeln.

Gipsy hatte ebenfalls bemerkt, dass sein Herrchen wach geworden war und streckte seinen wuscheligen Kopf zur halb geöffneten Schlafzimmertüre herein.

Zweimaliges Klingeln an der Haustüre in kurzem Abstand löste ein lautes Hundegebell aus.

Schranz wusste, ohne dass er die dicken blauen Vorhänge hätte zurückziehen müssen, dass Franz unten an der Haustüre stehen musste. Sein Nachbar hatte ihm bereits gestern angedeutet, dass er heute Hilfe benötigte. Ein Lkw hatte sich angemeldet und wollte das frisch geerntete Korn abholen.

Schnell sprang Schranz in seine Kleider, trank ein Glas Wasser und ging die 30 Meter zu Franz hinüber.

Ein großer Lkw mit Plane stand bereits direkt neben dem Scheunentor, und Franzens Söhne Thomas und Bernd warteten bereits zusammen mit ihrem Vater auf Schranz.

Der Journalist ließ sich einweisen, wie er die 25-kg-Säcke mit Getreide zu tragen habe, und dann ging es nach oben in den zweiten Stock der Scheune. Sauber aufgereiht standen Dutzende von Säcken nebeneinander, um nach unten getragen zu werden. Die Holztreppe war steil, aber das Schrittmaß war so bemessen, dass man beim Nachuntengehen seine Füße nicht zu tief nacheinander setzen musste.

Beim ersten Sack war es noch ein wenig ungewohnt für Schranz, er musste mehrmals auspendeln, um nicht mitsamt dem schweren Sack nach unten zu fallen. Ab dem zweiten Mal ging es dann besser, aber bereits nach dem fünften Mal begann sein Rücken zu schmerzen. Wie machten das bloß die anderen? Bernd pfiff während der Plackerei ein Lied vor sich hin, und sein Bruder lächelte immer, wenn er am Journalisten vorbeikam. Aber Schranz wollte nicht nachstehen, und so kämpfte er sich bis zum 34. Sack durch.

Auf seinem Lkw stehend, nahm der Fahrer jeden Sack entgegen und stellte dann immer zwei Säcke hinter dem Fahrerhaus beginnend aufeinander.

Willi, wie ihn die anderen nannten, war vielleicht 1,60 Meter groß und fast genauso breit. Sein rundes, pausbäckiges Gesicht war voller Schalk, und fast bei jedem abgegebenen Sack hatte er einen neuen Kommentar auf Lager. Wie er Schranz erzählte, war er seit 1960 auf den Hohenloher Höfen unterwegs. Die Bauern gaben im Herbst ihr Getreide bei ihm ab, und dafür bekamen sie ein gewisses Kontingent an Nudeln, das sie über das Jahr gesehen aufbrauchen konnten. Und die Nudelfabrik verwendete das Korn der Bauern zur Herstellung dieser Nudeln.

So brauchten sich die Landwirte nicht um die Vermarktung ihres Korns bemühen, sie mussten es auch nirgendwo hinfahren. Der Laster kam einmal im Herbst, und dann konnten sie direkt an diesem Tag die ersten Nudelpackungen eintauschen.

Zum Schluss tippte Willi kurz an seine braune, flache Mütze, die er tief in sein Gesicht gezogen hatte. Sie passte vorzüglich zu seinen braunen Kniebundhosen, den rot gemusterten Socken und den schwarzen Wanderstiefeln.

»Komm, du armer Kerl, hast gut mitgeholfen. Probier mal unsere Jeremiasnudeln, die schmecken wirklich klasse.«

Anne drückte ihm ebenfalls noch zwei Packungen anderer Nudelsorten in den Arm, und Schranz ging reich beschenkt wieder zurück zu seinem Haus. Er war froh, dass er heute nicht mehr vorhatte, irgendwelche körperlichen Tätigkeiten durchzuführen. Die Buchkritik war genau das Richtige nach solch einer ungewohnten Anstrengung.

9

23. Oktober 1985

Am Mittag sollte Schranz eine 90-Jährige interviewen.

Ihre Tochter, die auch schon 70 Jahre alt war, hatte ihm den Weg zum Haus beschrieben. »Sie fahren ins Dorf hinein. Auf der rechten Seite sehen Sie einen großen Stall, nach diesem fahren Sie rechts. Dort ist auch schon das Haus.«

Als Schranz nach dem Straßennamen und der Hausnummer fragte, war sekundenlang Stille am anderen Ende der Leitung.

»Warum fragen Sie mich das? Es ist doch ganz einfach zu finden. Fahren Sie wie ich es Ihnen gesagt habe.«

Eine lustige Anfahrtsbeschreibung, aber er fand das Haus tatsächlich sofort.

Alle warteten schon auf ihn, er war wohl die wichtigste Abwechslung dieses Tages.

»Die Oma ist oben, gehen Sie ruhig rein.«

Die Haustüre war nur angelehnt, eine breite Holztreppe führte in den ersten Stock.

Sollte er hochgehen?

Nachdem niemand mehr außer ihm im Hausflur war, blieb ihm nichts anderes übrig. Von oben wehte ihm ein herrlicher Duft nach frisch gebackenem Brot oder

Kuchen entgegen. Als er die ersten Treppen erklomm, öffnete sich die Flurtüre des ersten Stocks und die bekannte Stimme vom Telefon begrüßte ihn.

»Toll, dass Sie kommen. Oma ist schon ganz nervös.«

Oh je, dachte Schranz, wieder so ein Fall, wo die Leute Ehrfurcht vor den Zeitungsreportern hatten.

Die erste Türe auf der rechten Seite wurde vorsichtig geöffnet, und er sah eine Frau zusammengesunken auf der Bettkante sitzen. Als sie Schranz sah, richtete sie sich leicht auf, aber ihr schien die Kraft zum Aufstehen zu fehlen.

»Guten Tag, ich bin Lore Meiser.«

Ihre Stimme klang klar und konzentriert.

Im Laufe des Gesprächs erinnerte sie sich an Details aus den Jahren der Jahrhundertwende und des Ersten Weltkriegs, die Schranz faszinierten. Welch ein Wissen und welch eine Lebenserfahrung saßen ihm da in Gestalt dieser alten Frau gegenüber!

Das Gespräch dauerte wieder viel länger als geplant, Karthaus hatte gemeint, er habe maximal 40 Zeilen und Platz für ein Foto in der HV. Da durfte er also maximal eine halbe Stunde vor Ort sein und dann eine Viertelstunde im Büro daheim benötigen, um den Artikel zu verfassen. Ansonsten würde ein Stundenlohn herauskommen, der jenseits von gut und böse war.

Aber diese Stunden wollte er nicht missen. Er hatte alle Zeit der Welt, er forderte die Jubilarin mehrfach auf, doch ruhig noch viel mehr aus ihrem Leben zu erzählen. Das genoss diese sichtlich, und so vergingen fast eineinhalb Stunden, bis Schranz zum Fotografieren kam.

Wie üblich wollte die alte Dame kein Foto von sich

machen lassen. Aber genau daran verdiente er sein Geld, ein in der Zeitung abgedrucktes Foto brachte ihm immerhin 15 DM. Ein wirklich guter Lohn. Also hatte er sich schon seit Langem ein paar Sätze zurechtgelegt, um vor allem Frauen doch dazu zu bringen, sich ablichten zu lassen. Mit sanftem Druck schaffte er es auch dieses Mal – meist waren seine Argumente mit schmeichelhaftem Inhalt am erfolgreichsten.

Als der Fotoblitz alles kurzfristig gleißend hell erleuchtet hatte, meinte die 90-Jährige nur: »Hoffentlich verreißt es den Kasten jetzt nicht.«

Auf der Heimfahrt lachte Schranz immer wieder kurz auf, wenn er an diesen Satz dachte. Wie mag dieser Kommentar zur Jahrhundertwende angekommen sein? Damals gab es noch wirklich große Kästen, Frau Meiser musste diese Riesenschachteln mit schwarzem Tuch darüber und dem Kommando ›alles ruhig stehen‹ noch selbst erlebt haben.

Nun verblieb noch ungefähr eine Stunde, um diesen Artikel zu Papier zu bringen und die Fotos in Crailsheim zum Entwickeln zu bringen.

Gut, dass sich die Landfrauen auch dort trafen. Das ersparte eine zusätzliche Autofahrt.

Am meisten gespannt war er heute Abend auf Frau Bauer. Wie sah sie aus? Wie würde sie reden? Genau so überzeugend und einnehmend wie ihr Mann?

Als Schranz die Stadthalle in Crailsheim betrat, schlug ihm ein hoher Geräuschpegel entgegen.

Wie immer war er etwas spät dran, aber er hatte augenscheinlich noch nichts verpasst.

Auf der Bühne stand eine längere Tischreihe, hinter

denen er sieben Frauen sitzen sah. Wahrscheinlich waren es der Vorstand und die Rednerinnen des heutigen Abends. Es sah schon etwas seltsam aus, dass die ganze Halle fast nur aus weiblichen Besuchern bestand. Und Schranz hatte einen reservierten Platz ganz vorne bei den Ehrengästen, um möglichst gute Bilder von der Veranstaltung machen zu können.

Nach der allgemeinen Begrüßung kündete die Vorsitzende die erste Rednerin, Frau Bettina Bauer, an. Ihr Thema: ›Die Ehefrau des Landwirts im Spannungsfeld von Beruf und Ehe‹. Schranz erwartete einen interessanten Vortrag, unter dem Tisch spürte er, wie Lilians Fußspitze an sein Bein anstieß und sie ihm einen liebevollen Blick zuwarf. Wie sie es wohl geschafft hatte, genau gegenüber von ihm zu sitzen? Sie war einfach clever.

Eine große Frau mit dunklen Haaren erhob sich von ihrem Platz auf der Bühne. Sie trug einen schwarzen langen Rock und eine dazu passende, dunkle, elegante Bluse. So wie es aussah, hatte sie eine wohlgeformte Figur.

Sie schritt langsam und zielstrebig zum Rednerpult, die vorhin noch laut durcheinander schwatzenden Damen unterbrachen ihre Gespräche.

»Liebe Freundinnen, liebe Bäuerinnen, liebe Ehefrauen von Landwirten!«

Man spürte, sie war stolz darauf, zu diesem Kreis zu gehören.

»Die heutige, immer hektischer werdende Arbeitswelt hat auch unser Leben erfasst. Wir arbeiten nicht mehr wie früher soviel wie möglich. Nein, das reicht heute nicht mehr aus. Man erwartet von uns, dass wir

Organisatorin, Kontrolleurin und Zukunftsschaffende für die landwirtschaftlichen Höfe unserer Familie sind.«

Schon mit diesen Worten hatte sie ihre Zuhörerinnen für sich gewonnen, sie sprach frei und schaute nur ab und zu auf ihr Skript. Ob wohl ihr Mann dabei geholfen hatte, diese Zeilen auszuformulieren? Schranz wollte versuchen, sie später nach dem offiziellen Teil des Abends in ein Gespräch zu verwickeln.

Während er sie beobachtete, konnte er Bauer verstehen, dass er diese Frau auserwählt hatte. Sie passte gut zu ihm, schien warmherzig zu sein. Sicher gab sie ihrer Familie einen Hort, einen warmen Platz, wo sich alle wohlfühlen konnten.

Ihr längliches Gesicht drückte Eleganz und Wärme aus, obwohl ihre fast schwarzen, langen Haare streng zu einem Zopf nach hinten gebunden waren. Ihre Lippen waren mit einem feinen, hellroten Lippenstift geschminkt, dieser wirkte aber keinesfalls übertrieben oder auftragend. Vielmehr betonte er noch die sommerliche Bräune ihrer Haut, die sich bis in diese Herbsttage hinein konserviert hatte.

Ihr Vortrag wurde mit tosendem Applaus belohnt. Frau Bauer stand am Rednerpult, bedankte sich mit einem eleganten Kopfnicken, ihre Wangen wurden noch etwas rotbrauner als vorhin, und sie schritt wieder zu ihrem Platz zurück.

Mit dieser Rednerqualität konnten die anderen, nach Frau Bauer referierenden Frauen nicht mithalten. Schranz hatte manchmal das Gefühl, in einer zähen und nicht enden wollenden Veranstaltung zu sitzen.

Als auch der letzte Vortrag vorüber war, ging er zur

Bühne und fragte Frau Bauer, ob sie nachher kurz Zeit für ein Interview haben würde.

Sie strahlte ihn aus dunkelbraunen Augen an.

»Gerne, ich komme zu Ihnen an Ihren Platz. Mein Mann hatte Sie mir schon beschrieben. Deshalb war mir klar, wer Sie sind.«

Die Ehrengäste verließen nach den Vorträgen langsam die Halle. So saßen Schranz und Lilian alleine am Kopfende ihres Tisches, als Frau Bauer sich neben Schranz setzte.

»Schön, dass Sie auf mich gewartet haben.«

»Kein Problem. Ich habe angeregt mit meiner Tischnachbarin gesprochen. Sie kennen sich?«

»Ja, ich kenne Lilian schon seit ein paar Monaten. Eine tolle Frau!«

Jetzt strahlten die beiden Frauen ihn an.

»Aber ich mache mir Sorgen wegen meinem Mann.«

Das Lächeln wich aus ihrem Gesicht.

»Sie kennen ihn jetzt auch schon eine Weile, und ich finde, er mutet sich zu viel zu. Ich hatte mich vor einigen Monaten bereit erklärt, auch die Büroarbeiten in diesem Bereich zu übernehmen. Briefe schreiben, Korrespondenz überwachen, Telefonate entgegennehmen. Und was ich da so mitbekomme, ist wirklich bedrohlich.«

»Warum?«

Schranz dachte kurz an dieses Erlebnis mit Bauer, als er von einer Erpressung erzählte.

»Landwirte, die auf das Hällische umsteigen möchten, rufen an und machen sich Sorgen, ob der Markt auch wirklich in diese Richtung gehen wird. Andere

Bauern, die sich von einem Aufleben des SHL bedrängt oder vielleicht sogar bedroht fühlen, melden sich telefonisch bei mir. Natürlich ohne Namen. Dass sie unsere Felder mit Spritzmittel vergiften würden, so rein zufällig, wie sie sich ausdrücken. Würde halt so nebenbei mal beim Wenden des Traktors mit Spritzbrühe auf dem Feld passieren. Und dann gibt es diese Frau ...«

Frau Bauer musterte ihre beiden Gesprächspartner, als versuche sie herauszufinden, ob die beiden auch wirklich auf ihrer Seite standen.

»Sie hat schon mehrfach angerufen, spricht einen Dialekt mit einem leichten osteuropäischen Einschlag.«

»Die Dame vom Hennenhof?«

»Wie, wer ist das?«

»Hören Sie eventuell im Hintergrund des Telefonats immer Hühner gackern?«

Jetzt war Frau Bauer sehr überrascht.

»Kennen Sie die Anruferin?«

»Nein, Ihr Mann hat mir von einem dieser Telefonate berichtet. Und da diese Frau sich auch bei ihm nicht mit Namen gemeldet hat, spricht er immer von der Anruferin oder Tussi vom Hennenhof.«

»Sie hat auch schon bei ihm angerufen?«

Frau Bauer war sichtlich von der Rolle. Sie schien entsetzt. Anscheinend hatte sie gehofft, dieses Problem von ihrem Mann fern halten zu können. Zumal sich die Forderungen der Anruferin bei jedem Gespräch erhöht hatten. Waren es anfangs nur Aufforderungen, die Aktivitäten mit dem SHL einzustellen, kamen nunmehr auch Geldbeträge ins Spiel. Beim letzten Mal seien es 60.000 DM gewesen. Und die Dame habe gelacht, als Frau Bauer ihr sagte, sie glaube nicht, dass es Folgen haben könnte, wenn ihr Mann nicht zahlen würde. Sie habe ganz frech bemerkt:

»Und woher denken Sie, kam dieser Ausbruch der Aujetzki-Krankheit?«

10

13. November 1985

Der Holzkachelofen strahlte auch in Schranz' Schreibzimmer noch eine wohlige Wärme aus, als er recht früh am Morgen Gipsy suchte. Dieser hatte wohl die ganze Nacht unter seinem Schreibtisch gelegen, gerade so, wie er ihn gestern Abend verlassen hatte.

Heute wollte der Journalist *wieder* einmal zum Patrone auf dessen Hof hinausfahren, anscheinend liefen laut Bauers gestrigem Telefonat die Vorbereitungen für die Grüne Woche in Berlin auf Hochtouren.

Auf dem Hof war alles wie immer.

Ruhige bäuerliche Umgebung, in der Luft dieser feine Schweinegeruch.

Und keine Menschenseele zu sehen.

Schranz ging durch die hölzerne Eingangstür, über dessen Rahmen eine goldene Sonne strahlte. Damit konnte sich jeder Besucher sicher sein, nunmehr offiziell den Sonnenhof betreten zu haben.

»Hallo Herr Schranz, schön, Sie wieder einmal zu sehen.«

Frau Bauer sah auch dieses Mal gut aus. Sie hatte drei Kinder zur Welt gebracht, war Mutter, Hausfrau und Bürochefin. Schranz empfand große Achtung vor ihr.

»Mein Mann ist wie fast immer im Stall. Wie ich weiß,

wählen sie heute das Schwein aus, welches als Lebendtier auf der Grünen Woche stehen soll. Und dann natürlich auch das Tier, welches vorher geschlachtet und dann verkostet werden soll.«

Schranz ging gleich weiter in Richtung Stallungen, durch das friedlich erschallende Grunzen der Schweine war der Weg dorthin leicht zu finden.

Als er vorsichtig die Stalltüre öffnete, sah er fünf Männer, die angeregt diskutierten. Beim Näherkommen hörte er, dass sie über Umfang und Aussehen eines Schweins sprachen.

Es wurde um Körperbau, Körperlänge und Fettansatz gerungen, als ob dies die wichtigste Sache der Welt wäre. Aber wahrscheinlich war es einfach auch etwas Besonderes, zum ersten Mal nach Berlin auf die weltgrößte Landwirtschaftsmesse zu fahren und zum ersten Mal zu versuchen, diesen Wettbewerb im Bereich der Schweinezucht zu gewinnen.

Die Männer schienen so in ihr Gespräch vertieft zu sein, dass sie Schranz erst gar nicht bemerkten. Dann aber winkten sie ihm zu und riefen:

»Bleiben Sie ruhig bei uns, Herr Schranz. Wir brauchen noch einen Moment.«

Bauer und ein weiterer Landwirt favorisierten ein deutlich schlankeres Schwein für die Ausstellung und wollten lieber das etwas dickere Schwein schlachten.

»Wir müssen auf dem Markt erklären, dass unsere Schweine nicht so fett sein sind, wie das Hällische es früher war. Und dann können wir auch gut mit den Leuten in eine Diskussion einsteigen, von wegen artgerechter Tierhaltung, kontrollierte Ernährung, keine Antibiotika usw.«

Nach kurzem Hin und Her ging es so aus, wie der Patrone es angestrebt hatte. Sichtlich zufrieden machte er eine Notiz mit einem Stück Kreide an die Stalltüre. Wenn das Wetter wieder besser war, dann konnten die Schweine dieses Jahr sicherlich nochmals auf die Koppel im Freiland.

»Schön, dass Sie da sind, Herr Schranz. Hier sehen Sie die vollständige Messemannschaft für Berlin vor sich. Alles gestandene Bauern, inklusive meinem Schwager natürlich.«

Nahm Bauer keine Verkäuferprofis mit auf die Messe?

Er verneinte die Frage. Sie hätten ein neues Produkt, da sei viel Erklärungsbedarf und vor allem das Ziel, Vertrauen in das Produkt zu schaffen. Am authentischsten sei es daher, Leute mitzunehmen, die schon längere Zeit mit diesen Schweinen gearbeitet hatten.

»Ist sie nicht schön, unsere Wilma?«

Die Zeichnung und der Sattel des Tiers waren einwandfrei, ihr gesamter Körperbau vollständig geometrisch. Sie stand ruhig in ihrer Box und schaute die sechs Männer aus neugierigen, hellen Augen an.

Wobei man schon sagen musste, dass sie Glück gehabt hatte. Hätten sich die Landwirte für die andere Sau entschieden, dann wäre Wilma als Schnitzel zerlegt in Berlin zu sehen gewesen.

11

27. Januar 1986

Der Januar gestaltete sich hektisch, obwohl Schranz angenommen hatte, nach den vielen Berichten über Advents- und Weihnachtsmärkte vor Weihnachten eine oder zwei geruhsamere Wochen vor sich zu haben. Aber da er nun als der ›Schweine-Reporter‹ galt, wie Martens ihn seit Neuestem nannte, war er bei den Vorbereitungen Bauers auf die Gründungsversammlung immer mit von der Partie.

Diese wurde am 17. Januar abgehalten, 24 Landwirte waren anwesend und davon traten 14 als Gründungsmitglieder der neuen Züchtervereinigung bei. Dass der Vorsitzende Bauer hieß, war vorauszusehen gewesen.

Danach wurde es spannend. Am 20. Januar machte man sich auf nach Berlin. Bauer versprach dem Journalisten, sich immer dann zu melden, wenn es Neues zu berichten gäbe.

Schranz war mit dem Fotoapparat zur Stelle, als die Sau Wilma in den Anhänger verladen wurde. Ein nagelneuer Anhänger war das rollende Hotel, dessen Boden dick mit Stroh gefüttert war. Auf der festen Seitenwand außen stand in großen Lettern: *Schwäbisch-Hällisches-Landschwein – ein Genuss!*

Es war wirklich erstaunlich, wie sicher und selbstbewusst Wilma in den Anhänger stieg. Die Karosserie hatte auch keinerlei Mühe mit den 230 Kilogramm Lebendgewicht des Schweins, die Achse des Anhängers gab keinen Zentimeter nach.

Die Männer waren alle einheitlich gekleidet, Hose, Jacke, Hemd, alles war in Dunkelblau mit gelbem Schriftzug gehalten. Nur die Schuhe waren individuell, und die Bauern nutzten dies auch weidlich aus. Unter großem Hallo fuhren der Landrover inklusive Anhänger und ein schon etwas älterer Mercedes eines Bauern vom Hof. Der Patrone machte mit seinem Auto den Anfang, als Beifahrer hatte sich sein Schwager daneben gesetzt. Und die anderen fuhren hinterher, wohl wissend, dass ihr Anführer sie bestmöglich durch das Gebiet der DDR hindurch nach Berlin bringen würde. Auf der linken Seite der Rücksitzbank des Mercedes saß Angermann, die anderen Männer hatte Schranz schon einmal auf einer der Versammlungen gesehen.

Da er ja nun gerade auf dem Sonnenhof war, wollte Schranz die Möglichkeit nutzen, den guten Schweinebraten bei Mutter Bauer zu genießen.

Aber die Tür war verschlossen, ein handgeschriebenes Schild verkündete:›Für immer geschlossen‹. Das musste Frau Bauer senior wehgetan haben, die Schrift machte es deutlich.

Er fuhr heim, es war noch früh am Nachmittag und kein anderer Auftrag wartete auf ihn. Also würde er sich ein wenig mit Gipsy in der von einer feinen Schneedecke überzogenen Landschaft austoben.

Er schürte eben mit dem Haken seinen Kachelofen nochmals nach, als das Telefon klingelte.

»Herr Schranz, wir haben ein Problem mit den Reifen.«

»Was, wie?«

Woher kam der Anruf? Sie waren doch erst vor rund einer Stunde losgefahren.

»Ja, kurz vor dem Autobahnrasthof Wörnitz ist es passiert. Ich bin 90, vielleicht auch 100 gefahren. Sie wissen ja, wir haben es ein wenig eilig. Da gab es einen lauten Knall, und der Anhänger fing an, auszubrechen. Ich bin nicht sofort auf die Bremse getreten, sonst wären wir ins Schleudern gekommen. Also blieb ich leicht auf dem Gas, immer weniger, schaltete herunter. Hinter mir riss es mit aller Gewalt an der Anhängerkupplung, ich habe nur noch am Lenkrad gespürt, wie es uns auf der Autobahn von einer Spur auf die andere getrieben hat und wieder zurück. Und irgendwann kamen wir dann zum Stehen, Gott sei Dank.«

»Es ist nichts passiert?«

»Wir warten jetzt gerade auf den Pannendienst. Ich habe dem ADAC gleich durchgegeben, welche Reifengröße und welchen Reifentyp wir haben. Vielleicht geht es recht schnell mit der Reparatur. Aber schon komisch, beide Reifen gleichzeitig ... Man sieht auch einen kleinen Riss am Reifenmantel.«

»Und wie geht es Wilma?«

»Gut, sie hat ein wenig komisch geschaut, als wir die Klappe des Anhängers geöffnet haben. Aber nachdem wir ein paar Äpfel hineingegeben hatten, war sie schnell wieder zufrieden.«

»Wissen Sie was, Herr Bauer? Es sind von mir aus nur 20 Minuten bis nach Wörnitz, ich mache kurz eine Aufnahme von Ihrem Anhänger und von Wilma, vielleicht direkt vor den geplatzten Reifen. Und dann kann ich auf der Langlaufloipe in Wörnitz mit meinem Hund noch eine kleine Runde drehen.«

So bestand die Chance, dass die Zeitung die Fahrtkosten übernahm, Schranz ein Bild an die Zeitung inklusive eines kleinen Texts verkaufte und zusätzlich noch eine Runde Skilanglauf machen konnte.

Gipsy sprang schwanzwedelnd ins Auto.

Bauer hatte den Anhänger ganz vorne auf dem Parkplatz abgestellt, wohl um sicherzugehen, dass der ADAC das Pannenfahrzeug schnell finden würde.

Der große Werbeschriftzug des SHL war schon von Weitem zu erkennen. Ob man wohl anhand der Reifen erkennen konnte, warum sie geplatzt waren? Aus Altersgründen? War zu wenig Luft drin gewesen? Schranz würde zusätzlich versuchen, aus dem ADAC-Mitarbeiter etwas herauszubekommen.

Die Reifen hingen schlaff auf den Felgen, sie hatten sich teilweise total verdreht. Zusätzlich stank es noch nach verbranntem Gummi.

Die Sonne war soeben untergegangen, sofort wurde es wieder kühl, und die Männer zogen ihre warmen Anoraks über.

Mit eingeschaltetem gelbem Blinklicht kam der Passat des ADAC quer über den Parkplatz gefahren und hielt direkt hinter dem Anhänger.

Nachdem Bauer ihm den Sachverhalt erklärt hatte, schaute sich der Techniker den Schaden an.

»Sie haben Glück gehabt, dass die Reifen kurz vor der Raststätte geplatzt sind. Ansonsten wären Sie irgendwo auf dem Standstreifen gelandet, und alles wäre noch viel schwieriger geworden.«

Mit seiner Taschenlampe leuchtete er die Reifen ab,

dann die Felgen. Anschließend kniete er sich unter das Schutzblech und lenkte den Lichtstrahl in Richtung Achse und Bremsen.

»Es sieht nach dem ersten Eindruck gut aus.«

Der Lichtschein seiner Taschenlampe leuchtete auf die Ziffern der Reifengröße. Das leichte Zittern seiner Hand übertrug sich auch auf die Lichtstrahlen, sodass der Lichtkegel ein wenig hin- und herflackerte.

»Was ist das?«

Er beugte sich leicht nach vorn, nestelte aus seiner Brusttasche einen kleinen Schraubenzieher heraus und drückte die Außenseite des Reifens knapp unterhalb der Zahlen der Reifengröße ab.

»Das ist ein Riss, ungefähr zwei Zentimeter lang. Und er geht tief in den Reifen hinein, sehen Sie?«

Er steckte den Schraubenzieher mehrere Zentimeter hinein, und zog ihn dann mit einem starken Ruck wieder heraus.

»Sie sagten doch, Sie hätten den Hänger neu gekauft?«

»Ja klar, es ist unsere erste größere Ausfahrt. Wir haben ihn erst seit Dienstag.«

Der Mann rutschte rund einen halben Meter weiter, diesmal hatte er den Schraubenzieher gleich bei der Hand und drückte damit gegen den Reifenmantel.

»Hier auch, an genau der gleichen Stelle. Das kann kein Zufall sein.«

Bauer fiel ihm ins Wort.

»Das war die Mafia!«

»Haben Sie einen bestimmten Verdacht?«

Der Mitarbeiter des ADAC schien sehr überrascht.

»Ja, so nennen wir unsere Konkurrenten. Aber wir werden uns niemals von unserem Projekt abbringen lassen.«

Es schien fast so, als ob diese Vorkommnisse die Männer noch mehr zusammenschweißten.

Nach Anraten des ADAC-Mitarbeiters würde der bald erwartete Reifenhändler die kaputten Reifen mitnehmen und der Polizei zur Untersuchung übergeben.

Die Männer schwiegen betreten. Es hätte zu einem schlimmen Unfall kommen können, vor allem auch weil der nachfolgende Mercedes der Landwirtkollegen meist in recht dichtem Abstand hinter Bauer hergefahren war.

Sie leuchteten jetzt alle Reifen intensiv mit der vorhandenen Taschenlampe ab, aber es war sonst nichts Schadhaftes mehr zu entdecken.

Nachdem der Reifendienst erschienen war, machte sich Schranz auf den Heimweg Richtung Bernau. Es hatte wieder einmal lange gedauert, und nur ein Foto könnte für die HV interessant werden. Aber er war Zeuge eines heimtückischen Anschlags geworden. Nicht nur auf Wilma, sondern auch auf die Mitfahrer in Richtung Berlin. Ohne Wilma hätte Bauer die Ausstellung in Berlin vergessen können, und zusätzlich wären die Männer womöglich wochenlang im Krankenhaus gelegen und hätten ihre Höfe vernachlässigen müssen. Die Geschichte nahm langsam gefährliche Formen an.

Schranz informierte Bauers Frau, wie er es versprochen hatte. Sie reagierte besorgt, nach Überbringen der Nachricht schien sie einen richtig dicken Kloß im Hals zu haben.

Ihr Gefühl und ihre weibliche Intuition vor ein paar Wochen bei den Landfrauen hatten sie nicht getrogen. Ihr Mann war wirklich in Gefahr.

12

28. Januar 1986

Wenn Schranz die Anrufe aus dem fernen Berlin richtig deutete, würde es eine triumphale Rückkehr nach Dangershausen geben.

Das Interesse sei in Berlin riesengroß gewesen, sie hätten viel zu wenig Fleisch vom SHL dabeigehabt. Auf der Grünen Woche wurde ihnen der Preis ›für die höchste Fleischqualität‹ verliehen und zusätzlich belegten sie in der Gesamtwertung aller Rassen den Platz IIa. Dies war die beste Neuplatzierung einer neuen Rasse seit 50 Jahren. Zusätzlich gab es den ›Ehrenpreis der Arbeitsgemeinschaft deutscher Schweineerzeuger‹ zu feiern.

Bauer hatte ihm am Telefon schon gesagt, dass ihn nur der zweite Gesamtrang etwas ärgere. Eine holländische Schweinerasse war zwar nicht für die allerbeste Fleischqualität ausgezeichnet worden, aber sie lag in der Gesamtwertung noch vor dem SHL. Schranz dagegen hielt diese Platzierung geradezu für sensationell, und er hatte Martens davon überzeugen können, sowohl im Lokalteil als auch im Wirtschaftsteil über dieses Ereignis zu berichten.

Seine Treue zu den Schweinen zahlte sich aus. Bauers Informationen flossen zuverlässig und auch Dombrowski meldete sich öfter. Und Martens räumte ihm die nötigen Seiten in der HV ein, sodass sich die Infos zu Geld machen ließen.

Dombrowski rief Schranz an und berichtete, dass sie ab sofort die Schweinerasse, die in Berlin den zweiten Platz belegt hatte, in ihre Zucht mit aufnehmen würden. Wieder einmal schien dies ein kluger Schachzug zu sein, wobei Schranz dem Informanten aktuell wenig Hoffnung auf eine dementsprechende Zeitungsmeldung machen konnte. Vielleicht im Wirtschaftsteil unter den Neuerungen in ›Kurz notiert‹, ein Drei- oder Vierzeiler, einspaltig.

Der Pressesprecher der Polizei teilte dem Chefredakteur der HV, Martens, mit, dass die Schnittspuren an den Reifen des Anhängers von Bauer eindeutig von einem Messer herrührten. Das Ganze war geschickt eingefädelt gewesen: Ein schleichender Plattfuß war die Folge, der bei höherer Geschwindigkeit beinahe zur Katastrophe geführt hätte. Aber alle Beteiligten waren sich einig, diese Meldung aktuell nicht zu veröffentlichen. Die polizeilichen Ermittlungen seien noch nicht abgeschlossen, so lautete die offizielle Begründung. Inoffiziell war es Bauer, der alles daran setzte, über seine persönlichen Informationskanäle herauszubekommen, wo und wann dieser Messerstecher am Werk gewesen war. Wer ihn kannte, der ahnte, dass es jetzt bei einigen Leuten unangenehme Fragen geben würde.

Als der Patrone anrief, war Schranz aber doch einigermaßen überrascht.

»Sind Sie schon zu Hause angekommen?«

»Ja, gerade eben. Und ich wollte Ihnen sofort die neuesten Erfolge übermitteln.«

Aus seiner Stimme klang Stolz, da war keinerlei Gram über die Geschichte mit den Reifen herauszuhören.

»Auf unserem Stand in Berlin war auch ein Mitarbeiter der Firma Feinkost Röhm in Stuttgart. Sie könnten sich vorstellen, unser Fleisch Baden-Württemberg-weit exklusiv zu vertreiben. Und uns natürlich die heimatliche Region Hohenlohe zu überlassen.«

Schranz kannte die Feinkostfirma, ihr Hauptsitz war ganz in der Nähe seiner alten Heimat gewesen. Und wer von sich sagen konnte: ›Unsere Produkte kannst du bei Feinkost Röhm kaufen‹, der konnte sehr stolz sein.

»Wie haben Sie das geschafft?«

»Der Mitarbeiter hat sich sehr für unser Schwein interessiert. Er kam mit mir ins Gespräch und ich habe ihm erzählt, wie wir produzieren und was wir anders machen als die normalen Schweinezüchter. Er war beeindruckt, ich spürte richtig, wie ihm diese Art der Nahrungsmittelproduktion zusagte.«

»Und wie lange ist Ihnen der Schock über die geplatzten Reifen im Gedächtnis geblieben?«

»Viele Dinge in Berlin waren sehr aufregend und total neu für mich, damit wurde dieses Erlebnis schnell verdrängt. Allerdings ist es jetzt wieder sehr präsent bei mir.«

»Gibt es neue Erkenntnisse?«

»Erst gestern hat mich die Kriminalpolizei angerufen. Sie haben die Reifen genauer untersucht, und dabei einen erstaunlichen Fund gemacht. Im hinteren Reifen ist die Messerspitze abgebrochen, sie steckte also noch im Reifenmantel.«

»Und?«

Schranz war gespannt, ob diese Spur den Täterkreis eingrenzen würde.

»Es muss ein sehr massives Messer gewesen sein. Keines von den üblichen Taschenmessern, die man in jedem Laden kaufen kann. Das abgebrochene Stück ist rund zwei Zentimeter lang, es ist äußerst robust und wurde wohl, so sagte die Kripo, bereits mehrfach nachgeschärft. Sie vermuten, dass es aus Armeekreisen stammt. Morgen soll ich weitere Informationen erhalten.«

Aus Armeekreisen? Wer benutzte solche Messer? Und warum war es abgebrochen? Der Reifen konnte doch keinen so starken Widerstand leisten. Schranz war gespannt. Und seit diesem Vorfall ging er jedes Mal aufs Neue einmal um sein Auto herum, bevor er losfuhr. Dieses unheimliche, durchaus bedrohliche Gefühl war allgegenwärtig.

Sie vereinbarten ein gemeinsames Treffen auf dem Sonnenhof, Martens hatte bereits sein Einverständnis für einen Bericht mit Foto, inklusive der Ehrenurkunde, gegeben.

13

29. Januar 1986

Es war eisig kalt in Hohenlohe, der Winter schien jetzt mit Macht hereinzubrechen. Schranz hatte zwar Winterreifen aufgezogen, aber ohne Allradantrieb wartete er oft bis nach 10 Uhr, bis der Schneeräumpflug die Ortsstraße in Bernau frei geräumt hatte.

Gegen 13 Uhr hatte er sich mit dem Patrone verabredet. Das hatte allerdings den Nachteil, dass er sich sehr beeilen musste, um den Artikel noch rechtzeitig für die morgige Ausgabe zu liefern.

Auf dem Hof herrschte winterliche Ruhe, nur am dampfenden Schornstein waren Leben und Wärme zu erahnen.

Heinrich Bauer war bester Laune, bereitwillig beantworte er die Fragen nach den Besucherzahlen in Berlin, nach der Stimmung auf der Messe und vielem mehr. Plötzlich, mitten in einem Satz über die Farbe von Schweinefleisch, fiel ihm etwas ein.

»Wie versprochen, hat mich heute Morgen der zuständige Polizeibeamte angerufen. Sie sind wieder einen kleinen Schritt weiter.«

»Haben Sie das Messer gefunden?«

»Nein, das nicht. Aber sie konnten die Messerspitze eindeutig zuordnen.«

Bauer holte ein Küchenmesser aus der direkt neben seinem Büro liegenden Großküche der ehemaligen Gastwirtschaft. Seit der Aufgabe der Wirtschaft hatte sich augenscheinlich dort nichts verändert, sogar gearbeitet wurde dort noch. Allerdings nur für den Hausgebrauch der Familie und der Mitarbeiter.

»Das Messer brach vorne ab, ziemlich genau hier.« Er zeigte auf das Klingenende.

»Bei solch einem dicken und stabilen Messer hätte das allerdings nicht passieren dürfen. Man sieht wohl an der Bruchstelle des Messerteils, dass dieses irgendwann schon längere Zeit davor just an dieser Stelle angebrochen gewesen sein muss.«

Gedankenverloren spielte er mit dem Messer auf seinem aus massivem Holz bestehenden Bürotisch herum. Das Messer hinterließ deutliche Spuren.

»Und als der Messerstecher spürte, dass mit dem Messer etwas nicht stimmte, drehte er es leicht nach rechts.«

Das Messer auf dem Tisch bog sich stark durch und verbog sich dabei leicht, ohne abzubrechen.

»Und dann brach es ab. Interessant ist die Herkunft des Messers: Es muss aus den Beständen der DDR-Volksarmee stammen.«

Gab es diese Messer frei verkäuflich? Schranz wusste aus eigener Erfahrung, dass durch Hohenlohe in unregelmäßigen Abständen fahrende Verkäufer von Soldatenutensilien kamen, bei denen sich vor allem die Landwirte mit Kleidung und Werkzeug eindeckten.

»Kann man denn dieses Messer offiziell kaufen?«

»Das habe ich den Kripobeamten auch gefragt. Er hatte diese Frage wohl erwartet und sich bei Kollegen erkundigt. Die einzige Chance, an solch ein Messer zu kommen, ist, es illegal zu erwerben. Oder es beim Dienst bei der Volksarmee geklaut zu haben.«

War diese Häufung von Ungereimtheiten und Vorfällen, bei denen Dinge aus dem deutschen Nachbarstaat eine Rolle spielten, nur Zufall? Oder steckte ein Komplott und kriminelle Machenschaften dahinter?

Schranz weihte Bauer nicht in seine Gedankengänge ein. Sonst würde dieser womöglich hinter jedem Sächsisch sprechenden Menschen ein Mitglied der Mafia vermuten. Aber er beschloss, bei seinem nächsten Termin mit Dombrowski im Hintergrund der Schweinezentrale Nachforschungen anzustellen.

30. Januar 1986

Herr Dombrowski meldete sich.

Zum ersten Mal schien es so, als ob er ein direktes Interesse an Schranz hätte.

Er begrüßte ihn höflich und zuvorkommend. Fast so, als wäre der junge Journalist ein sehr wichtiger Geschäftspartner.

»Wir würden Sie gerne zu unserer alljährlichen Tagesausfahrt einladen. Wir werden nach Bregenz fahren, ein First Class-Mittagessen genießen, über den Bodensee schippern und danach noch eine Weinkellerei besichtigen. Alles in netter Atmosphäre, viele Landwirte, und von denen kennen Sie ja bereits einige.«

Was wollte der Mann damit erreichen? Sicherlich würde man sich besser kennenlernen, aber Schranz wollte sich auf keinen Fall verpflichtet fühlen. Er fragte nach.

»Ach wissen Sie, nichts Besonderes. Wir wollen zusammen Spaß haben, und wir hätten sicherlich auch ein paar Punkte zu besprechen. Außerdem suchen wir noch immer einen Pressesprecher für unsere Genossenschaft.«

Das kam nicht in Frage. Schranz hatte diese Gedanken schon mehrmals ausführlich von allen Seiten beleuchtet und für nicht durchführbar erachtet.

»Außerdem haben wir noch ganz aktuell eine Geschichte. Wir haben der Firma Röhm in Stuttgart ein Angebot unterbreitet. Da könnte unsere Schweinezentrale gut ins Geschäft kommen. Das wäre sehr exklusiv.«

Der junge Journalist war überrascht. Eigentlich hatte er gedacht, dass Bauer exklusiv mit Röhm verhandelte. Wer führte da wen hinters Licht?

So unauffällig und so zügig es ging, beendete er das Gespräch. Nicht ohne sich für den Anruf zu bedanken.

Bauer war ausnahmsweise sofort am Telefon.

»Natürlich hat Herr Röhm zu mir gesagt, er verhandle exklusiv mit mir. Das ist doch ein ausgesprochener Blödsinn. Die Schweinezentrale kann doch solch ein Fleisch wie unseres gar nicht liefern. Kein Bio, kein kontrollierter Anbau. Das ist doch Quatsch!«

Gemeinsam überlegten sie eine Strategie, um unauffällig an Informationen zu kommen.

Einerseits durfte sich Bauer nicht blamieren und komische Fragen stellen. Andererseits war diese Absatzquelle für ihn enorm wichtig. Und Schranz fühlte sich eher zum Patrone hingezogen, auch wenn er die übliche Neutralität wahren musste.

»Sie rufen Röhm an. Das ist doch ganz einfach: Sie schreiben gerade eine Geschichte über das Schwäbisch-

Hällische Landschwein und da geht es eben auch um Vertriebswege. Und Sie haben was läuten hören.«

Da war sie wieder, diese Bauernschläue, welche in dieser und vielen anderen Situationen hilfreich sein konnte.

Wie vorauszusehen war, konnte man mit dem Chef der Firma Röhm nicht ohne vorherige Terminabsprache telefonieren. Schranz erklärte sein Vorhaben und dass es dringend sei, da bereits morgen oder übermorgen der Artikel erscheinen würde. Und dies sei auch für die Firma Röhm eine kostenlose Werbung.

Er vereinbarte den Termin für den nächsten Vormittag.

Geld war heute keines verdient worden, aber Schranz machte sich deshalb keine Vorwürfe. Seitdem er spürte, dass Martens großes Vertrauen in ihn setzte, und er dieses auch mit gut geschriebenen und leicht verständlichen Artikeln rechtfertigen konnte, hatte er sein finanzielles Auskommen. Es reichte für alle Ausgaben, auch wenn nichts übrig blieb für Extras wie Urlaub oder ein neues Auto.

14

31. Januar 1986

Die ganze Nacht hatte Schranz die Frage beschäftigt, wie die Schweinezentrale an die Sache mit Röhm gekommen war. Seine Gedanken drehten sich im Kreis. Immer wieder sagte er sich, dass er doch besser das Telefonat mit Röhm abwarten sollte. Aber es ließ ihn nicht los.

Ein kalter, klarer Morgen erwartete den jungen Mann, als er mit Gipsy über die weite, noch mit Raureif bedeckte Wiese in Richtung des Jägerstandes wanderte. Diese Landschaftsbilder hatten auch ihren Nutzen. Schranz konnte sich entspannen und sich gleichzeitig in Gedanken auf die kommenden Termine und Gespräche vorbereiten.

Es war schön, wieder die Wärme des Hauses zu spüren.

Die Vorfreude von Schranz auf einen gemütlichen Morgen verflog schnell, als das Telefon klingelte.

Neumanns Stimme überschlug sich fast.

»Und Sie haben wirklich noch nicht gehört, dass Angermann gestern Abend verhaftet worden ist?«

Er schien zu denken, dass Schranz immer einer der Ersten sein musste, der solche Nachrichten erhielt. Er war aber in den letzten Tagen nicht in der Redaktion gewesen und wahrscheinlich hatte auch sein Freund Fiedler gerade Freischicht oder Urlaub.

»Warum? Hat er jemanden überfahren?«

Schranz konnte sich absolut nicht vorstellen, dass Angermann straffällig geworden war.

»Nein, es muss mit dem Anhänger vom Patrone zusammenhängen. Mein Nachbar von der anderen Straßenseite kam vorher zu mir und meinte, sie hätten Angermann gestern Abend von seinem Hof geholt. Er hatte wohl noch die Gummistiefel an, da er gerade im Stall war.«

»Was hat der Anhänger damit zu tun?«

»Das weiß ich jetzt nur auch vom Nachbarn, er ist dann gleich ins Haus gegangen, um mit seiner Frau zu reden. Irgendjemand muss ihr jetzt im Stall helfen. Alleine schafft sie das nie.«

Neumann schluckte hörbar.

»Also, die Polizisten behaupten, dass er gesehen worden sei, als er den Anhänger inspizierte. Er hätte anscheinend die Plane geöffnet, sei mit den Fingern über die Reifen gefahren und hätte dann etwas aus seiner Hosentasche geholt. Angermann bestreitet das natürlich.«

»Hat er ein Alibi?«

»Ach was, er war doch mit uns zusammen auf dem Sonnenhof. Sie haben ihn bestimmt auch gesehen, Bauer hatte uns allen Bescheid gesagt, dass wir uns zwei Stunden vor der Abfahrt treffen sollten. Und wir haben alle irgendwann den neuen Anhänger in Augenschein genommen. Angermann muss alleine dort gewesen sein, damals habe ich aber überhaupt nicht darauf geachtet.«

Später waren sie alle zusammen in Richtung Berlin gefahren, Angermann war dabei gewesen. Er saß im Mercedes, der dem Anhängerfahrzeug gefolgt war.

Konnte Angermann so viel kriminelle Energie entwickelt haben, dass er sogar sehen wollte, wie es zu einem folgenschweren Unfall mit seinen Kollegen kam? Schranz konnte es sich beim besten Willen nicht vorstellen.

»Ich glaube wirklich nicht, dass es Angermann war.«

»Ich doch auch nicht, Herr Schranz. Aber was sollen wir machen? Irgendein Nachbar von Bauer will es beobachtet haben, Angermann war definitiv zum fraglichen Zeitpunkt auf Bauers Hof, und die Polizei hat wohl auch mehrere Messer auf dem Hof von Angermann gefunden, die als Tatwaffe in Frage kommen könnten. Aber wissen Sie, wir Landwirte haben wirklich eine ganze Messersammlung. Immer wenn es belastbare, preisgünstige Messer zu kaufen gibt, dann legen wir uns einen gewissen Vorrat an. Messer gehören zum Handwerkszeug.«

Schon wieder läutete das Telefon.

»Grüß Gott, Herr Röhm. Freundlicherweise habe ich einen schnellen Telefontermin mit Ihnen bekommen.«

Es war ihm klar, dass er sich vorsichtig in die Geschichte einklinken musste.

Sie redeten über seinen Beruf, über die Zusammenarbeit mit Bauer und natürlich auch über die europaweiten Geschäfte der Firma Röhm. Schranz spürte, mit welchem Herzblut dieser Unternehmer am anderen Ende der Strippe lebte und arbeitete. Alles für die Firma, Qualität als das höchste Gebot.

»Da ist noch eine Kleinigkeit, Herr Röhm, die für meinen Bericht wichtig wäre.«

Hoffentlich hatte Röhm genug Vertrauen gefasst.

»Ich würde gerne das Wort *exklusiv* in meinen Bericht schreiben. Es ist schon so, dass Sie nur mit Herrn Bauer über diese Fleischlieferungen verhandeln?«

»Ja, davon können Sie ausgehen. Es hat komischerweise noch eine andere Firma aus Ihrer Gegend angerufen, die wollten uns das gleiche Fleisch bieten, und zwar für viel weniger Geld, aber ich habe nur gesagt, dass ich mich wieder melden würde. Wie ich diese Firma seit vielen Jahren kenne, produziert sie normales Schweinefleisch. Ohne kontrollierten Anbau. Aber fragen Sie mich nicht, woher man wusste, dass wir überhaupt Bedarf an Bioware haben. Das ist ein ganz neues Segment bei uns, wir haben da noch überhaupt keinen Lieferanten.«

Schranz war bei den letzten Worten klar geworden, dass es bei Bauer eine undichte Stelle geben musste. Und zwar direkt bei ihm, entweder auf seinem Hof oder in seinem Büro. So wie er ihm gesagt hatte, war keiner der anderen Landwirte bisher in diese Sache eingeweiht worden. Es hatte auch keinen Sinn, zu erzählen, dass er einen Großkunden gewonnen hätte, und dann erwies sich alles als leere Luftblase.

Er meldete sich umgehend beim Patrone.

Dieser war zuerst einmal beruhigt, dass die Verhandlungen tatsächlich exklusiv verliefen. Beim nächsten Gesprächspunkt verlor er aber fast die Fassung.

»Das kann nicht sein, Herr Schranz, nie und nimmer. Ich habe nur aus meinem Büro hier telefoniert, nicht einmal im Wohnhaus. Und im Büro sind nur ich und meine Frau. Sonst niemand. Meine Frau war es auf keinen Fall, wir beide halten zusammen wie Pech und Schwefel. Meine Kinder haben hier keinen Zutritt, die besitzen auch keinen Schlüssel. Die beiden Schlüssel, die es gibt, haben meine Frau und ich jeweils an unseren Autoschlüsseln mit dranhängen.«

Er atmete heftig.

»Und wenn Kunden kommen, dann sitzen diese niemals alleine hier im Büro. Es ist immer jemand da, sogar wenn die Putzfrau den Mülleimer leert.«

»Wohin geht der Müll?«

»Papier wird in einem Extraeimer gesammelt, wenn dieser voll ist, verbrennt ihn die Putzfrau gleich hinten auf dem Hof. Der restliche Müll kommt zum Hausmüll in die schwarze Tonne.«

»Und wer ist diese Putzfrau?«

»Das ist eine ehemalige Praktikantin von mir. Sie hat während der Zeit bei mir einen jungen Mann kennengelernt und lebt nun mit ihm zusammen hier im Ort in einer kleinen Wohnung.«

»Ist sie vertrauenswürdig?«

»Auf jeden Fall. Ich kenne sie schon lange.«

Bauer nannte noch Name und Adresse der Putzfrau, Schranz wollte unverbindlich dort vorbeifahren und vielleicht unter dem Vorwand eines Interviews mit der Frau ins Gespräch kommen.

Als er bei einem heißen Tee an seinem Schreibtisch saß, wurde Schranz die dringende Notwendigkeit, die undichte Stelle möglichst umgehend zu finden, erneut klar. Diese Person konnte Bauer stören und schädigen, gerade jetzt in dieser frühen Phase, da sich die ersten Erfolge vorsichtig einstellten.

Allerdings war die Idee, dort vorbeizufahren, nicht wirklich gut. Was sollte er sagen? Würde er sich verhaspeln und dann umso merkwürdiger wirken? Aber sie mussten unbedingt etwas unternehmen.

Schranz legte seine Lieblingsschallplatte auf und gönnte sich ein Glas Rotwein. Er hatte immer noch ein paar

Flaschen des 1982-er-Jahrgangs in seinem Bestand. Vor allem die Weine der Rhône schmeckten ihm.

Er schaute in sein rundbauchiges Weinglas, die rote Flüssigkeit erzeugte immer wieder andere Rottöne, wenn er sie gleichmäßig rund im Glas schwenkte. Was konnten sie tun? Was war relativ einfach durchführbar und führte schnellstmöglich zum Erfolg?

So wie er die Lage einschätzte, würde Dombrowski sofort einhaken, wenn er ein größeres Geschäft witterte. Also mussten sie einen Köder auslegen, der groß genug war, um den Chef der Schweinezentrale zu verführen. Ein paar tausend DM mussten in Aussicht gestellt werden. Mindestens.

Aber so kam er nicht weiter. Entweder war er schon zu abgespannt und erschöpft, nicht in der richtigen Stimmung, oder er hatte noch nicht genug überlegt. Er trank sein Weinglas leer. Er musste später weiter darüber nachdenken. Jetzt war es Zeit für einen Spaziergang. Schranz wollte zurück sein, bevor es richtig dunkel wurde.

Auf der Wiese meinte Schranz, einen ersten Duft des Frühlings zu erhaschen. Die Erde oder die Pflanzen verströmten einen leichten Duft nach Leben, nach wieder aufblühender Natur.

Das war die Lösung! Ja, klar! Schranz war überzeugt von dieser Strategie: Sie mussten einen größeren Bauern, der nicht hier in der Gegend wohnte, in die Geschichte mit Dombrowski einweihen. Dieser Landwirt sollte dann vorgeben, seine Produktion umstellen zu wollen und bekannt geben, dass er nur noch nicht wisse, welche Schweinerasse in Frage komme.

Schranz drehte sofort um und strebte wieder Richtung Hof. Gipsy wunderte sich sehr über den heute äußerst kurz ausgefallenen Spaziergang.

Als er Bauer nach mehreren Versuchen erreicht hatte, schlug dieser spontan den Züchter Freongard vor, der im Odenwald einen größeren Schweinemastbetrieb besaß. Das sei ein alter Freund von ihm und er würde sicherlich mitmachen. Außerdem besäße er noch ein paar SHL und, wer weiß, man könne vielleicht auch sagen, er wolle ganz weg vom Hällischen. Das würde die Sache noch glaubhafter machen.

Schon am nächsten Tag wollte der Patrone eine Pressemitteilung herausgeben. Und diese nicht an die Zeitungen weiterleiten, sondern nur in seinen Papierkorb werfen.

15

10. Februar 1986

Entweder war ihr Köder nicht gut genug gewesen, oder Bauer hatte die Pressemitteilung nicht ›echt genug weggeworfen‹.

Jedenfalls hatte sich nichts getan. Weder hatte sich jemand bei Freongard gemeldet, noch hatte Dombrowski Laut gegeben.

Aber glücklicherweise war der Deal mit der Firma Feinkost Röhm ohne weitere Komplikationen über die Bühne gegangen. Noch erfreulicher war, dass Röhm ab sofort 50 Pfennige mehr pro Kilogramm Schweinefleisch an die Bauern des SHL auszahlte. Auch den Transport von Schwäbisch Hall nach Stuttgart organisierte er auf eigene Kosten, sodass sich dieses Geschäft für die Bauern hervorragend entwickelte.

Um keine Verdachtsmomente aufkommen zu lassen, entsorgte Bauer auch weiterhin sein Konzeptpapier und seinen Schriftwechsel in seinem Papierkorb. Allerdings nahm er wichtige Notizen, die er verarbeitet hatte, jetzt mit nach oben in seine Wohnung. Und wenn er sie nicht mehr brauchte, dann verbrannte er sie in seinem eigenen Kamin. Sicher war sicher, noch hatten sie keine weiteren Erkenntnisse, wo sich die undichte Stelle befinden konnte.

Nachdem es jetzt so gut gelaufen war und die Verträge mit Röhm unter Dach und Fach waren, wollten Bauer und Schranz nochmals einen neuen Köder ausbringen.

Die Firma Fungis, ein Feinkosthändler, wäre eventuell ebenfalls ein Abnehmer für Schweinefleisch vom SHL. Da die Pressekonferenz erst nach Durchsicht und Freigabe der Verträge durch die Rechtsanwälte der Firma Röhm stattfinden sollte, würde die Presse wohl erst in rund einer Woche Wind davon bekommen.

Also blieb genügend Zeit, eine neue Spur auszulegen.

Bauer schrieb einen Empfehlungsbrief, benannte Absatzkontingente, die er nie und nimmer hätte liefern können, zerknüllte dieses Papier und warf es in seinen Papierkorb. In den darauffolgenden Stunden häufte sich noch so einiges an zusätzlichem Papier an, sodass sich das fingierte Empfehlungsschreiben irgendwo weit unten, inmitten anderem Schriftverkehr, im Mülleimer befand. Und der Patrone vergaß irgendwann im Laufe des späteren Nachmittags, dass er diesen Brief überhaupt geschrieben hatte.

Als Schranz nach Hause kam, hatte der Anrufbeantworter eine Nachricht von Neumann gespeichert. Die Polizei hatte Angermann wieder freigelassen, der Verdacht gegen ihn hatte sich nicht bestätigt. Auch wenn die Polizei festgestellt hatte, dass an mehreren seiner Messer, wovon mindestens eines aus Beständen der Volksarmee stammte, die Messerspitze abgebrochen war.

Schranz wusste, dass es für seine Frau und natürlich auch für seinen Betrieb ganz schlimme Tage gewesen waren, die Einwohner von Kleinfaltersbach und natürlich auch sehr viele seiner Kollegen hatten diverse Vermutungen und Verdächtigungen geäußert. Angermann würde jetzt ein Spießrutenlaufen in seinem Dorf erwarten. Aber wenigstens konnte er wieder mithelfen, seinen Hof zu bewirtschaften. Und Neumann und sicherlich auch der Patrone standen weiterhin fest zu ihm, das hatte Schranz diversen Kommentaren entnommen.

12. Februar 1986

Es war noch nicht richtig hell, als das Telefon läutete.

»Herr Schranz, guten Morgen, störe ich?«

»Nein, Herr Dombrowski, aber Journalisten sind keine Frühaufsteher!«

»Ich glaube, wir haben einen neuen Großabnehmer!«

»Ist der Vertrag mit Feinkost Röhm zustande gekommen?«

»Nein, wir befinden uns noch mitten in den Verhandlungen.«

Das war sicher gelogen, denn Bauer hatte eindeutig zu Schranz gesagt, dass der Vertrag zwischen ihm und Röhm unterzeichnet worden war.

»Aber wir haben noch weitere Chancen bei Feinkost Rungis.«

»Wie kommen Sie hier ins Geschäft? Die Firma Rungis hat doch bestimmt schon einen Lieferanten.«

»Nun, wir wollen einfach besser sein als dieser. Soweit ich weiß, liefert eine Erzeugergemeinschaft aus dem Großraum Ulm. Eine gute Chance für uns.«

»Und warum soll dieser Lieferant jetzt ausgebootet werden?«

Schranz hakte nach, er wollte Dombrowski verunsichern.

»Es ist wie immer auf dem Markt: Der Beste gewinnt. Und dazu fühlen wir uns berufen.«

»Denken Sie nicht, dass die Schweinezentrale noch durch andere Argumente überzeugen müsste?«

»Hören Sie, Herr Schranz.«

Das klang deutlich unwirsch.

»Wir haben uns bei der Grünen Woche in Berlin vor allen anderen Schweinezüchtern platziert. Die Gesamtwertung hat sich eindeutig für uns entschieden. Was sollte also für einen anderen Lieferanten sprechen?«

»Nun, in der Gesamtwertung lagen Sie vorne. Aber nicht in allen Einzeldisziplinen.«

Er hätte fast ein Mitarbeiter von Bauer sein können, er gab nicht nach.

»Sie scheinen voreingenommen, lieber Herr Schranz.«

Die Stimme von Dombrowski klang wieder weich und angenehm.

»Nein, ich bin nur objektiv. Wie Sie wissen, habe ich diesen Artikel selbst verfasst.«

»Wissen Sie, ich wollte Ihnen das Angebot machen, dass wir zusammen zur Firma Rungis fahren und Sie mich einmal exemplarisch bei Verhandlungen begleiten. Vielleicht unter der Rubrik: ›Hautnah im Wirtschaftsleben dabei‹.«

Was sollte dieser Vorschlag nun wieder bedeuten? Schranz überlegte kurz, ob dies eine Chance bieten würde, noch näher an Dombrowski heranzukommen. Dann willigte er ein, sie mussten nach jedem Strohhalm greifen.

16

16. Februar 1986

Die letzten drei Tage hatte er mehrfach mit Bauer telefoniert und sie hatten sich auch zweimal bei ihm getroffen, um eine Strategie für den heutigen Termin mit Dombrowski und dem Einkaufsleiter der Firma Rungis zu entwickeln.

Nach einigem Hin und Her hatten sie sich entschieden, einen weitläufigen Bekannten von Schranz um Hilfe zu bitten. Vor ein paar Monaten war Schranz bei einer Gerichtsverhandlung als Reporter eingesetzt gewesen und hatte über einen raffinierten Taschendieb berichtet.

Deshalb war die in den nächsten Stunden geplante Aktion zwar riskant, aber sie konnte auch durchaus zu einem durchschlagenden Erfolg verhelfen.

Schranz traf sich mit Dombrowski auf dem Parkplatz der Firma Rungis, gemeinsam wollten sie den Termin beim Einkaufsleiter wahrnehmen. Wie üblich hatte der Journalist versichert, dass keinerlei Firmengeheimnisse an die Öffentlichkeit dringen würden. Und Dombrowski hatte dies auch dem Einkaufsleiter übermittelt, worauf der ebenfalls seine Erlaubnis zu diesem Vorgehen gegeben hatte.

Alles ging ruhig und gelassen über die Bühne, die üblichen Fragen zwischen Dombrowski und dem Einkaufsleiter wechselten sich ab. Schranz machte sich seine Notizen, immer wieder beobachtete er dabei die Umgebung, ohne genau zu wissen, was in den nächsten Minuten passieren würde. Einmal kam die Sekretärin herein, sie brachte den bestellten Kaffee und einige Kopien, die ihr Chef angefordert hatte.

Auch ein Mitarbeiter war kurz erschienen, hatte Dombrowski nach einigen Unterlagen gefragt, die er nur wenige Minuten später wieder zurückbrachte.

Ansonsten war alles ruhig geblieben. Wobei Schranz auch keine Details erfahren hatte, wie man es anstellen wollte, den Aktenkoffer von Dombrowski kurz auszutauschen und nur wenig später, nach Fertigung einiger Kopien, just an seinem Platz wieder abzustellen.

Nach rund einer Stunde war das Gespräch beendet. Eigentlich war überhaupt kein vernünftiges Ergebnis dabei herausgekommen. Schranz hatte keine Ahnung, wie er aus diesen Fakten einen Artikel basteln sollte.

Gemeinsam gingen sie zu ihren Autos, Dombrowski schüttelte Schranz die Hand und bedankte sich für seine Mithilfe. Schranz hatte mit Bauer besprochen, dass er im Anschluss direkt zu ihm fahren würde.

Was hatte Heinrich Bauer erreicht? Würde es sensationelle Neuigkeiten geben?

Die Strecke von Schrozberg zog sich in die Länge, gut, dass seit dem Neubau der Bundesstraße die schärfsten Kurven etwas begradigt worden waren.

Wie war das alles im Hintergrund gelaufen? Schranz hatte überhaupt nichts Auffälliges bemerkt. War vielleicht doch etwas schief gegangen?

Er klopfte an die geschlossene Bürotüre.

Heinrich Bauer bat ihn umgehend herein und zeigte triumphierend auf ein Bündel mit Akten.

»Sehen Sie, was sich hier vor mir auf dem Tisch stapelt? Dies ist das Strategiepapier von Dombrowski, ungefähr 20 Seiten.«

»Und wie sind Sie jetzt daran gekommen?«

»Lieber Herr Schranz!«

Der Tonfall Bauers klang väterlich mild.

»Fragen Sie nicht danach. Es ist in der letzten Stunde passiert. Und wenn Sie sogar fragen, wie es denn genau passiert ist, dann hat wohl wirklich niemand etwas bemerkt. Ihr Bekannter ist großartig!«

Sie beide wussten, dass diese Art von Aktenbeschaffung illegal war. Aber sie würden die Vorfälle der letzten zwei Stunden für sich behalten.

Schranz war sehr gespannt auf die Ergebnisse. Bauer schien auch noch nicht alles gesichtet zu haben. Wie so oft, lief der Patrone unruhig von einer Ecke in die andere, legte kurz seine Hand auf den Rand der Schreibtischplatte, um sie danach wieder in seine Tasche zu stecken und weiter im Büro auf- und abzuwandern.

Heute sah Bauer abgespannt aus. Seine Kinn trat weiter hervor als üblich, von seinen beiden Mundwinkeln zogen sich kleine Falten nach außen, und offenbar hatte er sich heute Morgen auch nicht rasiert.

Ungefähr 20 Blatt Papier lagen vor ihm, wobei sich in der Mitte des Stapels etwas zu wellen schien. Schranz konnte den Inhalt der Papiere kurz überfliegen. Es waren vorwiegend handschriftliche Notizen, wie Dombrowski die Marktanteile seiner Firma erhöhen wollte. Schranz wollte zu einem späteren Zeitpunkt alle Seiten in Ruhe durchlesen, und so überflog auch Bauer nur flüchtig die einzelnen Seiten.

Als er fast in der Mitte des Stapels angelangt war, stieß er einen kurzen Pfiff aus.

»Sehen Sie hier, das kommt mir doch bekannt vor.«

Ein zerknülltes Blatt Papier war notdürftig geglättet worden. Es war ohne Absender und Unterschrift, deutlich als Konzeptpapier zu erkennen, und die Zeilen deuteten klar darauf hin, dass Bauer diesen Brief geschrieben hatte.

»Das ist mein Brief an die Firma Rungis. Diese Tussi!«

Bauer steigerte sich richtig in seine Wut hinein. Er ließ die Papiere liegen, wo sie waren, lief wieder um seinen Schreibtisch herum und stieß unflätige Flüche aus, die seine Putzfrau weit wegwünschten, inklusive aller möglicher Strafen.

Es war Bauers Art, sich schnellstmöglich abzureagieren, das hatte Schranz schon in anderen Situationen erlebt.

Aber jetzt waren seine Augen noch tiefer hinter den buschigen Augenbrauen verschwunden, seine Unterlippe war genauso schmal geworden wie seine Oberlippe, und er presste die Worte einzeln zwischen seinen Zähnen hervor.

Seine Putzfrau hatte ihn definitiv hintergangen. Aber war das alles gewesen? War sie die einzige Person, die hinter seinem Rücken den Gegner stärkte?

»Ich werde zu ihr hinfahren und ihr den Zettel unter die Nase halten.«

»Das würde ich lieber nicht tun. Wir haben uns auch nicht gerade polizeilich korrekter Methoden bedient.«

Das ehemals zerknüllte Blatt Papier, welches Bauer mit seinen großen Händen glatt zu streichen versuchte, wurde vorsichtig wieder auf den Stapel gelegt. Weitere Strategiepapiere kamen zum Vorschein, aber diese waren wohl mehr allgemeiner Natur. Wer sollte welche Arbeiten in der Firma übernehmen? Wem wollte Dombrowski in der nächsten Zeit andere Arbeiten zuteilen? Schranz behielt den Patrone im Blick, und dieser schien sich langsam zu beruhigen.

»Wir werden unsere Putzfrau, ganz wie sonst auch üblich, heute am frühen Abend hier bei uns im Büro erwarten. Das sind jetzt noch genau ...«

Er schaute auf seine Armbanduhr, die er laut eigener Aussage schon zu seiner Hochzeit getragen hatte.

»Eine Stunde und 10 Minuten. Mit der werde ich ein Hühnchen rupfen.«

Schranz schaute ihn forschend an. Hatte er extra das Wort Hühnchen benutzt? Vermutete er, dass sie auch hinter den Vorfällen der ›Damen vom Hennenhof‹ steckte?

Plötzlich überfiel Schranz ein starkes Hungergefühl. Er hatte seit heute Morgen nichts mehr gegessen.

»Warten Sie, meine Mutter wird uns noch schnell etwas kochen. Unsere Küche ist noch voll funktionsfähig.«

Die Putzfrau kam pünktlich.
Sie war groß, dunkelhaarig und hatte eine durchtrainierte Figur.

»Hallo Susanne, wir sind gleich so weit.«

Bauers Stimme war keinerlei Anspannung oder Groll zu entnehmen.

Die Tür zum Büro stand offen, seine Putzfrau verschwand in Richtung Schreibtisch. Bauer nahm die Teller, stellte sie zusammen und brachte das Geschirr zu der großen Spüle, die bis vor wenigen Monaten das Geschirr einer ganzen Gastwirtschaft in sich aufgenommen hatte.

Susanne erschien mit Bauers Papierkorb in der einen Hand, in der anderen hielt sie den Putzeimer.

»So, zündest du das Papier an?«

Bauer lehnte sich demonstrativ in seinem Stuhl zurück, seine Putzfrau schaute ihn ziemlich entgeistert an.

»Das mache ich doch immer.«

»Liest du denn manchmal in den Papieren?«

»Warum denn das? Ich verbrenne sie gleich dort hinten. Sie kennen den Platz.«

»Und was ist das?«

Bauer zog ein zusammengeknülltes Stück Papier aus seiner Hosentasche und reichte es ihr. Erst jetzt bemerkte Schranz, dass Bauer dieses die ganze Zeit mit sich herumgetragen hatte.

Die Putzfrau errötete. Obwohl sie gut gebräunt war, wie auch immer das zu dieser Jahreszeit möglich war, sah man, wie sich ihre Haut und auch ihre Körpersprache veränderten. Unter dem relativ knapp sitzenden Rock schienen sich alle Muskeln anzuspannen, sie schaute entgeistert auf das noch leicht zerknitterte Papier.

»Haben Sie das wieder vom Brandplatz geholt?«

Welch eine dumme Frage, Schranz wunderte sich. Besser wäre es gewesen, sie hätte nichts gesagt.

»Susanne, sag mir, was los ist.«

Die vormals sanfte Stimme hatte einen schneidenden Tonfall angenommen.

»Welches Spiel spielst du mit uns?«

»Warum?«

Sie schaute ihren Chef aus großen braunen Augen an, die auf einmal angriffslustig schienen. Ihre Gesichtszüge verhärteten sich, die Muskeln um ihren Mund traten deutlich hervor.

»Wir haben dieses Blatt von Herrn Dombrowski erhalten.«

Das Wort ›erhalten‹ schien Schranz reichlich deplatziert, aber Bauer redete sich langsam in Rage.

»Und ich weiß genau, dass du mir schon längere Zeit hinterherspionierst und Firmengeheimnisse ausplauderst. Sag mir, was los ist, sonst werde ich umgehend die Polizei anrufen.«

Seine Putzfrau schien ein harter Brocken zu sein, sie war nicht zu einer Aussage bereit. Bauer bemühte sich wirklich: zuerst wieder einfühlsam und fast als Gentleman, dann auf die harte Tour mit Drohungen und Angstszenarien.

»Dann machen wir es ganz anders, ich rufe jetzt deinen Mann an.«

Susannes Gesicht wurde aschfahl. Ein krasser Gegensatz zu ihren dunklen Haaren.

»Lassen Sie meinen Mann aus dem Spiel.«

»Warum?«

»Er hat damit nichts zu tun.«

»Trotzdem muss ich ihn informieren. Wir melden diesen Vorfall jetzt der Polizei, und du wirst wahrscheinlich die Nacht im Gefängnis verbringen.«

Mit federnden Schritten ging Bauer aus der Küche in sein Büro hinüber, Susanne ließ sich auf den neben Schranz stehenden Stuhl plumpsen.

Jetzt war wieder eine kräftige Stimme zu vernehmen. Ja, er wisse es genau, nein, es sei nicht notwendig, dass er seine Frau abhole, die Polizei sei schon auf dem Weg. Es sei ihm egal, darauf könne er jetzt keine Rücksicht nehmen.

Das Gespräch war kurz, der Landwirt legte ohne einen Gruß auf.

Als er wieder in die Küche kam, schien sein Akku wieder ganz gefüllt zu sein.

»So, Susanne und jetzt zu uns.«

Wieder wandte er seine vorherige Strategie an, und wieder funktionierte sie nicht. Susanne blieb hart, sie ließ sich nicht einschüchtern.

Es entstand sogar eine längere Pause, in welcher Bauer an seinem Wasserglas nippte und Susanne auf den Boden stierte.

Lautes Sirenengeheul von mehreren Einsatzfahrzeugen, die am Sonnenhof vorbeirasten, erfüllte kurz den ganzen Raum.

»Oh, es brennt wieder irgendwo bei uns. War schon lange nicht mehr der Fall.«

Kurze Zeit später schien auch ein Polizeiauto vorbeigefahren zu sein. Bauer stellte sich als Kenner der einzelnen Signaltöne heraus. Sein Argument, dass er als stellvertretender Bürgermeister auch dieses Wissen benötigte, um immer auf dem Laufenden zu sein, schien Schranz eher fadenscheinig.

Aber wie zum Beweis klingelte kurze Zeit später das Telefon.

»Rettungsleitstelle Schwäbisch Hall, guten Abend!«

Deutlich konnte man die klare Stimme am Telefon vernehmen, obwohl Bauer die Muschel ziemlich dicht an sein Ohr hielt.

»Herr Bauer?«

»Ja, am Apparat.«

»Es brennt in einem der Gemeindehäuser. Kirchgasse 5. Wir haben den Bürgermeister nicht erreicht, deshalb haben wir im Notfallordner ihrer Gemeinde nachgesehen, und Sie sind nach dem Notfallplan die zweite Ansprechperson nach dem Bürgermeister.«

Bauer hatte irgendwo an seinem Telefon auf einen Knopf gedrückt, die Stimme am anderen Ende der Leitung erklang aus einem Lautsprecher direkt neben dem Telefon.

Augenblicklich sank Susanne in sich zusammen.

»Kirchgasse 5?«

»Ja, genau. Wir haben mehrere Einsatzfahrzeuge der Feuerwehr und einen Krankenwagen hinausgeschickt. Es wäre gut, wenn Sie sich kurz ein Bild von der Lage machen könnten. Wir brauchen in diesen Fällen die Zusammenarbeit mit der Gemeindeverwaltung.«

»Bin schon auf dem Weg.«

Seine Putzfrau war aufgesprungen und noch vor Bauer durch die Tür gelaufen. »Das ist ein Fachwerkhaus, 16. Jahrhundert. Decken und Böden aus Holz. Das wird brennen wie Zunder. Hoffentlich sind alle Menschen schon raus.«

Als Bauer und Schranz gemeinsam das wenige 100 Meter entfernte Haus erreichten, war bereits ein großer Menschenauflauf versammelt. In einem kleinen Dorf wie Dangershausen verbreiteten sich die Nachrichten von Unglücksfällen in Windeseile.

Mehrere Feuerwehrleute drängten die Schaulustigen zurück, die Flammen schossen aus dem Dachstuhl.

Nur Susanne hatten sie durchgelassen, sie stand weinend da und wurde von einem Feuerwehrmann gestützt.

Den Männern der Feuerwehr war Bauer bekannt, und so stand auch Schranz weit vorne.

»Wann habt ihr ihn endlich draußen? Warum geht das so langsam?«

In diesem Moment stürzten zwei Feuerwehrmänner, durch silberfarbene Feuerschutzanzüge und mit Atemmasken geschützt, ins Freie. Auf einer Trage lag ein Mann, der äußerlich unverletzt schien. Die Sanitäter kümmerten sich sofort um ihn. Der Einsatzleiter rannte umgehend zu einem Feuerwehrauto und forderte über Funk einen Notarzt an.

Die schmale Kirchgasse füllte sich immer mehr mit Einsatzfahrzeugen. Von den Scheiben der Nachbarhäuser wurden die blauen Einsatzsignale der vielen Fahrzeuge mehrfach reflektiert, sodass blaue Lichtblitze im Sekundentakt durch die Luft flogen. Ein schaurig-unheilvolles Ambiente, das Schranz einen kalten Schauer über den Rücken laufen ließ.

Der Mann wurde in den Rettungswagen verladen und an einige Notfallgeräte angeschlossen. Seine in dunkelbraune Halbschuhe gekleideten Füße schauten aus dem Krankenwagen heraus, und man konnte einen der Rettungssanitäter erkennen, wie er dem Leblosen eine Atemmaske auf das Gesicht drückte, während der andere eine Herzmassage startete.

So neugierig, wie die Menschen waren, so wenig Platz hatten die Einsatzkräfte, und der Notarztwagen musste sein lautestes Signalhorn einschalten, um sich eine schmale Fahrgasse zum Krankenwagen hin zu verschaffen.

17

Jetzt hatte die Feuerwehr die Situation in den Griff bekommen. Die interne Meldung, dass keine Personen mehr im Haus seien, löste einen wahren Wasserregen aus, der die Flammen im Dachstuhl laut aufzischen ließ.

»Hallo, Chris, was machst du denn hier?«

Schranz drehte sich überrascht um. Es war Uli Fiedler, sein Kollege vom Journalistenstammtisch und Pressesprecher der Polizei.

»Mensch, Uli, du warst ja schon ewig nicht mehr beim Stammtisch.«

»Allerdings, du weißt ja, die Geschäfte.«

Fiedler beschäftigte sich auch sehr ausführlich mit der Hühnerzucht. Und so kannte er wohl nur die Arbeit bei der Polizei und seine Hühner. Sehr viel an Privatleben blieb wahrscheinlich nicht übrig.

»Der Notarzt hat gemeint, dass es schwierig würde, die verletzte männliche Person noch zu retten.«

»Warum? Der sah doch noch recht gut aus ...«

»Kein Herzschlag, keine Atemfrequenz. Er lag wohl schon einige Minuten oben in der Dachstuhlwohnung.«

Für Susanne schien es knüppeldick zu kommen. Innerhalb einer Stunde brach fast alles in ihrem Leben zusammen. Beruf, Arbeitsstelle, Privates, der Brand, überall tauchten scheinbar aus dem Nichts einschneidende Probleme auf.

»Weißt du schon, wer es ist?«

»Er hatte keine Papiere bei sich. Aber seine Frau hat ihn schon identifiziert. Ein Herr Ritzer. Wohnt noch nicht lange hier und ist bei seiner Frau eingezogen. Stammt wohl aus Karl-Marx-Stadt.«

18

17. Februar 1986

In der Nacht hatte sich Schranz von der einen Seite auf die andere gewälzt, immer wieder wachte er auf und hatte das Bild des scheinbar schlafenden Brandopfers vor Augen.

Fiedler hatte versprochen, ihn zu informieren, wenn es neue Erkenntnisse gab. Und so wie er seinen Kollegen bei der Polizei kannte, war er die ganze Nacht aktiv gewesen und hatte sicherlich noch kein Auge zugetan.

Um seinen Anruf nicht zu verpassen, ließ er Gipsy nur kurz hinter dem Haus springen. Dabei stand die Haustüre weit offen, um das Klingeln eines eventuellen Anrufs nicht zu überhören.

Aber die Leitung blieb ruhig, vielleicht lag es auch daran, dass sich in der Nacht zusätzlich noch ein schwerer Verkehrsunfall auf der Autobahn A 6 mit zwei Todesopfern ereignet hatte. Dadurch war die Polizei in Atem gehalten worden.

Als Schranz seinen allmorgendlichen Grüntee aufsetzte, meldete sich Fiedler.

»Du Chris, nur ganz kurz. Also, am Feuer ist dieser Ritzer nicht gestorben. Kein Rauch in der Lunge, keine äußeren Verletzungen. Da muss vorher schon was passiert sein.«

»Komisch. Wir haben rund eine halbe Stunde vor der Brandmeldung noch mit ihm telefoniert.«

»Kannst du es genauer datieren?«

»Ich war bei Bauer, der müsste es eigentlich wissen. Wir hatten Ärger mit seiner Putzfrau.«

»Was heißt das?«

Schranz erzählte ihm in groben Zügen die Einzelheiten des Abends. Aber so wie der Sachverhalt lag, hatte die Kriminalpolizei bestimmt auch schon die Frau des Toten befragt. »Also, wenn du mich fragst, dann hat dieser Ritzer irgendetwas genommen. Was ganz Starkes, das sofort wirkt.«

»Aber das ergibt doch keinen Sinn. Warum sollte er sich umbringen, wenn seine Frau den Nebenjob verliert?«

Noch immer war Schranz der Meinung, dass der Anlass einfach zu nichtig war. Aber bei Fiedler schienen sich bereits andere Gedankengänge in Bewegung zu setzen.

»Ich glaube, für mich ergibt sich dadurch ein weiteres kleines Puzzleteil in einem großen Rätsel. Chris, ich halte dich auf dem Laufenden.«

Von ihrer bisherigen Zusammenarbeit wusste Schranz, dass dies keine leeren Worte waren. Fiedler wusste schon mehr, als er sagen durfte.

Kaum hatte er aufgelegt, klingelte es schon wieder.

»Ich komme gerade nicht vom Telefon weg. Nachher kommt auch noch die Kripo, um mich zu vernehmen. Wissen Sie Näheres?«

»Das scheint mir eine ganz normale Untersuchung der Kripo zu sein, wenn es zu einem Todesfall kommt und Sie der Letzte waren, der mit einem Familienmitglied oder dem späteren Opfer selbst telefoniert hat.«

Auch wenn Fiedler Schranz etwas erzählt hätte, würde er seinen Informanten schützen. Dies war eines seiner wichtigsten Grundprinzipien: Vertrauen gegen Vertrauen. Außerdem wäre es zu seinem eigenen Schaden gewesen, wenn er Details der Polizeiarbeit kundgetan hätte und daraufhin diese Informationsquelle unweigerlich für immer versiegt wäre.

»Bei mir hat vorhin auch Fritz Neumann angerufen. Haben Sie gestern Abend ein Foto gemacht?«

»Ja, vom brennenden Haus. Wird morgen veröffentlicht.«

»Sonst keines?«

»Nein, warum?«

»Nicht zufällig vom Mann auf der Trage?«

Schranz hasste diese Momente, wenn er bei Unglücksfällen Personen fotografieren sollte. Er wartete immer, bis der Krankenwagen mit den Verletzten abgefahren war, und erst dann schoss er sein Foto. Alles andere fand er pietätlos.

Aber er beschrieb Bauer nochmals die Merkmale des Mannes, und dieser pfiff kurz durch die Zähne.

»Genau das hat Fritz mir auch gesagt. Da ist was dran, auf jeden Fall!«

»Woran?«

»Fritz meint, diesen Toten zu kennen. Er war wohl schon einmal bei ihm auf dem Hof.«

»Das kann eigentlich gar nicht sein. Nach dem, was Frau Ritzer der Kripo gesagt hat, ist ihr Mann erst vor zwei bis drei Wochen hierher gezogen.«

Aber wenn Bauer einmal von einer Sache überzeugt war, dann gab es kein Zurück mehr. Manchmal wünschte sich Schranz, dass der Patrone länger mit seiner Urteilsfindung warten und sich noch mehr Informationen einholen würde.

»Wie auch immer, ich werde der Kripo nachher von dieser Vermutung erzählen. Und dann schauen wir mal, was dabei herauskommt.«

Wäre er nicht Bauer und Landwirt von Geburt an gewesen, Schranz hätte ihn auch als Polizisten durchgehen lassen.

Jetzt war aber zuerst einmal Zeit für Frühstück und Grüntee. Und danach für Gipsy, der sich mitten in der Küche lang ausgestreckt hatte und wohl auch auf sein Frühstück wartete.

Bei all dem Trubel war sein Privatleben in letzter Zeit ziemlich auf der Strecke geblieben. Was war eigentlich mit Lilian? Seit mehr als einer Woche hatte er nichts mehr von ihr gehört. Auch zu Veronika hatte er keinen Kontakt mehr. Die Freundschaft war einfach eingeschlafen.

»Hey Chris, ich hab da was für dich.«

Fiedler war eifrig bei der Sache.

»Wie ich gehört habe, sollen andere Personen diesen Herrn Ritzer schon vor längerer Zeit hier im Kreis gesehen haben.«

»Hat dich Bauer schon angerufen?«

»Nein, warum? Ich habe nur Nachricht von den Kollegen bekommen. Und ich wollte dich fragen, ob du ihn auch schon gesehen hast.«

Schranz war vorsichtig und redete sich heraus, dass er nicht genau hingeschaut habe, als der Mann auf der Bahre gelegen hatte.

»Also, ich habe hier mehrere Fotos. Wenn die Kollegen bei Bauer draußen sind, da komm doch einfach kurz dazu. Ich bräuchte eh noch einige Informationen von dir. Und schick auch einen Brief mit, wo die nächste Gerichtsverhandlung ist, die du als Gerichtsreporter besuchen könntest.«

Fiedler wollte ihn wohl mit Hilfe von ein paar Nettigkeiten dazu ermuntern, zu Bauer zu fahren.

»Uli, ich habs kapiert. Ich fahr nachher hin.«

Diesmal musste der Journalist einige Zeit warten, Bauer war mit der Kripo beschäftigt.

Die Gaststube, zumindest das, was noch davon übrig war, machte einen leeren und unwirtlichen Eindruck. Wobei es tatsächlich jetzt schon zwei Arbeitsplätze zu geben schien. Wenn man das Büro von Bauer mitrechnete, der seitlich hinter einer Glasholztüre seinen Schreibarbeiten nachkam, dann war es ein Arbeitsplatz zuviel.

War noch jemand eingestellt worden?

Gesagt hatte er zumindest nichts.

Schranz nutzte die Zeit, um von seinem Sitzplatz am ehemaligen Stammtisch aus die Lage zu inspizieren. Alle Tische waren sauber aufgeräumt. An den zweien, an denen gearbeitet wurde, waren die Akten sauber in Klarsichthüllen eingeordnet und aufeinander gestapelt. Auf dem hinteren Tisch waren kleinere Papierberge zu sehen.

Bauers Mutter Johanna hatte ihm eine Apfelsaftschorle gebracht und Schranz sinnierte vor sich hin.

Als die Türe Richtung Küche aufging, stand der Jungjournalist auf und streckte die Hand zur Begrüßung aus. Ein untersetzter, kaum über 1,60 Meter großer Mann stand vor ihm.

»Darstens, Alexander. Ich arbeite jetzt hier.«

Woher kam dieser Mann? Und warum gab er ihm die linke Hand, wenn er auch eine rechte hatte?

»Sie sind neu hier?«

Noch wollte Schranz nicht locker lassen.

»Ja, seit einer Woche. Ich kümmere mich um die Büroarbeit und entlaste Frau Bauer. Und dann habe ich auch begonnen, Ordnung in die Buchhaltung vom Sonnenhof zu bringen.«

Sein Dialekt hatte eindeutig einen osteuropäischen Klang.

»Sie kommen aus Russland?«

»Nein, aus Kasachstan. Ich bin deutschstämmig und habe dort auf einer großen Kolchose gearbeitet.«

»Auf der Kolchose ›Rote Pumpe‹?«

Sofort biss sich Schranz auf seine Unterlippe. Diesen Spruch wendete er immer an, wenn seine Bekannten über die russische Landwirtschaft abläserten.

»Nein, warum?«

»Sollte nur ein Witz sein.«

Schranz fühlte sich unwohl. Aber Darstens lächelte ihn freundlich an.

»Sie hieß Kolchose 22. Parteitag. Klingt auch nicht wirklich viel besser.«

Die beiden fachsimpelten noch eine Weile über die Landwirtschaft im Allgemeinen. Aus den Worten war herauszuhören, dass sie sich sympathisch waren. Darstens freute sich, mit jemandem sprechen zu können, der umfassend über die Agrarwirtschaft informiert und unvoreingenommen war. Und Schranz war froh, dass ihm sein Gesprächspartner nicht böse war.

Schranz wurde ins Büro gebeten.

»Herr Schranz, wir hätten noch ein paar Fragen an Sie. Herr Bauer, könnten Sie bitte einen Moment draußen warten. Entschuldigen Sie bitte die Unannehmlichkeiten.«

Der Patrone hatte kurz gestutzt, als er aufgefordert wurde, sein eigenes Büro zu verlassen. Aber dies schien die einfachste Möglichkeit für die Kripo zu sein, auch mit Schranz unter vier Augen sprechen zu können.

Es gab nichts Neues, Schranz wurde zum gestrigen Abend befragt. Und dann übergaben sie ihm ein dickes Kuvert, welches Fiedlers Absender trug.

Die beiden Kripobeamten schienen mit den Auskünften zufrieden zu sein, sie packten ihre beiden schwarzen Aktenkoffer, zogen ihre Jeans- bzw. Lederjacken an und machten sich auf zum nächsten Fall.

Als sich die Außentüre hinter den beiden schloss, atmete Bauer sichtlich hörbar aus.

»Gott sei Dank, das hätten wir auch erledigt.«

»Sie hatten doch nichts zu befürchten.«

»Nein, das nicht. Aber die Kripo im Haus ist nicht gut für den Dorfklatsch.«

Da hatte er allerdings recht, in solch kleinen Dörfern wusste wahrscheinlich bereits heute Abend jeder Bewohner, wer zu Besuch gekommen war.

»Ach, ich habe sie noch gar nicht vorgestellt. Das ist Alexander Darstens, mein neuer, mein erster Mitarbeiter hier im Büro.«

Das klang sichtlich stolz.

»Er stammt aus Russland, und war dort Leiter einer Kolchose. Ab jetzt soll er sich intensiv um unsere Finanzen kümmern. Und wenn er es nicht richtig macht, dann sehen sie ja, was passieren kann.«

Er zeigte mit einem Arm in Richtung seines Mitarbeiters, den anderen ließ er wie bei einem Schwert auf seinen ausgestreckten Arm fallen.

Der Mann errötete, Schranz erkannte überhaupt keinen Zusammenhang.

»Na ja, das war jetzt vielleicht etwas drastisch. Aber man sagt doch so, wenn jemand seinen Unterarm verloren hat. Zumindest im Mittelalter war das die Strafe dafür, wenn ein Dieb dabei erwischt wurde, wie er Geld aus der Kasse genommen hatte ...«

Das war eine etwas unglückliche Formulierung und er versuchte es abzumildern: »Aber bei Alexander ist dies seit Geburt so, stimmts?«

Der Angesprochene nickte, und schien weiterhin bester Laune zu sein. Entweder hatte er diese Geschichte schon so oft gehört, oder er hatte ein extrem dickes Fell.

»Nun, was hat die Kripo zu dem Toten gesagt?«

»Sie haben mir einige Fragen gestellt, ob ich ihn persönlich gekannt hätte usw. Aber sonst nichts Außergewöhnliches.«

»Hat man Ihnen auch dieses Bild gezeigt? Er sah aus, als ob er schliefe.«

»Ja, schon komisch. Ob er etwas intus hatte?«

»Wie?«

Augenblicklich ärgerte sich Schranz über sich selbst. Dies war wohl eine Information gewesen, die noch nicht für die Öffentlichkeit gedacht gewesen war.

Er redete sich heraus, das sei wohl die Vermutung der Polizei, aber wirklich glaubhaft wirkte er dabei nicht.

19

Total erschöpft und müde kam er am späten Nachmittag wieder daheim in Bernau an. Das Gefühl beschlich ihn, dass diese Geschichte ihm mehr abverlangte, als er eigentlich wollte. Jetzt hatte er auch noch dieses Bild von dem Toten mit dabei, veröffentlicht durfte es noch nicht werden, und er sollte es tunlichst auch niemand anderem zeigen. Nur Fiedler erwartete wohl noch seinen Anruf.

Er legte das Bild vor sich auf den Küchentisch, der ihm gleichzeitig sozusagen als Nachrichtenumschlagplatz seiner Wohnung diente. Alles, was nicht archiviert oder abgelegt werden musste, verließ die Küche wieder direkt in Richtung Speisekammer, wo ein großer Korb auf das Altpapier wartete. Und was die Küche Richtung Arbeits- bzw. Schreibzimmer verließ, war wertvoll oder musste weiterbearbeitet werden.

Er betrachtete das Foto genauer. Die Augen, welche bereits geschlossen waren, traten leicht hervor. Der Unterkiefer war etwas länger als der Oberkiefer, wodurch die Gesichtszüge irgendwie unharmonisch wirkten. Und die Haarfarbe war rotblond, leichte Ansätze von Sommersprossen waren zu erkennen.

Also, dieses Gesicht musste sich auch bei denjenigen eingeprägt haben, die Ritzer irgendwo bereits gesehen hatten.

War das dieser Mann gewesen, welchen Neumann beschrieben hatte?

Sollte er zu ihm fahren und ihm das Foto zeigen?

Zuerst würde er mit Fiedler telefonieren.

Uli war nicht da, die Dame am Telefon war auch nicht bereit, weitere Informationen herauszugeben. Nein, sie würde ihn, Schranz, nicht kennen. Ja, sie sei neu hier. Ja, das Einzige, was sie für ihn tun könne, wäre, dass sie Herrn Fiedler etwas ausrichten würde. So war es zu erwarten gewesen. Wenn neues Personal in der Telefonzentrale saß, dann gab es den Dienstweg nach Vorschrift. Erst mit der Zeit, wenn Vertrauen aufgebaut war und man sich persönlich kannte, änderte sich dies zum ›kleinen Dienstweg‹ ab.

Martens hatte sich letztens wieder einmal über diesen Zustand aufgeregt. Er hatte wohl eine dringende Information über einen Verkehrsunfall benötigt, und die neue Telefondame hatte ihn abgewiesen.

Bei einer der wöchentlichen Redaktionskonferenzen hatte sich Martens auch an Schranz gewandt. Das nächste Mal, wenn Schranz Kontakt zu Fiedler hätte, dann solle er doch bitte abklären, dass die für die Presse notwendigen Informationen zügig weitergegeben würden. Auch wenn Fiedler eben nicht vor Ort sein sollte. Schranz hatte seinem Chef versprochen, sich darum zu kümmern; auch wenn ihn wieder einmal eines dieser unangenehmen Gespräche erwartete, das ›um drei Ecken‹ herumgeführt wurde und dessen Durchführung weder Schranz noch Fiedler letztendlich entscheiden konnten.

Das Foto ließ Schranz keine Ruhe. Er lehnte es an eine Blumenvase, die er vor zwei Tagen mit den ersten Schneeglöckchen dieses Frühjahrs bestückt hatte. Nachdem er das Foto nochmals in der Hand gehalten und es eingehend betrachtet hatte, stellte er es wieder zurück.

Ein ganz leichter Duft der ersten Frühjahrsblumen kitzelte seine Nase. Kurz träumte er sich in den Frühling mit den ersten wärmenden Sonnenstrahlen.

Morgen früh würde er zu Neumann fahren. Vielleicht erbrachte das eine neue Spur.

Gipsy lag wieder unter dem Esszimmertisch, sein schwarzer Körper hob sich kaum vom mit dunkelblauem Stoff bezogenen Hundekorb ab. Ein leichtes Schnarchen war ein sicheres Zeichen dafür, dass er glücklich und zufrieden war. Diesen Winter hatte sich sein Hund nicht wie sonst üblich eine Art Winterspeck zugelegt, er war drahtig und agil geblieben, was wahrscheinlich an der vielen Bewegung von Herrchen und Hund in Schnee und Kälte lag.

Schranz schaltete das Radio ein, um sich ein wenig abzulenken. Auf ›SDR 1‹ berichtete die Nachrichtensprecherin noch immer, dass bei einem Brand im Hohenlohischen ein Mann ums Leben gekommen war. Und dass die Brandursache noch unklar sei. Die üblichen Sätze, davor die Probleme der CDU mit dem Wirtschaftswachstum. Und nachfolgend sollte eine Musiksendung mit den größten Hits der ›Neuen Deutschen Welle‹ folgen. Schranz drehte das Radio wieder ab. Ihm stand der Sinn mehr nach einem klassischen Konzert, die Platte mit den Werken von Sibelius hatte er schon lange nicht mehr gehört.

20

19. Februar 1986

Die Nacht war nochmals kalt gewesen, das Thermometer an der Hausaußenwand zeigte minus fünf Grad an, als Gipsy zu seinem morgendlichen Kurzauslauf hinter dem Haus startete.

Schranz stellte seinen Golf an der Vorderseite des Hauses ab, damit die ersten Sonnenstrahlen das Eis von den Autoscheiben tauen konnten und der Innenraum etwas vorgeheizt war. Den folgenden Sommer wollte er sich endlich einmal um die in der Scheune eingestellten Sachen kümmern, einen Teil zum Sperrmüll bringen und den Rest so platzieren, dass er die Scheune als Stellplatz für sein Auto nutzen konnte. Er lebte alleine in einem großen Bauernhaus, und schaffte es nicht, dass ihm wenigstens ein überdachter Stellplatz zur Verfügung stand. Wirklich merkwürdig.

Gleich morgens meldete er sich bei Neumann telefonisch für 10.30 Uhr an, wobei es jetzt im Winter deutlich einfacher war, die Landwirte daheim auf ihren Höfen anzutreffen. Noch war der Boden gefroren, und die meisten von ihnen renovierten jetzt ihre Ställe oder Häuser und fuhren nur an einigen Tagen des Monats hinaus auf ihre Felder.

Als Schranz die Küche von Neumanns betrat, dampften bereits zwei Kaffeetassen auf dem massiven Ecktisch. Neumann setzte sich an den Platz ganz außen, wahrscheinlich war dies der Stammplatz des Hausherrn, und Schranz nahm den direkt gegenüberliegenden Platz ein.

»Wir haben heute schon ihren Kaffee eingeschenkt. Halb Milch, halb Kaffee. Natürlich mit frischer Kuhmilch von heute Morgen.«

Schranz bedankte sich kurz und lächelte dabei in sich hinein. Als er hierher gezogen war, bekam seinem Magen die natürliche Kuhmilch der Bauern überhaupt nicht. Sie unterschied sich doch sehr von der Ware aus dem Supermarkt. Mittlerweile genoss er diesen frischen Geschmack, auch wenn man dabei oft die Fütterung der Kühe mit Silage herausschmeckte. Manchmal meinte man, sogar einen leichten Biergeschmack zu spüren.

Wie üblich hatte Schranz seinen Notizblock dabei, in welchen er vorhin daheim das kurz nach dem Brand entstandene Foto gelegt hatte. Die beiden Männer sprachen zuerst wie immer über das Wetter, um dann schnell auf die Geschehnisse der letzten Tage zu kommen. Frau Neumann hielt sich im Hintergrund, sie arbeitete mit Kochtöpfen, Sieben und Ähnlichem. Das geschah fast lautlos, und Schranz wusste nicht, ob sie so vorsichtig arbeitete, um dem Gespräch der Männer folgen zu können, oder ob sie nicht stören wollte.

»Dass es jetzt sogar Tote bei uns gibt, und das wohl irgendwie mit den Schweinen zusammenhängt, ist schon ungeheuerlich.«

Schranz schaute Neumann verwundert an.

»Wie kommen Sie darauf?«

»Nun, der Patrone war dabei, Sie auch, und die Putzfrau des Patrones und ihr Mann noch dazu. Da muss es doch Verbindungen geben.«

»Ich habe den Mann der Putzfrau zum ersten Mal gesehen.«

»Ja, schon, aber das hat irgendwie ein ›Gschmäckle‹, wie man so sagt.«

Es war schon erstaunlich, wie die Landwirte kombinierten. Sie wussten nichts Konkretes, aber spannen das eine oder andere dazu, telefonierten vielleicht mit einigen Kollegen, und schon war das Gerücht entstanden. Ob das in Stuttgart früher genauso gewesen war?

Schranz hatte die Erinnerungen an seine frühere Heimat verdrängt. Er wollte auch nicht zurück. Erstaunlicherweise fühlte er sich so, als ob er schon mindestens 10 Jahre hier leben würde.

»Ich habe ein Bild dabei, das ich kurz nach dem Brand aufgenommen habe.«

Jetzt war gar nichts mehr vom Klappern von Kochtöpfen zu hören, wahrscheinlich bewegte sich Neumanns Frau überhaupt nicht mehr.

Schranz klappte sein Notizbuch auf und legte das Foto direkt neben Neumanns Kaffeetasse.

Dieser stieß ein vernehmliches Brummen aus.

»Den kenne ich, ja klar.«

Jetzt stand seine Frau neben ihm, als ob ihr Mann ihr ein Signal gegeben hätte, sich nunmehr doch auch am Gespräch zu beteiligen.

»Ja klar, der war bei uns auf dem Hof. Das muss zu der Zeit gewesen sein, als es hier so große Probleme mit der Aujetzki-Krankheit gegeben hat, nicht wahr, Anne?«

Seine Frau schüttelte den Kopf.

»Aber rothaarig war der nicht.«

»Doch, da bin ich mir sicher.«

»Du und dein fotografisches Gedächtnis. Er war es, keine Frage, aber damals hatte er hellblonde Haare.«

Sie schaute ihren Mann mit einem breiten Schmunzeln an.

»Ich sagte noch zu dir, dass die Männer im Osten so helle Haare haben, das kenne ich sonst gar nicht.«

»Stimmt, das hast du damals gesagt.«

Ein wohlwollender Blick wanderte zwischen den beiden hin und her. Schranz freute sich, dass darin Spuren von Zärtlichkeit und Liebe zu erkennen waren.

»Und was hat das jetzt mit uns zu tun?«

Neumann war wieder ganz der Alte.

»Nichts, gar nichts. Aber ich hatte so etwas vermutet. Fragen sie mich nicht warum, aber da ist noch mehr im Busch.«

»Sollen wir den Patrone anrufen?«

Schranz hatte auch schon daran gedacht, aber diese Idee dann verworfen. Er musste jetzt zuerst einmal Klarheit in seine eigenen Gedanken bekommen, dann konnte er weitere Schritte besprechen.

So schnell es eben ging, verabschiedete er sich von den Neumanns. Er redete noch mehrere Minuten über ihre wieder sich im Aufbau befindliche Hällische Zucht, neue Futtermittelsorten und über die, auf alle noch etwas nebulös wirkenden Verhandlungen des Patrones mit Feinkost Küfer. Anscheinend war er an diesem Weltkonzern dran, und so wie die Gerüchte besagten, standen die Chancen nicht schlecht, dass in Zukunft in deren Wurstprodukten von: ›ich darf‹ ausschließlich Fleisch vom SHL verwendet werden würde.

Als Schranz den aufgeregten Gipsy beruhigt hatte, fiel sein Blick auf den Anrufbeantworter.

»Hallo, hier der Patrone. Neumann hat mich angerufen. Bitte um Rückruf.«

Kurz und bündig. Die Neuigkeiten sprachen sich unter den Bauernkollegen noch schneller herum, als Schranz vermutet hatte. Er füllte noch kurz den Wassernapf von Gipsy auf, um dann die bekannte Nummer zu wählen.

»Bauer.«

»Hallo, hier Schranz. Ja, der rasende Reporter. Gell, da staunen Sie. Diesmal war ich mal wieder schneller informiert.«

»Mein Golf ist einfach zu langsam.«

Schranz wollte mit einem kleinen Scherz das Gespräch eröffnen, was Bauer abwürgte.

»Sie hätten mich gleich von Neumann aus anrufen sollen.«

Das klang wie ein Vorwurf. Er musste schnell auf das eigentliche Thema zu sprechen kommen.

»Ich war so überrascht und musste erst nachdenken.«

»Sie hatten doch sicher auch schon vermutet, dass dort etwas anderes ausgeheckt wurde, oder etwa nicht?«, erwiderte der Patrone. Seine Worte klangen gerade so, als ob er schon alles wissen würde.

»Ehrlich gesagt, ich habe ein Versteckspiel vermutet. Aber dass Herr Ritzer auch noch seine Haare färben würde, oder dass er ein Toupet trug, das war mir dann doch ein wenig zu weit hergeholt.«

»Habe ich Ihnen nicht schon lange gesagt, dass es eine Schweine-Mafia gibt?«

Bauer fühlte sich augenscheinlich in allen seinen Vermutungen bestätigt, ein deutliches Triumphgefühl klang aus seinen Worten hervor.

»Wir werden die mafiösen Strukturen aufdecken, das kann ich Ihnen garantieren. Und sobald der erste Schreck vorbei ist, werde ich auch meine Putzfrau richtig in die Mangel nehmen. Unglaublich, so was!«

Der Patrone war in seinem Element. Er war ein richtiger Macher, ein Reißer, und da er nun einmal selber sehr tief in diese Geschichte verstrickt war, entwickelte er noch mehr Tatendurst und Energie als gewöhnlich.

Sie verabredeten sich auf den späteren Nachmittag. Heinrich Bauer hatte den deutlich anstrengenderen Tagesablauf, deshalb würde der Journalist zu ihm hinausfahren.

Während der Vorbereitungen auf das Mittagessen überlegte Schranz, was Bauer wohl alles vorhatte. Wäre es nicht besser, jetzt alles Weitere den professionellen Ermittlern, also der Kripo und der Polizei, zu überlassen?

Aber es gab wohl jetzt kein Zurück mehr. Und vielleicht war es auch gut so, Bauer hatte bestmögliche Einblicke in die Zusammenhänge der landwirtschaftlichen Betriebe. Auf vielen Höfen genoss er sehr hohes Ansehen und besaß damit einen Vertrauensvorschuss, den die Polizei nicht hatte. Diese würden eher ihm wichtige Details und Beobachtungen anvertrauen.

Die Fahrt zum Sonnenhof zog sich in die Länge. Schon knapp hinter Bernau war der auf der Straße liegende Matschschnee für viele Autofahrer ein gefährliches Hindernis, auch wenn er fast ausschließlich aus Wasser bestand und weit davon entfernt war, zu gefährlichem Glatteis zu gefrieren. So schlichen die Autos im Schritttempo hintereinander her, und es dauerte fast eine Stunde, bis Schranz endlich an Bauers Bürotüre klopfte.

»Kommen Sie herein, Sie wissen ja, bei mir braucht man nicht anzuklopfen.«

Der Patrone lehnte in seinem Bürostuhl, die Beine weit von sich gestreckt.

»Ich habe kaum geschlafen die letzte Nacht. Immer habe ich gedacht, dass ich mich auf meine Mitarbeiter und meine Mitstreiter voll und ganz verlassen kann. Und jetzt versagt dieses Prinzip schon beim kleinsten Rädchen, bei meiner Putzfrau. Ich kann es immer noch nicht glauben.«

Er baute wirklich stets auf die Fähigkeiten und das Können seiner ihm Nahestehenden. Das war nur eine der Führungseigenschaften, die bei ihm sehr ausgeprägt waren.

»Aber ein negatives Erlebnis bedeutet ja auch nicht, dass jetzt alles schlecht ist.«

Schranz wusste wohl, dass dies Bauer nicht beruhigen würde.

»Trotzdem hatte ich mir das anders vorgestellt!«

Der Patrone nahm einen großen Schluck aus einem Wasserglas.

»Und ich werde mir die Susanne vorknöpfen. Wenn ihr Mann mit der Schweinezentrale in so enger Verbindung stand, dann muss sie mehr wissen.«

In groben Zügen erläuterte er seinen Plan, und Schranz war froh, dass er das Personalgespräch alleine führen wollte.

»Sobald die Beerdigung vorbei ist, werde ich sie hierher in mein Büro bestellen. Allerdings werde ich als Grund angeben, ein Abschlussgespräch unserer Zusammenarbeit führen zu wollen.«

21

25. Februar 1986

Die Beisetzung von Lukas Ritzer war in kleinem Rahmen vonstatten gegangen. Neumann erzählte Schranz, dass einer seiner Bekannten dort gewesen sei. Mehr oder weniger aus Neugierde, gekannt hatte er den Toten wohl nicht. Ritzers Witwe habe sich auch nicht in Weinkrämpfen geschüttelt noch sei sie von Trauer überwältigt gewesen, alles sei irgendwie kühl, fast sachlich abgelaufen.

Für Schranz waren die momentanen Tage mit Themen der Kirche ausgefüllt gewesen. In Kirchberg wurde der katholische Pfarrer verabschiedet, in Gerabronn feierte der evangelische Pfarrer 10-Jähriges Jubiläum, und auch im Religionsunterricht der Schulen gab es einige interessante Projekte. Sein Kollege Andreas Karthaus, den er sehr schätzte, setzte ihn bewusst bei diesen Themen ein. Karthaus wusste von seiner Organistenausbildung und dass ihn diese Themen interessierten.

Schranz sortierte an seinem Schreibtisch die Dianegative der letzten Tage und überlegte, welche er für die jeweiligen Artikel verwenden sollte.

Jetzt wartete er auf einen Anruf Heinrich Bauers. Dieser hatte ihm versprochen, dass er ihn umgehend informieren würde, sobald das Gespräch mit seiner Ex-Mitarbeiterin stattgefunden hatte.

Gegen Abend kam der ersehnte Anruf.

»Guten Abend, Herr Schranz. Gerade ist meine – jetzt ehemalige – Putzfrau zum Haus hinaus. Ich wusste doch schon immer, dass sie eine total berechnende, mit allen Wassern gewaschene Frau ist.«

Er erzählte Schranz Details aus deren Leben. Dass sie Profi-Eisschnellläuferin gewesen war und mit der Nationalmannschaft der DDR damals in den Westen geflohen war. Sie hatte sich ein eigenes Leben aufgebaut und nicht mit einer Flucht ihres Mannes gerechnet. Er suchte sich seinen Fluchtweg über Ungarn. Und stand eines Tages vor ihrer Tür.

Schranz hörte nur halbherzig zu. Er versuchte, sich die Zusammenhänge zu erschließen. Warum hatte dieser Lukas sich umgebracht? Wie hoch war wohl die Konzentration des Herzmedikaments gewesen, das er zu sich genommen hatte? War ihm klar gewesen, dass es sofort tödlich sein würde? Oder wollte er nur ein Zeichen setzen, seiner Umgebung klar machen, dass er Hilfe brauchte? Wie eng waren seine Frau, die Schweinezentrale und er selbst verknüpft gewesen?

Weder die längere Heimfahrt von einem Abendtermin für die HV noch ein ausgedehnter Spaziergang mit Gipsy brachten ihn in dieser Sache weiter. Es schienen ihm auch zu viele Fragen auf einmal zu sein, er würde sich einige Stunden in seine Arbeit für die Zeitungsredaktion vertiefen und dabei hoffentlich auf neue Gedankenansätze kommen. Wobei ihn eine Frage noch mehr beschäftigte, die er tunlichst nicht gestellt hatte: Was war an dem Gerücht dran, dass der Schwager eine eigene Produktions- und Vermarktungsfirma für das Schwäbisch-Hällische Landschwein gründen wollte? So wie Neumann angedeutet hatte, waren bereits ein Metzgermeister und ein Rechtsanwalt so weit in der Sache involviert, dass sie bald eine GmbH in Schwäbisch Hall gründen wollten.

Gerade in dieser prekären Lage ergab sich eine schwerwiegende neue Situation. Neumann war dem Patrone gewogen, das wusste Schranz. Er würde immer loyal neben ihm stehen.

Aber dass jetzt nach den Worten von Neumann auch noch Frau Bauer immer verzweifelter wurde, das ließ die Situation für den wacker kämpfenden Bauer praktisch unlösbar erscheinen. Beruflich und privat bis aufs Äußerste belastet und überlastet, das wäre zu viel für ihn.

Die HV hatte Berichte über runde Geburtstage, eine Jahreshauptversammlung des Stimpfacher Sportvereins und noch ein paar andere Kleinigkeiten bei Schranz angefordert. Nichts, was ihn lange beschäftigen würde. Aber es musste erledigt werden, auch die kleineren Artikel brachten Umsatz für die monatliche Zeilenabrechnung.

22

3. März 1986

Beim morgendlichen Spaziergang hatte Schranz das Gefühl, dass es nun wirklich Frühjahr werden würde. Die Erde auf den Feldern duftete herrlich intensiv, so nach herber Fruchtbarkeit. Das vom Winter platt gedrückte hellbraune Wiesengras lag zwar noch leblos auf der Erde, aber es drängten sich erste hellgrüne Spitzen heraus, die demnächst die abgestorbenen Gräserteile des letzten Jahres überwachsen würden.

Gipsy tollte ausgelassen herum, er forderte Schranz mehrmals zum Spielen auf und brachte dazu kleine Holzstöckchen, die das Schmelzwasser des letzten Monats aus dem nicht weit entfernten Wald angeschwemmt haben musste.

Schranz hatte mit Neumann vereinbart, dass sie am Abend ein ausführliches Telefonat führen wollten. Die letzten Tage waren sehr turbulent gewesen. Und Neumann und Schranz fühlten sich neuerdings als Verbündete, sie wollten im Hintergrund möglichst für so viel Ruhe sorgen, dass der Patrone Zeit haben sollte, um die Erzeugergemeinschaft für das Schwäbisch-Hällische Landschwein wieder in ruhigeres Fahrwasser zu geleiten.

Heute Morgen hatte Schranz von Martens mehr oder weniger beiläufig gehört, dass die Polizei beim Tod von

Ritzer noch ermitteln würde. Es würden sich wohl einige neue Ansätze aufzeigen, aber für eine konkrete Pressemitteilung oder eine Festnahme sei es noch zu früh. Martens wollte oder konnte Schranz nichts Näheres dazu sagen, auch seine Sekretärin Sonja ließ sich nicht zu konkreten Informationen hinreißen. Martens war demzufolge fast den ganzen Morgen beim örtlichen Revierleiter gewesen, allerdings wegen einer anderen Geschichte. Bei einem Unglück an einem Bahnübergang waren vor Kurzem eine Person getötet und viele schwer verletzt worden. Dort hatte die Polizei die Ermittlungen abgeschlossen, und Martens wollte darüber berichten.

Schranz beeilte sich, das Tagesgeschäft möglichst am späten Nachmittag komplett zu erledigen. Der Abend würde wahrscheinlich vollständig mit Überlegungen zu den Vorgängen rund um die Erzeugergemeinschaft ausgefüllt sein.

Längst schon war es dazu gekommen, was Bauer vor einigen Monaten von Schranz eingefordert hatte. Die vielen Arbeitsstunden des Journalisten konnten in keiner Weise finanziell vergütet werden. Wichtig war nur, die Sache mit den Landschweinen voranzubringen und nach dem durchaus gelungenen Start der Firma weitere Anteile am Schweinefleischmarkt zu erobern.

Vereinbarungsgemäß rief Schranz um 19.00 Uhr bei Neumann an. Auch an solchen Kleinigkeiten zeichnete sich das erwachende Frühjahr ab. Im Gegensatz zu den Wintermonaten wurde jetzt später am Abend telefoniert, da sich die Arbeit auf den Feldern bereits länger in die Abendstunden hinein ausdehnte.

Wie üblich tauschte man sich zuerst über das Wetter

und die damit zusammenhängenden Tätigkeiten auf den Feldern und Wiesen aus. So wie Neumann sagte, kam seine Zucht für das SHL gut voran und die nächste Generation von Ferkeln würde in einem Monat verkaufsfähig sein.

In Bezug auf die Vorgänge um den Patrone und die Schweinezentrale hatte er noch mit mehreren anderen Landwirten telefoniert, und das, was er berichtete, konnte Schranz nicht beruhigen.

Der Informationsaustausch unter den Landwirten schien prächtig zu funktionieren. Neumann hatte bereits die Namen derer herausgefunden, die sich an dem Konkurrenzprojekt beteiligen wollten. Ein gewisser Rechtsanwalt Rindner, der bisher noch keinem der Landwirte bekannt war, und ein Metzgermeister Schaffer in Unterdünkhof, der seine Metzgerei nicht einmal 10 Autominuten vom Patrone entfernt betrieb. Diese beiden wollten zusammen mit Bauers' Schwager eine Firma mit dem Namen ›Gut Hällische Erzeugerzentrale‹ gründen. Bauer selbst hatte das bisher alles als ›Spinnerei‹ und als ›Luftblasen‹ abgetan. So wie Neumann aber aus seiner Meinung nach sicherer Quelle wusste, wollten die drei am 14. dieses Monats einen Notar in Schwäbisch Hall aufsuchen. Das waren nicht einmal mehr zwei Wochen bis dorthin, und Neumann und Schranz überlegten, wie diese Konkurrenzfirma noch zu verhindern sein konnte.

Beide waren sich sicher, dass die in der Erzeugergemeinschaft organisierten Landwirte keinerlei Fleisch vom SHL an die neue Firma verkaufen würden. Auch nicht zu höheren Kilogramm-Preisen. So scheinbar unberechenbar sich die bäuerlichen Querköpfe manchmal verhielten, so berechenbar waren sie, wenn es um ihre finanzielle Zukunft ging. Da hatten alle einen langen Atem, kurzfristige Projekte und ein nur kurzfristiger Gewinn interessierten nur ganz wenige von ihnen. Und diese waren bisher bestimmt nicht der Erzeugergemeinschaft beigetreten.

So wie Gerlacher gegenüber Kollegen angekündigt hatte, wollte die neue Firma bei einem Mangel an Fleisch vom SHL andere Schweineprodukte dazumischen und die Wurstwaren dann unter einem Kunstnamen wie ›mit dem Fleisch von glücklichen Hohenloher Schweinen‹ oder so ähnlich verkaufen. Die drohende Verwässerung ihres Produktes verärgerte die Bauern bereits, bevor die neue Firma überhaupt an den Start gegangen war. Und die Marktneulinge wollten sich auch nicht an die strikten Futtervorschriften halten, wie sie für das SHL galten. Genau diese machten jedoch einen sehr wichtigen Teil der späteren Fleischqualität des SHL aus.

Allem Anschein nach ging es den drei Firmengründern um den schnellen Erfolg. Sie setzten ein überschaubares Grundkapital ein, nutzten die bereits bestehenden Beziehungen zu Großmärkten und Endverbrauchern und unterboten eventuell zusätzlich die Preise für reine SHL-Produkte, um sich die ersten Marktanteile zu sichern.

Neumann und die anderen Landwirte waren sich absolut sicher, dass auch sie unter dieser Entwicklung langfristig leiden würden. Und sie ärgerten sich nachträglich über die vielen gemeinsamen Stunden mit Gerlacher, in denen dieser bei den Versammlungen der Erzeugergemeinschaft einen tiefen Einblick in deren Strukturen und Vorgehensweise erhalten hatte. Zusätzlich hetzte Gerlacher jetzt seine Schwester gegen diesen auf. Unfriede in der Firma und im Privatleben, die Situation war noch bedrohlicher geworden als noch vor wenigen Tagen.

Während des Telefonats mit Neumann *entschloss* sich Schranz, den Patrone am nächsten Tag aufzusuchen, um ein ausführliches Gespräch mit ihm zu führen. Gerade jetzt mussten alle noch enger zusammenstehen. Auch Neumann fand diese Idee wichtig und richtig, auch wenn er sich nicht dazu überwinden konnte, mitzugehen.

Schranz fand wieder einmal keine Ruhe in dieser Nacht. Einerseits war er froh, dass er alleine, nur mit seinem Hund, sozusagen in aller Ruhe, in seinem Bauernhaus leben konnte. Das verhieß keinen Luxus, aber dafür vergleichsweise wenig Stress und Aufregungen. Andererseits wünschte er sich natürlich eine Familie, Kinder, etwas mehr Geld zum Kauf eines neuen Autos und noch so manches mehr. Wenn er aber die jetzige Situation betrachtete, dann war er wieder einmal sehr zufrieden mit sich und seinem Leben. Bauer hatte einen deutlich höheren Lebensstandard, aber dafür auch deutlich mehr Sorgen und ein weitaus größeres Arbeitspensum.

Hoffentlich würde Schranz bald den Erfolg vermelden können, dass der Patrone die Marke ›ich darf‹ von Feinkost Küfer exklusiv beliefern dürfe. Das würde die ganzen Schwierigkeiten etwas abmildern, und ein sicherer monatlicher Absatz an Schweinefleisch bei einem Weltkonzern wäre gegenüber der entstehenden Konkurrenzfirma von großem Vorteil. Wobei sich nun neben der Schweinezentrale ein neuer, ernsthafter Konkurrent mit der ›Gut Hällischen Erzeugerzentrale‹ entwickeln würde. Oder war diese neue Firma vielleicht sogar ein Teil der Schweinezentrale, sozusagen ein Vorposten? Wurden die drei Gründungsmitglieder dieser Firma womöglich von der Schweinezentrale finanziell unterstützt? Oder waren sie sogar ein Teil der Schweinemafia?

Hell schien der Vollmond in das Schlafzimmer. In diesen Nächten fand Schranz auch ohne drängende Probleme keinen ruhigen Schlaf. Und er hatte vom ›schwäbischen Obercleverle‹ und CDU-Spitzenpolitiker Lothar Späth gelernt, solche Nächte anders zu nutzen. Er streichelte Gipsy und als dieser wach war, leinte er ihn an und machte einen mehr als einstündigen Nachtspaziergang, der dank fehlender Bewölkung am Himmel fast taghell erleuchtet war. Die Hohenloher Ebene um Bernau herum lag in friedlichem Schlaf, und nach vielen Monaten konnte Schranz wieder einmal seinen eigenen Puls durch das Pochen in seinen Ohren hören. Ein Zeichen absoluter Stille.

Als er zurückkam, fühlte er sich wunderbar erholt und durch die schon recht milde Nachtluft auch an den Sommer und die vielen damit einhergehenden Vorteile erinnert. Er würde wieder barfuß an seinem Schreibtisch sitzen, in langen schwülwarmen Nächten an den Buchskripten arbeiten und insgesamt viel produktiver und energiegeladener sein als in den langen Wintermonaten.

23

4. März 1986

Dieses positive Gefühl, das sich bei dem Nachtspaziergang eingestellt hatte, hielt auch noch am Morgen an. Drei ruhige auf die Wanderung folgende Stunden Schlaf hatten ausgereicht, dass Schranz sich jetzt fit und gut erholt auf das Gespräch mit dem Patrone vorbereiten konnte.

Schranz wollte unangemeldet auf dem Sonnenhof erscheinen. Sollte er nicht da sein, dann wollte Schranz eine Weile mit Bauers Ehefrau reden. Vielleicht erfuhr er Neuigkeiten.

Kurz nach 9 Uhr klingelte bei Schranz das Telefon. Sein Journalistenkollege Fiedler war dran.

Zuerst erzählte dieser von seinem letzten Wochenende. Zusammen mit seiner Freundin, Schranz empfand sie als blutjung, war Fiedler zwei Tage im Taunus gewesen. Er hatte Eulen und Raben beobachtet, im Freien campiert und wohl auch sonst noch so manches erlebt. Insgeheim beneidete Schranz seinen Polizeikollegen um solche Abenteuer, dagegen verlief sein eigenes Leben doch in sehr überschaubaren Bahnen.

»Nun, und die letzten Tage haben wir die Obduktionsergebnisse des Leichnams Ritzer ausgewertet. Gestorben ist er an Herzversagen.«

Wahrlich kein spektakulärer Tod, Schranz war enttäuscht.

»Aber es gibt ein paar überaus komische Details. In seinem Körper wurde ein starkes Beruhigungsmittel nachgewiesen. Und an seiner linken Pobacke ist ein senkrechter Einstich zu sehen.«

»Ein Einstich?«

»Ja, er muss sich das Mittel gespritzt haben. Wobei ich und ein Kollege noch etwas anderer Ansicht sind. Der Einstich, so wie wir ihn gefunden haben, ist unmöglich selbst auszuführen. So senkrecht stichst du dich nicht in dein eigenes Hinterteil. Wenn man es mit der linken Hand versucht, dann zeigt die Spitze des Einstichs normalerweise wenigstens leicht nach rechts, und andersherum genauso. Ich habe es an mir selbst mit einem spitzen Kugelschreiber ausprobiert und mich dabei vom Kollegen fotografieren lassen. Also, so senkrecht wie bei Ritzer habe ich es trotz aller Verrenkungen nicht geschafft.«

»Und das heißt?«

»Zuerst einmal nicht sehr viel. Vielleicht hat er die Spritze auch auf einen Stuhl festgezurrt und hat sich dann draufgesetzt. Keine Ahnung. Wir haben jedenfalls keine Spritze oder ein Beruhigungsmittel in seiner Wohnung gefunden. Und das wirkt normalerweise bereits nach 20 Minuten, und mit der Ritzer verabreichten Dosis kann kein Mensch mehr Auto fahren.«

Schranz stellte sich die letzte halbe Stunde in der Dachgeschosswohnung der Ritzers vor. Dessen Frau konnte es definitiv nicht gewesen sein, die Besprechung hatte viel zu lange gedauert. Die Befragung der anderen Hausbewohner war laut Fiedler ohne Ergebnis geblieben. Eine Familie und ein einzelner Bewohner waren zum Brandzeitpunkt im Haus gewesen. Die einen hatten zur fraglichen Zeit im auf der anderen Hausseite liegenden Wohnzimmer zu Abend gegessen, der andere hatte schon geschlafen.

»Und noch was passt nicht.«

Schranz war in Gedanken immer noch mit dem Einstichloch der Spritze beschäftigt.

»Wir haben auch die Zusammensetzung des Herzmedikaments herausbekommen. Obwohl in der Wohnung eine Medikamentenverpackung ohne Beschriftung gefunden wurde, handelt es sich eindeutig um ein sehr starkes Herzmedikament. Und das Interessante: Es ist für Menschen nicht zugelassen und wird ausschließlich im Tierbereich angewendet. In der Apotheke oder bei einem Arzt bekommt man das nicht. Die Dosis, die Ritzer genommen hat, hätte das stärkste Pferd getötet.«

»Warum hat es denn dann noch gebrannt?«

Schranz dachte fieberhaft nach. Fiedler fuhr fort.

»Das war sicher keine Absicht. Ritzer war ja Raucher, und er zog wohl noch an einer Zigarette, als ihn das Medikament nach vorne sinken ließ. Der Fußboden, das Fachwerk, die ganzen Zeitungen in seinem Wohnzimmer bewirkten dann eine schnelle Ausbreitung des Feuers.«

Schranz nahm die Neuigkeiten wortlos auf. Sie verkomplizierten den Sachverhalt erheblich.

»Und, Chris, dass du kein schlechtes Gewissen zu haben brauchst: Wir haben vor einer halben Stunde eine Pressemitteilung herausgegeben, die bis auf ein paar Details all diese Informationen enthält. Behalte bitte nur die Sache mit dem Tiermedikament und auch das Einstichloch für dich.«

Gleich im Anschluss telefonierte Schranz mit Martens. Dieser hatte von seinem Redakteur Karthaus bereits gehört, dass eine Pressemitteilung der Polizei per Telefax hereingekommen sei. Aber er wusste noch nichts Genaues über deren Inhalt.

Nachdem Schranz ihm die Zusammenhänge erklärt hatte, bekam er von Martens den Auftrag für einen Artikel über die Neuigkeiten in dieser Geschichte. Sie vereinbarten, dass er noch ein Bild vom abgebrannten Dachstuhl machen und danach in die Redaktionsräume kommen sollte.

Das kam Schranz entgegen. Sogar die Fahrtkosten waren jetzt abgedeckt.

Es hatte leicht zu regnen begonnen, und Schranz machte sich auf die Fahrt zum Sonnenhof. Kurz vor Crailsheim bemerkte er, dass er den Tageskilometerzähler nicht wie sonst üblich auf null gestellt hatte, aber so oft, wie er schon zu Bauer gefahren war, kannte er die Entfernung für die Fahrtkostenabrechnung mittlerweile auswendig.

Als er auf den Parkplatz einbog, war es schon nach 11 Uhr. Es standen nur zwei andere Autos auf dem Parkplatz ganz vorne Richtung ehemaligem Gasthaus. So wie es aussah, würde Schranz Glück haben und der Patrone war wohl nicht allzu sehr beschäftigt.

Die Holzhaustüre, welche kunstvoll mit einem Glasband verziert war, musste neu aufgearbeitet worden sein. Zumindest war es Schranz noch nie aufgefallen, wie modern und zugleich traditionell die Türe wirkte.

Schranz klopfte kurz an und trat sofort ein.

Der linke Teil des großen Raums war als Büro für Bauer abgetrennt worden, eine Tür, die im Moment offen stand, verschaffte ihm einen persönlichen Bereich. Davor, seitlich von dieser Tür, stand eine große Eichentheke, die früher als Schanktisch gedient hatte. Dahinter war ein Schreibtisch mit einfachem Bürodrehstuhl angegliedert worden.

Aus dem hinteren Bereich des großen, ehemaligen Gastraums kam Frau Bauer auf ihn zu. Obwohl sie bereits von Weitem ihr gewinnendstes Lächeln zu erkennen gab, war ihr Blick unruhig und ihre Augenhöhlen hatten breite blaue Schatten.

»Hallo Frau Bauer. Wie geht es? Schon lange nicht mehr gesehen.«

»Danke, gut, und Ihnen?«

Ganz Geschäftsfrau, dachte Schranz, nur nichts Persönliches preisgeben.

»Diese Geschichte mit den Ritzers hält mich ganz schön auf Trab.«

Frau Bauer schaute ihn abschätzend von der Seite an.

»Mein Mann ist in dieser Sache auch gerade unterwegs. Und, Sie können sich vorstellen ...«

Sie schaute ihn nochmals prüfend an. Ob sie Schranz vertrauen könne?

»Wir sind total enttäuscht von Frau Ritzer. Und ich habe schon mehrere Tage nicht mehr richtig geschlafen. Jedes Mal wache ich schweißgebadet auf, träume von brennenden Häusern, von toten Schweinen, der Schweinemafia und noch von vielem mehr.«

Sie lief unruhig Richtung Türe, machte dort wieder kehrt, um Schranz ins Visier zu nehmen.

»Mein Mann hat mir viel von Ihnen erzählt. Sie gelten als ein aufrichtiger, ehrlicher Mensch.«

Schranz wusste nicht, worauf sie hinauswollte.

»Sie haben auch Familie?«

»Nein, bisher noch nicht.«

Sie schien enttäuscht. »Aber Sie werden sicherlich auch ein Gefühl dafür haben, wie man sich als Partnerin in solch einer Situation fühlt.«

Schranz nickte leicht.

»Es geht einem hundeelend. Nirgends spürt man einen Halt. Mein Mann ist mit sich selber mehr als genug beschäftigt, meine Kinder brauchen mich sehr, und für mich selbst bleibt nicht einmal Zeit, um meine Probleme überhaupt einmal zu überdenken. Geschweige denn zu beginnen, sie zu lösen. Aber ich habe ja Gott sei Dank meine Familie.«

Schranz hielt den Moment für günstig, hier etwas detaillierter nachzuhaken.

»Sehen sie Ihre Familie öfter?«

»Ja, klar, ich kann ja zu Fuß zu meinem Elternhaus gehen. Das habe ich früher oft gemacht. Vor allem mein Bruder ist mir ein großer Halt. Wissen Sie, unsere Familie ist auch seit vielen Generationen in der Landwirtschaft tätig. Da hat sich ebenfalls einiges an Erfahrung angesammelt.«

Sie schien darunter zu leiden, dass auch die Familie des Patrones eine Jahrhunderte lange Tradition im Dorf vorzuweisen hatte. Niemand in der näheren Umgebung konnte eine längere Geschichte in der Landwirtschaft nachweisen als die Bauers. Wahrscheinlich war dies ein viel bedeutenderer Faktor im ländlichen Zusammenleben, als Schranz es in seiner alten Heimat erlebt hatte. Eine festgefahrene, manchmal vielleicht sogar festzementierte Tradition.

»Schon mein Großvater hielt das SHL, dann mein Vater. Mein Ehemann hatte Glück, dass er über meinen Vater noch eine zusätzliche Möglichkeit für seine Zucht bekam. Er hat meinem Vater viel zu verdanken.«

»Und jetzt, warum verstehen sich die beiden nicht mehr?«

Sofort ärgerte sich Schranz über diese Frage, auch nachdem er Frau Bauers wütendem Blick ausgesetzt war.

»Geld und Ehre. Sonst wegen nichts.«

Sie antwortete ehrlich und direkt. Sie schien keinen Moment über die Formulierung der Antwort nachgedacht zu haben.

»Wie?«

Schranz tat ahnungslos.

»Sie wissen ja auch, wie sich Menschen wegen finanziellen Dingen streiten können. Mein Vater hielt den Kilogramm-Erlös beim Schweinefleisch des SHL für zu niedrig, er wollte auch mehr Mitsprache bei den Entscheidungen der Erzeugergemeinschaft. Ich glaube, das hat ihn irgendwie zermürbt, dass mein Mann so ein guter Redner und Taktiker ist und weiß, wie man Leute auf seine Seite bekommt.«

Bei allem Gram lobte sie ihren Ehemann. Schranz fand Frau Bauer immer noch beeindruckend. Aber sie hatte nichts Persönliches gesagt, nichts, was auf eine schwerwiegende Krise in ihrer Ehe hindeuten könnte.

Die Situation schien günstig für Schranz, noch mehr Informationen zu erhalten.

»Das ist aber auch schwer für Sie. Ihr Mann hat sehr wenig Zeit, Ihr Vater ist prinzipiell in geschäftlichen Dingen anderer Meinung. Was machen Sie da?«

»Nein, mein Vater und mein Mann sind in vielen Dingen gleicher Meinung. Aber mein Vater denkt, er würde von meinem Mann ausgenützt. Er sieht, wie viel die Kunden beim Metzger für Schweineprodukte bezahlen und wie viel die Bauern für ihr Fleisch bekommen. Das ist eine riesige Differenz. Er will das deshalb jetzt selbst in die Hand nehmen.«

»Wie denn das?«

Er stellte sich ahnungslos.

Aber Frau Bauer war plötzlich wie zugeknöpft. Es kam ihm so vor, als ob ihr die letzten Worte unabsichtlich über die Lippen gekommen waren.

Ihr linker Fuß wippte hin und her, sie wusste nicht wohin mit ihren Händen, und sie erzählte von der Vergangenheit ihrer Familie.

Nach zwei Minuten gab es Schranz auf, jetzt noch mehr aus ihr herauszubekommen.

Sie sagte, sie wisse auch nicht, wann ihr Mann nach Hause kommen würde. Und dann sei eh Mittagszeit und die ganze Familie würde zusammen Mittag essen.

Schranz machte sich in Richtung der Redaktionsräume auf den Weg. Ganz ohne Ergebnis war sein Besuch bei Bauers ja nicht gewesen.

Beim Vorbeifahren bog er noch kurz Richtung Kirchstraße ab und schoss mehrere Fotos vom abgebrannten Dachstuhl, der durch große Plastikplanen abgedeckt worden war. Aber man würde auf den Fotos immer noch erkennen können, dass hier ein größeres Unglück passiert war.

Crailsheim begrüßte den Journalisten um die Mittagszeit mit einem Verkehrschaos.

Er brauchte doppelt so lange für die Fahrt in die Redaktionsräume wie von Bernau aus. Aber er war noch gut in der Zeit, und die Fotos hatte er auch gemacht. Für die paar Zeilen des Textes würde die bis zum Redaktionsschluss verbleibende Zeit ausreichen.

Im Großraumbüro der HV herrschte eine gute Stimmung. Die Kollegen erzählten sich anscheinend irgendwelche Geschichte aus vergangenen Jahren, vor allem der schon etwas kahlköpfige Wolfgang Muppig hatte viel zu berichten aus seinen mehr als 30 Jahren bei der HV. Er hatte hier sein Volontariat gemacht und war dann einfach geblieben.

Als er Schranz erblickte, band er auch diesen gleich in das Gespräch mit ein.

»Da kommt ja unser junger, dynamischer Kollege ...«

Er meinte das durchaus so wie gesagt, auch wenn seine Mundwinkel zum Ende des Satzes nach oben gingen und seine blauen Augen lustig funkelten. Muppig war immer braungebrannt, und seine fast schon lederartige Haut verriet seine Vorliebe fürs Wandern und Bergsteigen.

»... da war der noch gar nicht auf der Welt, als ich schon für die HV geschrieben habe.«

Hier konnte Wolfgang durchaus recht haben.

Die Begrüßung passte zur Arbeitsatmosphäre in der Redaktion. Man duzte sich. Wenn Not am Mann war, half man sich gegenseitig. Und an Schranz schätzten die meisten Kollegen, dass er Anfragen praktisch nie ablehnte und zu jeder Tages- und Nachtzeit inklusive dem Wochenende abrufbar war. Wobei Schranz auf diese Termine eben finanziell angewiesen war. Nur durfte das nach außen hin nicht im Vordergrund stehen.

Erwin, den alle nur den Redaktionsbeamten nannten,

nahm Schranz in Schutz und neckte gleichzeitig seinen Kollegen.

»So alt, wie du aussiehst, bist du doch schon mindestens 50 Jahre hier«, raunzte er zu Muppig hinüber.

An so manchen Tagen im Monat vermisste es Schranz, dass er nicht viel mit seinen Kollegen zu tun hatte. Diese waren fest angestellt, arbeiteten ihre Stunden in den Redaktionsräumen und hatten meistens einen festen Tagesablauf. Das fehlte ihm, denn er war als freier Mitarbeiter ein Einzelkämpfer und sozusagen allzeit bereit.

»Arbeitest du eigentlich nur noch für die Bauern?«

Muppig schien Gefallen daran zu haben, Schranz ein bisschen aufzuziehen.

»Nein, immer wieder sind auch Gärtner dabei. Und da gibt es hübsche Frauen. Jede Menge.«

Schranz wusste, dass dieses Thema seinen Kollegen immer besonders interessierte.

»Echt? Aber weißt du, ich war letzten Sommer ja in Bulgarien im Sommerurlaub. Die Frauen dort ...«

Er küsste seine innere Daumenfläche und rollte dazu leicht mit den Augen.

»... eine wahre Pracht.«

Muppig hatte all die Grenzformalitäten auf sich genommen und war dann sogar mit einer russischen, nach seinen Angaben fast flugunfähigen Illjuschin nach Sofia geflogen.

24

Martens eilte aus seinem Büro, welches ganz vorne im Gang lag und von den normalen Redakteuren und deren Großraumbüro getrennt war, zu seinen Kollegen.

»Habt ihr es wieder einmal von den Frauen?«

Sein graues Haar trug er neuerdings als Bürstenschnitt, was ihn etwas jünger aussehen ließ. Und er hatte intuitiv das Gesprächsthema erraten.

»Kollege Schranz hat uns seine Partnerin auch noch nicht vorgestellt. Seinen Einstand hat er ja bezahlt ...«

Von Muppig war eine Handbewegung zu sehen, die wohl bedeuten sollte, dass der Umfang des Einstands zu wünschen übrig gelassen hatte ...

»... aber frauentechnisch sind wir bei ihm noch nicht im Bilde.«

Sechs Augenpaare richteten sich neugierig auf Schranz.

Es kam diesem so vor, als ob er puderrot anlaufen würde.

»Ach, wisst ihr, ich bin noch am Selektieren.«

Als die Worte so im Raum standen, hörte es sich fast so an, als ob Schranz der große Frauenheld wäre und er eine geradezu riesige Auswahl zur Verfügung hätte.

Erwin fiel ein.

»Wenn du dazu Fragen hast, dann wende dich einfach an Wolfgang. Zu mir kannst du gerne weiterhin bei allen redaktionellen Fragen kommen.«

Jeder kümmerte sich nun wieder um seine eigentliche Arbeit, und das lag nicht unbedingt am Führungsstil von Martens. Er duldete es durchaus, dass immer wieder auch private Themen besprochen wurden. Entscheidend war für ihn immer, dass die Ausgabe der HV vom jeweils nächsten Tag rechtzeitig fertig wurde und dass sie Qualität aufwies.

Und so besprach er jetzt auch mit Schranz in groben Zügen die Größe seines Artikels und die Positionierung des Fotos. Martens erfragte noch die zukünftige Perspektive, wie Schranz die weitere Entwicklung der Vorgänge um das SHL einschätzte. Dabei stellte er Zwischenfragen, die vermuten ließen, dass er in seinem bisherigen Berufsleben durchaus Einblick in landwirtschaftliche Produktionsweisen bekommen hatte.

Um 16 Uhr war Schranz bereits wieder daheim. Er wollte sich den Abend so einteilen, dass er, solange es noch hell war, mit Gipsy eine größere Runde drehte. Und sich danach noch in ein Buch über eine Zirkusfamilie einlesen konnte. Die Buchhandlung Buch Baier, die gleichfalls ein kleines Verlagshaus betrieb, stellte ihm bei Neuerscheinungen immer ein kostenloses Leseexemplar zur Verfügung. Natürlich in der Hoffnung, dass er eine Rezension verfassen würde. In diesem Bereich hatte sich Schranz schon einen gewissen Namen gemacht, wobei er immer fair mit den Büchern anderer Autoren umging. Wenn es sich wirklich um ein Buch mit diversen Schwächen handelte, dann hob er überwiegend die guten Seiten hervor und erwähnte die Defizite nur am Rande. Wer seine Kritiken aufmerksam durchlas, konnte trotzdem leicht erkennen, welches Buch sich zu kaufen lohnte und welches nicht.

Als er bequem in seinem Schaukelstuhl saß und die ersten Seiten des dicken Zirkusbuch-Schmökers überflogen hatte, drängte sich ihm das Dauerthema dieses Tages auf: Auch hier ging es um Liebe, hübsch verpackt in den Alltag eines Zirkus in schwierigen Zeiten.

Seine Augen lasen die dicht untereinander stehenden Zeilen, aber seine Gedanken schweiften ab zu Veronika und zu Lilian. Warum entwickelten sich die Gefühle seiner eigenen Herzensangelegenheiten nicht weiter? Was war der Hemmschuh, dass sich keine dauerhafte Beziehung entwickelte? Weder mit Lilian noch mit Veronika hatte er sich in letzter Zeit verabredet und auch kein Bedürfnis dazu gehabt. Aber so konnte es nicht weitergehen.

25

»Hallo, Lilian, hier Chris.«

»Ja, welch Überraschung, der rasende Reporter! Von dem ich bald nicht mehr weiß, wie er aussieht.«

Schranz erzählte ihr, was er in den letzten Wochen erlebt hatte. Und erstaunlicherweise war sie auch gut informiert.

»Das überrascht mich nicht sonderlich. Ich hatte schon längere Zeit das Gefühl, dass etwas in der Beziehung der Bauers nicht stimmt. Weißt du ...«

Ihre Stimme hatte noch mehr Schmelz als sonst.

»Heinrich Bauer ist sicherlich ein absolut toller Mann. Aber er hat einfach viel zu wenig Zeit für seine Frau und seine Kinder. Egal, wie viel er arbeitet, aber das geht dann an seiner Frau ab. Und der Schwager ist ein mehr als schwieriger Haudegen.«

Lilian beschrieb ihm, wie sie ihn vor einiger Zeit kennengelernt hatte, als sie mit einer ganzen Gruppe von Landwirtsfrauen mehrere Betriebe hintereinander besichtigt hatte.

»Während der Führung auf seinem Hof ging es eigentlich fast dauernd um Absatz der Produkte, um Tipps und Tricks bei der Fütterung und lauter solcher Dinge. Und er hat ausdrücklich gelobt, wie gut er sich noch heute mit seinen beiden Kindern verstehen würde. Sein Sohn würde ja den Hof irgendwann einmal übernehmen, und seine Schwester sei auch eine ganz tolle

Person, ohne die ihr Heinrich mehr als aufgeschmissen wäre.«

Sie holte kurz Luft.

»Wie du siehst, scheint der Patrone bei seinem Schwager nicht allzu viel zu gelten. Wobei ich mir sicher bin, dass Gerlacher es nie im Leben so weit gebracht hätte, wie Heinrich Bauer es jetzt schon geschafft hat. Und bei ihm geht es ja immer noch weiter voran, dieser Erfolg bei Feinkost Küfer ist wirklich toll.«

»Wie?«

Bauer hatte ihm bisher nichts Definitives davon erzählt.

»Bei uns haben schon mehrere Bauersfrauen gesagt, dass die Vertragsunterzeichnung zwischen dem Patrone und dieser Weltfirma nur noch eine Formsache wäre. Stell dir vor, das Fleisch der SHL exklusiv in einer auf Gesundheit getrimmten Fleischmarke. Unglaublich, absolut toll!«

Lilian schien sich richtiggehend mitzufreuen über die Erfolge der beharrlich kämpfenden Hohenloher Bauern.

»Aber du hast auch schon von dieser anderen Organisation gehört?«

Davon wusste nun sie nichts, und danach schweifte das Gespräch auf Kindererziehung, Arbeitszeiten und Agrarpolitik ab. Gegenseitig versprachen sie sich, dass sie in Zukunft wieder mehr Kontakt halten wollten. Aber von Liebe war nicht die Rede.

6. März 1986

Der Patrone war am anderen Ende der Telefonstrippe. Und so wie sich seine Stimme anhörte, war er gut gelaunt.

»Herr Schranz, haben Sie schon von meinem Geschäftsabschluss mit Feinkost Küfer gehört?«

»Die Spatzen pfeifen es schon seit Tagen von den Dächern. Aber was Genaues weiß ich noch nicht.«

In den nächsten 10 Minuten erläuterte er dem Journalisten einige Details des mehr als 50-seitigen Vertragwerks. Und Schranz freute sich insgeheim darüber, dass erstens die zukünftige Konkurrenzfirma ›Gut Hällische Erzeugerzentrale‹ zu spät kam und dass er selbst einen umfangreichen Artikel würde schreiben können.

»Die haben dort mit harten Bandagen gekämpft. Das können sie sich sicherlich vorstellen. Hier der kleine Bauer vom Land und dort der Weltkonzern.«

Er liebte dieses Klischee.

»Und Sie haben dann noch Ihren bedeutungsvollen Hut getragen.«

Schranz war manchmal ein klein wenig vorlaut, aber diesmal nahm Bauer den Ball gerne auf.

»Klar, Sie wissen doch. Egal, ob der Ministerpräsident kommt oder ich wegen irgendeiner Sache nach Stuttgart muss, meinen schwarzen Unabhängigkeitshut habe ich immer auf. Die können dort froh sein, dass ich nicht noch den Dreispitz aufsetze, den die Bauern hier früher getragen haben. Aber ich glaube, das wäre dann doch zu viel an Symbolik.«

Der Deal mit einem der größten europäischen Lebensmittelkonzerne war wirklich beeindruckend. Feinkost Küfer hatte vor einigen Jahren eine ›Gesundheitslinie‹ in ihr Programm eingeführt. Sie hieß: ›ich darf‹ und beinhaltete ein großes Sortiment an Lebensmitteln, die einen reduzierten Fettanteil aufwiesen und die vollständig ökologisch produziert wurden.

Bauer musste sich gegen jede Menge andere, namhafte Konkurrenten durchgesetzt haben. Ob die Schweinezentrale auch mit dabei gewesen war, konnte er aber nicht sagen. Aber zu vermuten wäre es. Zumindest am Anfang des gesamten Verhandlungsprozesses hatten diese bestimmt auch eine Einladung von Feinkost Küfer auf ihrem Schreibtisch gehabt. Aber dieser kleine, fast zu vernachlässigende Hohenloher Unternehmer hatte es mit seinen Landwirtskollegen geschafft!

»Wissen Sie, Schranz, ich buche das nicht vorwiegend als meinen persönlichen Erfolg. Viel wichtiger ist mir, dass unsere Erzeugergemeinschaft jetzt eine Sicherheit hat. Ganz egal, wie unser Absatz sich in der Heimat weiterentwickeln wird, wir haben eine Abnahmegarantie zu einem festen Preis von Feinkost Küfer. Einer der wichtigsten Bausteine ist geschafft.«

Aus seinen Worten klangen Stolz und Zufriedenheit heraus, auch wenn er nicht überschwänglich reagierte. Vielleicht lag es daran, dass er so lange auf diesen Erfolg hingearbeitet hatte.

»Und das muss auch richtig gefeiert werden! Am 9. März gebe ich ein großes Fest bei uns hier auf dem Sonnenhof. Wir braten ein Spanferkel am Spieß, es gibt reichlich Bier von der Engel-Brauerei und Musik sicherlich auch.«

Spontan sagte Schranz zu. Er wusste, die Bauern konnten eine richtige Sause veranstalten, und in solchen Momenten auch einmal fünfe gerade sein lassen.

26

Uli meldete sich telefonisch.

»Wir haben neue Erkenntnisse über das Medikament, das zum Tod von Herrn Ritzer geführt hat.«

So wie es aussah, waren sie in dieser Sache noch immer sehr intensiv am Ermitteln.

»Es heißt Madyne. Sind so rote, längliche Kapseln, die man aufbrechen und dann ins Futter geben kann. Natürlich geht es auch, dass man sie als Ganzes verschluckt, wie wir es teilweise bei Ritzer gesehen haben.

Vorwiegend werden sie in der Schweinezucht eingesetzt. Wir haben uns da auch einen Rat in Stuttgart eingeholt. Also, das Medikament wirkt äußerst muskelentspannend. In der Schweinemast kommt es wohl öfter zu Stress, und da gibt man einfach eine Kapsel mit ins Futter dazu. Und der Bauer hat seine Ruhe.«

Irgendwie war die Wirkungsweise eine andere, als Schranz gedacht hatte. Aber das war ja nicht entscheidend.

»Das Madyne wenden allerdings nur zwei Tierärzte bei uns im Umkreis an. Die Landwirte können es nur über diese verschreiben lassen. Der eine Tierarzt sitzt in Dinkelsbühl. Dort habe ich angerufen, und er hat schon seit längerer Zeit nicht mehr auf dieses Medikament zurückgegriffen. Und, tja, einer sitzt in ...«

Fiedler machte eine Kunstpause. Schranz hatte keine Ahnung, wer das sein könnte.

»... na, du hast auch keine Fantasie. Der praktiziert in Crailsheim. Dr. Feisenberger. Ein ziemlich wilder Geselle. Fast keine Haare. Läuft immer mit einem ockerfarbenen Overall herum, schwarze Brille. Hast du bestimmt schon einmal gesehen.

Das Interessanteste aber ist, dass er fast nur einen Auftraggeber hat.«

Wieder machte Fiedler eine Pause, Schranz hielt den Atem an. Sollte Bauer der wichtigste Kunde von Dr. Feisenberger sein? Nein, das machte keinen Sinn.

»Praktisch alle Aufträge von ihm laufen über die Schweinezentrale. Wir haben seine Abrechnungen von den letzten drei Monaten durchgesehen. Du kannst dir vorstellen, wie überrascht er war, als wir bei ihm in der Praxis standen. Im Endeffekt bekommt er einen Anruf von der Schweinezentrale und fährt dann raus zu den einzelnen Landwirten. Dr. Feisenberger versucht jetzt, die ganzen Bestellungen von Madyne nachzuvollziehen, wo eventuell eine Packung abgezweigt worden sein könnte. Chris, es ist unglaublich, wie viele Medikamente in der normalen Schweinezucht angewendet werden. Ich war total überrascht, und habe dann abends wenig Appetit auf meinen Bayrischen Leberkäse verspürt.«

Es schien so zu sein, wie der Patrone immer behauptete. Die herkömmliche Schweinemast bedurfte eines großen Arzneimittelcocktails, um die Tiere sozusagen gesund und verkaufsfähig zu halten. Das war aber genau die andere Philosophie im Vergleich zur Produktion des SHL. Dort setzte man auf Widerstandsfähigkeit und gesunde Ernährung.

Schranz rief den Patrone an. Dieser war zwar auch etwas überrascht, aber er meinte, es würde sein Puzzle gut ergänzen. Näheres wollte er Schranz auf dem Fest erzählen.

27

8. März 1986

Schranz war bester Laune.

Um 11 Uhr wollte er sich mit Lilian in Crailsheim treffen. Sie wollten zusammen ein Eis essen.

Dieses Mal war er rechtzeitig losgefahren, um auf jeden Fall pünktlich in der Stadtmitte von Crailsheim zu sein.

An der Shelltankstelle bog er rechts ab, am Bullinger Tor vorbei und dann Richtung Innenstadt. Zu dieser Uhrzeit fand er einen Parkplatz, allerdings ärgerte er sich über die Parkgebühren. So konnte man die potenziellen Kunden der Innenstadt auch vergraulen ...

Letzten Sommer hatte Martens Schranz an einem Wochenenddienst für das Fest auf dem Schweinemarkt eingeteilt, und so wusste er noch einigermaßen, wo das Eiscafé zu finden war.

Von der Ratsgasse aus Richtung Westen wiesen ihm zwei Kirchtürme den Weg, wobei er sich damals schon im Sommer hatte belehren lassen müssen. Der eine Turm gehörte zum Rathaus und war durch einen Brand 1835 zerstört worden. Um danach mehrmals nach weiteren Zerstörungen wieder aufgebaut zu werden.

Gleich daneben reckte die Liebfrauenkirche ihre

schwarze Kirchturmspitze in den heute ziemlich nebligen Himmel, und vor ihr sorgte ein malerischer Brunnen für etwas südländisches Flair. Eine Gedenktafel berichtete von ihrer Grundsteinlegung anno 1370. Das waren Bauwerke mit Tradition und Geschichte. Schranz liebte es, sich vorsichtig an Gebäudemauern zu lehnen und die Uhr Jahrhunderte weit zurückzudrehen. Vielleicht würde Martens doch noch auf seinen Vorschlag eingehen, dass er eine Fortsetzungsrubrik über die Bauwerke in Crailsheim schreiben durfte. In Esslingen hatte er vor drei Jahren damit großen Erfolg gehabt.

Die ersten Tische und Stühle im Freien luden zum Frühjahrseisverzehr ein.

Lilian war schon da und winkte ihm fröhlich zu.

Sie umarmte ihn heftig, streichelte über seinen Rücken und strahlte ihn an.

»Endlich sehen wir uns mal wieder!«

Ein dicker Kuss traf seine rechte Backe.

»Ich habe dich vermisst!«

Welch eine Begrüßung! Schranz war sprachlos.

Sie legte ihren Arm um seine Taille und so gingen sie die letzten paar Meter gemeinsam.

»Lass mich heute bestellen. Du bist mein Gast.«

»Bitte einen Freundschaftsbecher.«

Lilian schien sich alles überlegt zu haben, Schranz wartete darauf, auch etwas sagen zu dürfen. Aber Lilian wollte wohl schnellstmöglich all die Gespräche nachholen, welche sie in den letzten Wochen nicht geführt hatten.

»Und ich lade dich auf morgen Abend ein. Wir gehen zusammen ins Kino. Dort läuft gerade der neue Film Dirty Dancing, das wird dir bestimmt auch gefallen.«

»Oh, ich glaube, wir sollten an einem anderen Tag ins Kino gehen. Ich bin morgen Abend eingeladen.«

»Wo?«

Aus ihren Worten klang fast ein wenig Eifersucht heraus, und Schranz stellte mit einem kurzen Seitenblick fest, dass sie leicht errötete.

»Auf dem Sonnenhof gibt es ein großes Fest.«

»Dann nimm mich einfach mit.«

»Leider ist es zu spät, um dem Patrone noch Bescheid zu sagen. So ein Mist!«

Die Stimmung von Lilian kühlte etwas ab.

»Du hast auch nie Zeit.«

»Das stimmt nun auch wieder nicht. Ich habe halt nur oft für kurzfristige Termine keine Zeit.«

Und diesmal beugte er sich zu ihr hinüber und gab ihr einen Kuss, welcher eigentlich für die linke Backe gedacht war, aber dann doch ein wenig Richtung Hals verrutschte.

Für Sekunden, die Schranz wie eine kleine Ewigkeit vorkamen, schauten sie sich in die Augen.

»Chris, lass uns spätestens für nächste Woche einen schönen Abend bei dir oder bei mir ausmachen. Ganz für uns, nur wir beide. Ich brauche dich.«

Sie nahm seine Hand, hielt sie fest und strich mit dem Daumen an seiner Handaußenseite entlang. Und Schranz war froh, dass sie die Initiative ergriffen hatte. Wahrscheinlich hätte er auch heute wieder nicht den Mut gehabt, seine Gefühle zu zeigen.

Unbeschwert schaute er einzelnen trockenen Blättern, die der Wind in einem lustigen Spiel durch die Straßen trieb, hinterher und war glücklich.

9. März 1986

Terminlich geschickt gewählt, fiel das Fest auf einen Samstagabend, und so waren schon mehr als 50 Gäste anwesend, als Schranz um 20 Uhr auf dem Sonnenhof eintraf.

Eine Blumengirlande aus orangefarbenen Gerbera war in den Rosenbogen gebunden. Dadurch sah es so aus, als ob die sich noch im Winterschlaf befindlichen Rosen bereits blühen würden.

Bauer hatte seine ganze Terrasse, die zu drei Vierteln überdacht war, leer geräumt und davor ein Feuer entzündet, an welchem sich ein von einem Elektromotor angetriebener Spieß langsam drehte. Das Spanferkel musste schon ein paar Stunden daran aufgespießt sein, die Kruste des Fleisches schimmerte knackig braun.

Von dem hohen Lindenbaum, der im Sommer dem halben Innenhof kühlen Schatten spendete, war ein langes Seil in Richtung Wohnhaus gespannt, und an diesem baumelten viele orangefarbene Lampions. In ihnen brannte bereits Licht, sodass sich durch den leichten abendlichen Wind eine Stimmung fast wie auf einem Kreuzfahrtschiff ergab.

Heinrich Bauer stand am Treppenaufgang in Richtung seiner Terrasse und begrüßte alle Gäste mit Handschlag. Wie zu vermuten gewesen war, hatte er seinen schwarzen breitkrempigen Hut aufgesetzt, er trug eine schicke schwarze Weste und darunter ein helles Hemd. Er wirkte entspannt, seine weißen Zähne blitzten immer wieder hinter seinen wohlgeformten Lippen hervor.

Vor Schranz stand ein älteres Paar und redete eingehend mit Bauer über die letzten Erfolge bei der Schweinezucht. Sie hatten wohl selbst eine größere Anzahl Hällischer Landschweine in ihren Ställen stehen, und waren sicherlich ebenfalls Mitglied in der bäuerlichen Erzeugergemeinschaft.

So fand Schranz Zeit, seine Augen noch etwas über den Innenbereich des Sonnenhofs wandern zu lassen. Unter der hohen Linde war seit Neuestem eine große, rundum laufende Holzbank angebracht, die zukünftig im Sommer ein geradezu malerisches Plätzchen abgeben würde. Dahinter schimmerte zwischen höheren Sträuchern ein mattschwarz lackierter Metallpavillon hervor. Grazile, offene Seitenwände trugen ein massives Metalldach, an dessen Außenseiten sich bereits die ersten Kletterpflanzen nach oben rankten. Rings um diesen Sitzplatz war eine kurz gemähte Rasenfläche angelegt.

Alles wirkte wie ein kleiner Park und man hatte nicht den Eindruck, auf einem mit modernsten, aber biologischen Maßnahmen wirtschaftenden Hof zu stehen. Nur der feine, stets präsente Geruch nach Schweinemist umwehte die ganze Szenerie. Aber das gehörte sozusagen mit dazu.

Bauer knuffte Schranz leicht seitlich an seinen Arm. Dieser erschrak, hatte er doch vor lauter Beobachten und Sinnieren gar nicht bemerkt, dass die vor ihm stehenden anderen Gäste ihr Gespräch mit dem Hausherrn beendet hatten und nun er an der Reihe war.

»Schön, dass Sie kommen konnten, Herr Schranz.«
»Vielen Dank für die Einladung!«

Heute klang der Beginn ihres Gesprächs ziemlich förmlich.

»Waren Sie eigentlich schon einmal bei so einem richtigen Hohenloher Bauernfest mit dabei?«

»Nein, leider nicht. Allerdings wohne ich ja auch erst seit knapp zwei Jahren hier in der Region.«

»Sie werden sehen, das wird eine Mega-Fete. Vor dem Sonnenaufgang wird kaum jemand nach Hause gehen. Und Musik vom ›Dr Hohenloher‹ wird es auch geben. Da biegt man sich teilweise vor Lachen.«

Neumann hatte Schranz irgendwann einmal in einem Nebensatz schon angedeutet, dass die Feste auf dem Sonnenhof schon seit Jahrzehnten einen sehr guten Ruf hatten. Es wurde an nichts gespart, und die Familie Bauer erwartete, dass bei diesen Anlässen auch ordentlich getrunken und gegessen wurde. Zurückhaltung war an diesem Abend nicht erwünscht.

Und so hatten alle Gäste auch warme Jacken mit im Gepäck. Trotz des großen Feuers im Innenhof und der teilweise aufgestellten, mit Gas befeuerten Steh-Wärmelampen würde es zu dieser Jahreszeit nachts sicherlich frisch werden.

Auch Schranz hatte sich die ganze Nacht freigehalten. Er hatte Gispy zu den Nachbarn auf der anderen Hausseite, der Familie Kurz, gegeben. Die Mutter zweier aufgeweckter Töchter, Giese, war ein großer Fan des Hundes. Und so nächtigte er heute sozusagen außer Haus, auch wenn es nur 30 Schritte von seiner heimatlichen Schlafstatt entfernt war.

So hatte Schranz ein ruhiges Gewissen, dass er nicht zu einer bestimmten Uhrzeit nach Hause musste. Zur Begrüßung gab es einen Holundersekt, hergestellt nach einem alten Jagsttaler Rezept. Schon der Duft erinnerte mit seiner feinen Süße an laue Sommernächte, beim Trinken schmeckte er trotzdem leicht herb, was dem Getränk eine wunderbare Note gab. Schranz stieß mit dem Hausherrn auf einen schönen Abend an.

Rundum zufrieden schritt Schranz kurz darauf die Veranda empor, von wo sich ein herrliches Bild bot.

Zwei lange Tische waren so nebeneinander aufgestellt, dass genug Platz zwischen den Stuhlreihen blieb und sich alle Gäste frei bewegen konnten. Die cremefarbenen Tischtücher waren mit den gleichen Blumen geschmückt, wie sie Schranz bereits am Rosenbogen gesehen hatte, und auch einzelne der wunderschönen Lampions waren an der gläsernen Decke befestigt.

Vor jedem Platz stand ein Tischkärtchen, was Schranz nun doch einigermaßen überraschte. Aber als er die Namen las, erkannte er zumindest für sich selbst einen großen Vorteil. Er saß gegenüber vom Ehepaar Neumann, und die Bauers waren auch in seiner Reichweite. So würde er später am Abend sicherlich die Möglichkeit auf das eine oder andere interessante Gespräch haben.

Von unten im Garten klangen erste Gitarrentöne nach oben. Aber es ging wohl noch nicht mit den musikalischen Darbietungen los, ›Dr Hohenloher‹ stimmte noch sein Musikinstrument und intonierte dazu immer wieder kurze Textpassagen aus seinen Liedern.

Schranz hatte den Hohenloher Barden vor rund einem halben Jahr beim Feuerwehrfest in Satteldorf erlebt. Mehrere 100 Menschen waren damals zu diesem relativ unbedeutenden Fest gekommen, und Kurt Klawitter, wie er mit bürgerlichem Namen eigentlich hieß, hatte für lustige Stimmung gesorgt. Eigentlich hatte Schranz an diesem Abend den Satteldorfer Bürgermeister Wackler näher interviewen wollen und auch bei diesem am Tisch einen Platz gefunden. Aber die Texte und die Musik vom Hohenloher waren dann doch so interessant gewesen, dass er mit dem Bürgermeister einen Extratermin in der darauffolgenden Woche vereinbaren musste. Es war doch keine Zeit für Gespräche geblieben.

Besonders freute sich Schranz auf solche Textpassagen wie ›wenn Hochdeutsche unter euch sind, dann nehmt euch einen Übersetzer‹ oder ›I reiß mi zam, hock mi auf mein Bulldog und fahr hoim‹. Und hoffentlich spielte er auch seinen Klassiker ›ein BMW im Kornfeld‹.

Zum Essen gab es vorab kleine Häppchen. Das waren mit Salzbutter bestrichene Weißbrote und Bauernbrot mit frischem Schmalz. Woher die Küche Anfang März blaue Frühlingszwiebeln bezog, konnte sich Schranz nicht zusammenreimen. Vielleicht war das ein Mitbringsel aus der Stuttgarter Markthalle, wo die Erzeugergemeinschaft seit Neuestem auch einen Stand betrieb. Dieser war sehr umfangreich in der gesamten baden-württembergischen Presse angekündigt worden und übertraf anscheinend alle an ihn gemachten Erwartungen.

28

Die Veranda füllte sich zusehends, und durch die Gasstrahler und trotz der vielen Menschen war auch die Temperatur mehr als angenehm, sodass Schranz seine schwarze Fleece-Jacke auszog und sie über seinen Stuhl hängte. Neumanns waren auch eingetroffen, sie unterhielten sich am Treppenaufgang mit dem Patrone und würden sicherlich bald nach oben kommen. Klawitter war nun mit dem Einsingen fertig, alles wartete auf den offiziellen Beginn der großen Fete.

Nur Frau Bauer vermisste Schranz noch immer. Eigentlich hätte sie doch direkt neben ihrem Mann stehen müssen. Und danach die gute Seele des Festes sein. Aber sie war nicht zu sehen. War sie krank? Oder war sie noch irgendwo im Hintergrund beschäftigt?

Aus den anderen Ecken der Veranda klang ein fröhliches Stimmengewirr. Die relativ tiefen Männerstimmen wurden immer wieder von heiterem Lachen der Frauen übertönt, die Wirkung des Holundersekts war offensichtlich schon eingetreten.

Das Läuten einer Glocke, die Richtung des Geräuschs deutete auf eine Befestigung im Lindenbaum hin, ließ die Gäste an der langen Tafel Platz nehmen. Einige hatten sich wohl noch nicht informiert, wo sie denn sitzen würden, was für ein heiteres Durcheinander sorgte.

Neumanns hatten sich auch richtig in Schale geworfen. Sie hatte ein dunkelblaues, festliches Kleid an. Sein Anzug war fast von der gleichen Farbe, zum weißen Hemd fehlte eigentlich nur eine Krawatte. Aber von diesem den Hals einengenden Kleidungsstück war auf dem heutigen Fest nichts zu sehen, wahrscheinlich entsprach sie auch nicht dem Freiheitsdrang der Landwirte.

Jetzt begann ›Dr Hohenloher‹ mit einem Lied über die Hohenloher Tracht, das er an jedes Fest entsprechend anpasste. War es im Herbst die Feuerwehrkleidung gewesen, so war es diesmal der Hut vom Patrone. Heiter-ironisch schlug er dabei einen Bogen zum Dreispitz, und alle Anwesenden verstanden seine Andeutungen, wie am stürmischen Beifall abzulesen war.

Da es für den Barden nun so gut begonnen hatte, legte er gleich mit seinem Alkohol-Lied nach: ›Alkohol macht Birne hohl. Und wo mehr Platz, da ist mehr Platz für Alkohol‹. Einige Gäste sangen mit, die anderen wippten mit dem Fuß. Das Feld für die ersten Worte des Patrones war bereitet.

Der erhob sich dann auch von seinem Platz. Und von irgendwoher musste auch seine Frau gekommen sein, jedenfalls saß sie jetzt schick gekleidet und mit modernerer, neuer Frisur neben ihm. Nur ihre Augen verströmten schon von Weitem diese innere Traurigkeit, die so gar nicht zu diesem Abend passen wollte.

»Liebe Freunde, schön, dass Ihr alle gekommen seid.«

Die Stimme des Hausherrn klang weich und angenehm. Seine Augen, sein Gesichtsausdruck, seine ganze Körperhaltung versprühten Freude und Glück, dass dieses Fest heute Abend stattfand.

»Ein besonderer Erfolg bedarf auch eines besonderen Festes. Vielen Dank, Kurt, dass du den Abend so schön für mich eingeleitet hast.«

Alle schauten ihn erwartungsfroh an.

»Eigentlich gibt es ja heute Abend mehrere Anlässe für unser Fest. Aber den wichtigsten, den habt ihr sicherlich schon der Presse entnommen. Unser bisher größter Erfolg, der uns Planungssicherheit für die nächsten Jahre bringen wird: der Vertragsabschluss mit der Firma Feinkost Küfer.«

Spontan brandete Beifall auf. Die Landwirte inklusive ihrer Ehefrauen klatschten begeistert. Schranz wunderte sich sehr darüber, so einen emotionalen Applaus hatte er bei den Landwirten noch nie erlebt.

»In diesem Zusammenhang sage ich auch schon einmal ganz vielen Dank an unseren, und dieses ›unseren‹ möchte ich besonders betonen, rasenden Reporter, an Chris Schranz.«

Wieder klatschten alle und Schranz lief rot an, als er sich bedankte.

»Da muss man auch mal erwähnen, dass er, wie praktisch alle, die hier mit am Tisch sitzen, immer zur Stange gehalten hat. Egal wann ich ihn angerufen habe, er war für uns da. Und genauso wie wir alle, hat er es stets ohne Bezahlung gemacht. Einzelne Artikel hat er sicherlich bezahlt bekommen, aber die vielen Stunden, die fast täglichen Telefonate, all das geschah aus Eigeninitiative und im Dienst der gemeinsamen Sache. Nur so, meine lieben Partner, konnten wir es so weit bringen, wie wir heute sind. Lasst uns das Glas erheben und darauf anstoßen.«

Es war richtig feierlich. Schranz prostete zuerst dem Patrone zu, dann den beiden Neumanns. Rechts von ihm saß das Ehepaar Eberhard, links von ihm das Ehepaar Nothdurft. Überhaupt schien er der einzige Gast dieses Abends zu sein, der als Single gekommen war. Dazu war er auch noch der Jüngste, die meisten schienen so ab Mitte 30 zu sein. Dass es sich um Landwirte handelte, konnte man weder an ihrer Kleidung noch an ihren Umgangsformen erkennen.

Aus den Augenwinkeln warf Schranz einen Blick auf Frau Bauer. Wie versteinert stieß sie mit ihrem Weinglas mit den Tischnachbarn an, nur ihre Mundwinkel zogen sich zu einem leichten Lächeln nach oben. Hoffentlich ergab sich heute Abend noch die Möglichkeit zu einem Gespräch.

Als erster Gang wurde eine schwäbische Hochzeitssuppe serviert. Schon alleine die Fleischbrühe war den Besuch dieses Abends wert. Feine Fettaugen schwammen zwischen selbst gemachten Grießklößchen, verschiedenen Nudeln und Gemüse. Als Hauptspeise gab es in feinste Scheiben geschnittenes Spanferkelfleisch, dessen Kruste ständig mit Bier bestrichen worden war. Schranz hatte schon lange nicht mehr so gut gegessen. Das Fleisch war so zart, dass er es mit der Zunge zerdrücken konnte. Und die Kruste brachte das feine Bieraroma ins Spiel, das sich mit dem Export-Bier der Engelbrauerei zu einem himmlischen Genuss verstärkte.

Schranz holte zweimal einen Nachschlag, und beim zweiten Mal stand Frau Bauer vor ihm am sich immer noch langsam drehenden Spanferkel.

»Wirklich lecker. Haben Sie die Soße zubereitet?«

»Nein, mein Mann hat das über seine Angestellten organisiert. Wir haben immer Praktikanten aus Rumänien, und dort wird viel mit Soßen gemacht. Soviel ich weiß, haben die gestern Abend schon die benötigten Zutaten angesetzt.«

»Ein großes Lob für die Küche. Sie können wirklich stolz darauf sein, Mitglied des Sonnenhofes zu sein.«

Schranz hatte absichtlich ein wenig übertrieben. Und damit die Wirkung auf Frau Bauer nicht verfehlt. Sie verzog leicht den rechten Mundwinkel und ihr Blick sprach Bände. »Ach, Herr Schranz, ich hatte es Ihnen ja bereits vor längerer Zeit einmal gesagt. Dieser Stress geht mir mehr als nur auf die sprichwörtlichen Nieren. Die Ärzte haben jetzt Magengeschwüre festgestellt. Mein rechtes Auge zuckt immer so komisch, wahrscheinlich die Nerven. Dann haben diese Damen von dem komischen Hennenhof im letzten Monat mehrmals angerufen, ich weiß gar nicht, warum mein Mann sie nicht wegen Erpressung anzeigt. Mein Vater will mich lieber heute als morgen bei ihm zurück auf dem Hof sehen, er meint, ich leide zu sehr unter dem Betrieb hier. Das Theater mit der Putzfrau. Und zum guten Schluss noch die Gerüchte, die ich überall höre, dass mein Mann ein Verhältnis mit einer anderen Frau haben soll. All das ...«

Der Lidschatten begann sich an ihrer linken äußeren Augenecke aufzulösen, Tränen rannen über ihre Wangen.

»... ist einfach zu viel für mich. Ich kann nicht mehr. Ich bin fertig.«

29

Schranz ärgerte sich über sich selbst. Er hatte das Thema angeschnitten, und jetzt zeigte die Hausherrin vor allen anderen Gästen ihre innersten Gefühle.

Nur gut, dass sie beide gerade alleine vor dem Spanferkel standen.

Die Hitze, die von dort abgestrahlt wurde, vermischte sich bei Schranz mit dem Schweiß, den er aufgrund der Peinlichkeit der Situation vergoss.

»Frau Bauer, es tut mir leid.«

»Nein, nein, es braucht Ihnen nicht leid zu tun. Wissen Sie, wem sollte ich es auch anders erzählen als meiner Familie. Andere Frauen in meinem Bekanntenkreis würden sagen: Mensch, die gute Frau stellt sich auch mal wieder an. Die hat doch alles, was sie braucht. Einen fleißig arbeitenden Mann, ein schönes Haus, ein gutes Auto, brave Kinder ... Was will sie denn mehr? Aber die sehen nicht, was tatsächlich abläuft. Diese Unterstellungen am Telefon, wenn andere Betriebschefs anrufen. Oder dieses Theater mit der Putzfrau, die mich jetzt im Ort auch nicht mehr grüßt. Wobei die sich ganz anders verhalten sollte. Ihr Mann bespitzelt sowohl uns als auch die Schweinezentrale, spielt die einen gegen die anderen aus und verkauft die Informationen dann auch noch in den Osten. So eine bodenlose Frechheit. Ich bin mir sicher, dass Dr. Feisenberger dem ein Ende gesetzt hat. Das wusste dieser ostdeutsche Tölpel doch gar nicht, dass die Dosis um so viel zu hoch ist. Ich glaube vielmehr, der wollte ein Finale setzen, durch einen langen Krankenhausaufenthalt die Chance bekommen, wieder in die DDR zu flüchten.

Aber gut, dass Dr. Feisenberger dem ein Ende gesetzt hat!«

»Sind Sie sicher?«

»Fragen Sie meinen Mann, ich habe nur mitgehört, als er telefoniert hat. Und wissen Sie ...«

Die Hausherrin schaute ihm geradeaus in die Augen.

»... ich habe es so oft versucht, ihm zu sagen, dass auch er sich ändern muss. Es hilft nichts, wenn er dauernd arbeitet und die Geschäfte vorantreibt. Wenn er im Büro ist, dann kommt Hektik auf, weil er immer alles gleichzeitig erledigen will. Geht es um Probleme unserer Kinder in der Schule, schiebt mein Mann geschäftliche Verpflichtungen vor. Für mich hat er schon seit Jahren keine Zeit mehr.«

Ihre Schultern hingen schlaff nach unten.

»Und den Rest hat mir dann gegeben, dass mein Vater die neue Firma gegründet hat. Mit ihm zusammen weiß ich, was mich erwartet. Wir ziehen in Zukunft an einem Strang, ich werde wieder daheim wohnen. Meine Mutter passt auf die Kinder auf. Und ich kümmere mich um die Geschäfte.«

»Und Ihr Mann?«

»Der schafft das auch ohne mich. Obwohl ich ihn immer noch liebe, und obwohl ich mir sicher bin, dass er keine andere neben mir hatte, kann ich nicht mehr anders.«

Mit zitternden Händen, was sich auf den halbvollen

Teller übertrug und diesen gefährlich schwanken ließ, ging sie den kurzen Weg hinauf zu den Gästen auf der Terrasse.

Schranz stand wie ein begossener Pudel mitten im Garten. Sein Kopf war leer, seine Gefühle und Gedanken rasten dahin. Aber er konnte heute Abend nicht in Ruhe mit all den Gästen sprechen, die jetzt für die Aufklärung seiner Ideen wichtig wären.

Oder, vielleicht doch. Der Abend hatte erst begonnen. Und wenn ›Dr Hohenloher‹ wieder die nächste Runde zum Besten gab, dann würde sich die strenge Tischordnung wahrscheinlich auflösen und Schranz konnte sich ebenfalls neue Gesprächspartner suchen.

Er lud seinen Teller ganz voll, der Hunger war ihm trotz aller Wirrungen nicht vergangen. Vollbeladen, dass es ihm fast schon peinlich erschien, ging er langsam die Treppen hinauf. Klawitter stand am oberen Treppenabsatz und nahm ihn in Empfang.

»Na, Herr Schreiberling, wie gehts?«

Schon bei ihrem ersten Treffen hatten sie sich geduzt. Schranz war damals etwas perplex gewesen, als der Musiker ihn bei seinem Vornamen nannte. Wobei dies andererseits auch ein gutes Zeichen war. ›Dr Hohenloher‹ musste schon einige Male in der Zeitung Berichte von Schranz gelesen haben, und dessen Vorname hatte sich ihm eingeprägt.

»In letzter Zeit schreibst du viel. Die Geschäfte scheinen gut zu gehen.«

»Na, ich will nicht klagen. Ich habe mich allerdings sehr auf heute Abend gefreut. Als der Patrone sagte, dass du als Musikergast auftrittst, war das ein Grund mehr, hierher zu kommen.«

»Ich werde noch einige Einlagen geben. War schade, dass du letztes Jahr im Oktober auf der Muswiese so schnell gehen musstest. Wir hatten nach dem Konzert noch richtig Spaß, ich glaube, es war halb fünf, als wir uns getrennt haben.«

»Weißt du etwas von Paulaner, Joghurt und Mannequin?«

Dies war eine andere, skurrile Hohenloher Band, mit der sich ›Dr Hohenloher‹ gut verstand. Einer der Mitglieder hatte wohl den *Motorsägenblues* erfunden. Die kreischende Motorsäge, jedem Hohenloher von seiner Waldarbeit beim Holzmachen bekannt, untermalte dabei ein reichlich ironisches Heimatlied.

»Keine Ahnung. Vielleicht kommen die drei heute Abend auch noch. Aber eine andere Frage: Weißt du, dass Fiedler und einer seiner Kollegen heute eingeladen waren? Sie haben sich vorhin mit Bauer verzogen.«

»Fiedler ist da?«

»Ja, wenn ich es dir sage. Muss wohl ein Mitarbeiter der Kripo gewesen sein, den er da dabei hatte. Du weißt schon, so auffällig unauffällig. Schwarze Lederjacke, Poloshirt, Bluejeans. Und sie fahren einen Passat mit einer langen Funkantenne auf dem Dach.«

Langsam verstand Schranz die Welt nicht mehr.

Was platzte die Kripo in solch einen festlichen Abend hinein? Was konnte es jetzt, mitten in der Nacht, so Wichtiges geben?

Betont langsam ging er zu seinem Platz, wo ihn Neumanns in ein Gespräch verwickelten. Zuerst wollte er eigentlich nur seine Ruhe haben, das Spanferkel hatte er schon fast vergessen. Aber auch bei Neumanns schien es dringenden Gesprächsbedarf zu geben.

»Herr Schranz, Sie hatten bisher heute Abend gar keine Zeit für uns.«

»Ja, ein Abend mit vielen Überraschungen.«

»Wie meinen Sie das?«

»Nun, ich treffe hier viele Leute, die ich schon lange nicht mehr gesehen habe. Und da hört man die eine oder andere Geschichte, die wirklich neu ist.«

»Haben Sie dann auch schon mitgekriegt, dass welche von unseren Kollegen zur GEH wechseln wollen?«

»Zu wem?«

»Na, zu dieser neuen Firma. Gut Hällische Erzeugerzentrale.«

»Die gibt es doch noch gar nicht.«

»In unseren Gedanken gibt es sie schon. Und sie wollen mehr pro Kilogramm Schweinefleisch zahlen, als unsere Erzeugergemeinschaft es tut.«

»Wer ist das, der da wechseln will?«

Schranz schaute Herrn Neumann geradewegs in die Augen. Der wich diesem Blick aus und suchte den Blick seiner Frau.

»Noch nichts Bestimmtes. Nur Gerüchte. Ich habe halt so einiges gehört.«

Sie stotterte unsicher herum.

Plötzlich legte sich eine Hand von hinten auf die Schulter von Schranz.

»Könnten Sie bitte kurz mitkommen?«

Um ihn herum waren die anderen Gäste laut am Diskutieren. Längst hatten die meisten das dritte oder vierte Glas Bier oder Wein getrunken. Die Stimmung wurde immer ausgelassener, und auch ›Dr Hohenloher‹ machte sich bereit für seinen nächsten Auftritt.

30

Frau Bauer führte Schranz direkt zum Büro ihres Mannes.

Sie klopfte zweimal kurz an die Türe, und man hörte, wie der Schlüssel von innen zweimal umgedreht wurde.

Die Chefin des Sonnenhofes öffnete die Türe langsam, und Schranz sah, wie Fiedler sich neben den Schreibtischstuhl vom Patrone stellte. Auf der anderen Seite stand ein Mann von Mitte 30, den Schranz noch nie gesehen hatte. Das war wohl der Kripobeamte, den Klawitter vorhin beschrieben hatte.

»Schön, dass du so schnell kommen konntest.«

Wenn man Schranz vor nicht einmal 10 Minuten gesagt hätte, dass er heute Abend noch auf seinen Kollegen von der Kripo treffen würde, er hätte diese Idee für völlig abwegig gehalten.

»Chris, wir haben ein Problem.«

Das hatte Schranz schon vermutet, als sich der Schlüssel im Schloss der Bürotüre drehte.

»Wir müssen Herrn Bauer mitnehmen.«

»Was? Warum denn das?«

»Chris, mach es mir nicht schwerer, als die Situation eh schon ist. Du weißt es selber ganz genau, wir dürfen und können gerade nichts zum Sachverhalt sagen.«

»Und was hat das mit mir zu tun?«

»Herr Schranz, ich wollte Sie um einen Gefallen bitten. Es wäre mir sehr wichtig.«

Die Situation war mehr als merkwürdig. Der Patrone, von Kripomitarbeitern flankiert, bat ihn um Hilfe.

»Sie müssen dafür sorgen, dass unser Fest so fröhlich und heiter weitergeht, wie es sich gerade entwickelt hat.«

»Und wie soll das gehen?«

»Ich habe mir überlegt, dass Sie doch ein paar Geschichten aus Ihrer beruflichen Laufbahn erzählen könnten. Zum Beispiel diese Reportage, als Sie mehrere Elefanten und einen wagemutigen Elefantenbesitzer vor zwei Jahren über die Alpen begleitet haben. So eine Abenteuergeschichte à la Hannibal. Das interessiert die Leute. Ein Querkopf vor 2.000 Jahren, der eine für unmöglich gehaltene Leistung vollbringt. Das fasziniert auch die Hohenloher Sonderlinge.«

Bauer sprach ruhig und konzentriert. Er holte nur sehr wenig Luft zwischen den Sätzen, sein Puls und seine Atmung schienen ganz normal zu funktionieren. Es war keinerlei Angst oder Panik vor dem Kommenden zu spüren.

»Und bitten Sie den Klawitter, dass er noch eine zusätzliche Musikeinlage macht. Er ist zwar nur bis ein Uhr nachts bezahlt, aber das regeln wir dann schon.«

Bauer erhob sich von seinem Platz, drückte Schranz mit seiner rechten Hand leicht auf dessen Schulter und schloss seine Bürotüre auf. Vor ihm ging Fiedler, nach ihm der andere Mann hinaus in Richtung Parkplatz.

Der Bewegungsmelder aktivierte eine ganze Reihe von Scheinwerfern, welche die gesamten Parkplätze fast taghell ausleuchteten. Im Gänsemarsch gingen sie zu dem Passat mit Stuttgarter Kennzeichen, Bauer stieg hinten neben dem Kripobeamten ein. Fiedler fuhr schnell, aber nicht rasant vom Sonnenhof.

Frau Bauer ließ sich mit einem lauten Plumpsen auf den Bürostuhl ihres Mannes fallen. War es vorhin noch so, dass ihr nur eine einzelne Träne über ihr hübsches Gesicht gelaufen war, so bekam sie jetzt einen richtigen Weinkrampf. Sie schluchzte, schlug ihre Hände vors Gesicht, verwünschte alle Schweine dieser Welt und beklagte sich über ihr hartes Schicksal. Schranz stand mitten im Raum, er wusste nicht, ob er sie nun trösten oder sich auf einen kleinen Vortrag vorbereiten sollte. Am liebsten hätte er das Weite gesucht. Man hörte die lauten Stimmen, einzelne Gesprächsfetzen und auch immer wieder einen Lacher von der Terrasse in das im Erdgeschoss liegende Büro dringen.

»Haben die Ihren Mann jetzt verhaftet?«

Schon während er diesen Satz aussprach, ahnte Schranz, dass diese Frage mehr als ungeschickt war.

»Ich weiß es nicht.«

»Sie haben Ihnen nichts gesagt?«

»Nein, warum auch. Ihnen hat man doch auch nichts erzählt.«

Ein beklemmendes Schweigen breitete sich im Raum aus. Geradezu abstoßend wirkten die fröhlichen Stimmen von draußen.

Frau Bauer schluchzte weiter. Schranz hatte keine Ahnung, wie ein Nervenzusammenbruch aussah, aber so stellte er sich einen vor.

Sie holte immer nur ganz kurz Luft. Schranz hatte sich an den Türrahmen gelehnt, er wusste weder, wie er die Situation retten sollte, noch wie er sich jetzt am besten verhalten sollte. Um diese Uhrzeit konnte er auch niemanden mehr anrufen. Lilian würde zu Tode erschrecken. Und Martens würde schon lange selig schlummern, er hatte dieses Wochenende eh keinen Dienst und würde sich sicherlich um seine Familie kümmern.

Schranz ging drei Meter in die Dunkelheit. Die Anzahl der Arbeitsplätze in der ehemaligen Gaststube hatte weiter zugenommen. Er konnte im hinteren Bereich jetzt auch Regale und Aktenschränke erkennen.

Müde und erschöpft ließ er sich auf den nächstbesten Schreibtischstuhl fallen. Dieser schien allerdings für einen leichtgewichtigen Mitarbeiter eingestellt zu sein. Mit lautem Krachen schlug der Dämpfungsbolzen in der unteren Führungsschiene an, um sich dann doch wieder leicht nach oben zu drücken.

31

Wenn er jetzt einfach gehen würde, würde er die ganze Abendgesellschaft und damit auch die Erzeugergemeinschaft im Stich lassen.

Wenn er den Gästen verkünden würde, dass Heinrich Bauer gerade verhaftet worden war, dann würde sich das Fest innerhalb weniger Minuten auflösen. Und wenn Bauer dann doch nicht verhaftet worden wäre, dann wäre dies für Schranz mit mehr als unangenehmen Folgen verbunden.

Wenn er unkonzentriert Geschichten erzählte, die kein Mensch interessierten, dann würde sein Ansehen bei den Gästen und damit bei vielen wichtigen Persönlichkeiten des Landkreises Schwäbisch Hall leiden.

Schranz saß grübelnd da und starrte ins Leere. Hätte er sich nur nicht einladen lassen. Wäre er nur heute Abend mit Lilian ausgegangen.

Ein vernehmliches Räuspern von Frau Bauer schreckte Schranz aus seinen Gedanken. Sie hatte das Büro der Mitarbeiter betreten und stand jetzt kaum einen Meter von ihm entfernt.

»Herr Schranz, wir sollten wieder hochgehen.«

›Sie, so in Ihrem Zustand?‹, wollte Schranz fragen. Aber obwohl er seine Augen anstrengte, konnte er ihre Gesichtszüge in der Dunkelheit nicht erkennen.

»Und was machen wir dann?«

»Lassen Sie uns so vorgehen, wie mein Mann gesagt hat. Klawitter und Sie halten den Abend am Laufen.«
Es blieb wohl wirklich nichts anderes übrig.

Schranz ging hinter der Hausherrin durch den langen Hausflur, sie hielt ihm die Türe nach draußen auf, und nebeneinander durchschritten sie den Gartenpark, um zur Veranda zu gelangen. Frau Bauer musste sich frisch einparfümiert haben, in ihrem Windschatten roch es herrlich frisch und blumig. Woher sie nur diese Stärke nahm.

Beim Hochgehen sah Schranz, dass sie ihr Make-up aufgefrischt hatte. Nur wenn man ganz genau hinschaute, konnte man die Tränenspuren erkennen, die sich noch vor wenigen Minuten ihren Weg durch ihr Gesicht gebahnt hatten.

Oben angekommen schlug ihnen ein lauter Geräuschpegel entgegen. Gäste standen durcheinander, gestikulierten mit Händen und mit Füßen. Und zwei leere Bierfässer deuteten darauf hin, dass der Durst der Landwirte noch immer nicht gestillt war.

Zielstrebig ging Frau Bauer an ihren Platz zurück. Schranz hielt sich dicht hinter ihr, und niemand schien die beiden vermisst zu haben.

Die Hausherrin nahm ein leeres Rotweinglas und klopfte mit ihrer Gabel dagegen.

»Meine Damen und Herren, heute Abend gibt es noch eine besondere Überraschung. Mein Mann konnte Herrn Schranz dazu gewinnen, uns einen kurzen, interessanten, aber auch lustigen Vortrag über eine Alpenüberquerung mit Elefanten zu halten. Sie werden begeistert sein.«

Einzelne Rufe deuteten Zustimmung an, einige Gäste blickten Schranz gespannt an. Wo war denn nun etwas Lustiges an seinen Geschichten?, fragte sich der Angekündigte.

Er atmete tief ein, und Worte von Martens fielen ihm ein: Du musst eine Geschichte daraus machen. Fakten und Fantasie.

»Es freut mich sehr, dass ich Ihnen heute Abend von einem der letzten Abenteuer unserer Zeit erzählen darf.«

Von ganz hinten erhaschte er einen kurzen Blick vom ›Dr Hohenloher‹, der sehr gespannt zu sein schien.

Wo war Bauer jetzt? Warum hatten sie ihn mitgenommen?, schoss es Schranz durch den Kopf. Aber er durfte sich nicht ablenken lassen, seine Aufgabe war schwer genug.

»Die Wenigsten werden es wissen, aber ich habe vor rund zwei Jahren einen Elefantentreck auf den Spuren von Hannibal über die Alpen begleitet. Damals habe ich noch in der Region Stuttgart gewohnt, und dort wurde viel über dieses Projekt berichtet. Ich werde Ihnen heute Abend ein paar kurze Ausschnitte von meiner zweiwöchigen Reise dazu erzählen.«

Seine Stimme klang etwas aufgeregt, und es dauerte rund fünf Minuten, bis er sich wieder in sein schon oftmals abgerufenes Vortragsschema eingearbeitet hatte. Aber dann gelang es ihm fast mühelos, die Zuhörer in seinen Bann zu ziehen.

Das tägliche Zusammenleben mit den Elefanten, ihre Körperpflege, die fast kuschelige Haut der riesengroßen rund vier Tonnen wiegenden Tiere – das alles war für die Zuhörer neu, und andererseits doch vertraut von ihrem täglichen Umgang mit den Schweinen und Rindern auf ihren Bauernhöfen.

Man konnte beim einen oder anderen schmunzeln oder lächeln sehen, wie die Zuhörer gedanklich bei der Sache waren. Und Schranz konnte auch immer wieder den gewohnten Unterschied erkennen, an welcher Stelle seines Vortrags normalerweise die Männer zu begeistern waren und welche Stellen den weiblichen Gästen besonders gefielen.

Kurz vor Beginn seines Vortrags hatte Schranz noch mit Frau Bauer abgesprochen, dass sie ungefähr in der Mitte seiner Erzählungen eine kleine Pause machen würden. Diese sollten für einen Nachmitternachtssnack genutzt werden.

Die Küche hatte ein Apfelparfait an Rotweinsoße vorbereitet. Und Schranz schmeckte diese Kombination geradezu vorzüglich. Bei dem momentanen Stress mundete so eine kurze Erfrischung sehr gut.

Wo wohl der Patrone gerade war? Was machten die Kripobeamten mit ihm?

Schranz erlaubte seinen Gedanken, nur ganz kurz abzuschweifen. Er hatte nur wenige Minuten Zeit, sich auf seinen weiteren Vortrag zu konzentrieren. Dazwischen sollte ›Dr Hohenloher‹ noch zwei Stücke spielen, und danach der zweite Teil des Elefantenvortrags folgen.

Klawitter machte sich am Ende der Veranda bereit, zwei seiner Klassiker darzubieten. Jetzt hatte er diese ›Hohenloher Datschkappe‹ aufgesetzt. Wie er süffisant anmerkte, sei dies die althergebrachte Kleidung der Hohenloher, die ›scheene greene seidene Saistallkappa‹.

Er kündigte zwei Lieder aus dem prallen Leben an.

Als Erstes gab es ein Lied ›für die Katz‹, in welchem er zu Beginn das schöne Leben der Katzen in seinem Haus beschrieb. Das Stück endete: ›Im nächsten Leben werde ich der Kater von meiner Frau‹. Gelächter breitete sich aus, die Männer stießen mit ihren Engel-Bräu-Tonkrügen an. Diesen Klang kannte Schranz schon vom Fränkischen Volksfest in Crailsheim, und er stellte ein sicheres Zeichen dafür dar, dass die Stimmung demnächst ihren Höhepunkt erreichen würde. Die meisten Frauen tuschelten über ihre eigenen Erfahrungen mit den Hofkatzen.

Und Klawitter nutzte die feucht-fröhliche Stimmung für sein Kornfeldlied: ›Ein BMW im Kornfeld‹, das Schranz schon lange erwartet hatte. ›Dr Hohenloher‹ besang ein junges Liebespaar, das sich nicht zu Hause treffen konnte, denn da waren die Eltern. Also fuhren sie mit dem Auto, kamen von der Straße ab und blieben in einem hohen Kornfeld stehen.

Schranz stand ganz am anderen Ende der Veranda, und so bekam er nicht mit, ob es ein Mais- oder Kornfeld gewesen war. Eingängig schritt die Melodie voran, Jürgen Drews ließ grüßen, und die Handlung erreichte ihre Pointe. Die jungen Leute vergnügten sich in ihrem Auto, es schwankte hin und her, und die Federn bogen sich durch. Und ach, welch ein Unglück, der Bauer begann just während dem Liebesakt des jungen Paares, sein Feld zu dreschen. Weder sah das Liebespaar den Mähdrescher kommen, noch erkannte der Bauer das Hindernis in seinem Feld.

›Und die Moral von der Geschicht: poppe in des Bauern Kornfeld nicht‹.

Dieses Lied zog den von Schranz erwarteten Erfolg nach sich. Alle lachten durcheinander, einige nicht mehr ganz Nüchterne garnierten das Lied mit den entsprechenden, nicht ganz jugendfreien Rufen.

Es schien keinen Platz im Hohenlohischen zu geben, an dem man in diesem Moment hätte glücklicher sein können.

Als er auf die Uhr schaute, war es schon kurz nach zwei Uhr. Noch immer war es relativ mild, für die Jahreszeit eigentlich zu mild. Aber das konnte genauso an den Gasstrahlern und dem auch von ihm schon einigermaßen reichlich genossenen Alkohol liegen. Nun stand sein zweiter Erzählblock an. Aus Spannungsgründen hatte er die Pause so gelegt, dass die Elefanten den Alpenhauptkamm zwar schon erreicht, aber noch nicht bezwungen hatten.

Und so fand er schnell wieder seinen roten Faden, und auch die Zuhörer hatten sich nach dem erotischen Ausflug mit dem ›Hohenloher‹ wieder auf ihn eingestellt.

Schranz beschrieb gerade, wie er zwischen den beiden vorderen Elefanten über ein Schneefeld gegangen war. Eines der Tiere kam leicht ins Rutschen, der Elefantenbesitzer brüllte von hinten ein indisches Kommando, um das Tier vom Abrutschen auf dem steilen Schneefeld zu bewahren, und die Zuschauer hingen an seinen Lippen, als ein weiterer Gast die Treppe zur Veranda hochkam.

Alle Blicke waren auf den Erzähler gerichtet, nur er schaute in Richtung der Treppenanlage. Im Dämmerlicht des Gartens konnte Schranz nur erkennen, dass es eine männliche Gestalt sein musste, die da stand.

Wer kam um diese Uhrzeit noch auf ein Fest? Der Patrone hatte doch schon lange vor Mitternacht gesagt, es seien nun alle Gäste anwesend.

Die Gestalt kam in den Einzugsbereich des Lichtes aus der Veranda, und da war er, dieser Hut. Es musste Bauer sein, ohne Zweifel. Das war seine Kopfbedeckung.

Mit schnellen Schritten schritt er die Verandatreppen hoch.

Gut, dass Schranz seinen Vortrag schon so oft gehalten hatte. Flüssig kamen ihm die Sätze über seine Lippen.

Aus 20 Meter Entfernung, die zwischen seinem Platz und Bauer lagen, konnte Schranz sehen, dass Heinrich Bauer lächelte. Und er schien sich zu freuen, dass sein Fest noch in vollem Gange war.

Er war alleine gekommen. Waren die Kripobeamten hier auf dem Hof ausgeschwärmt und suchten etwas? Würden sie eventuell sogar mit Verstärkung anrücken?

Jetzt war Schranz doch aus dem Konzept gebracht worden. Er musste sich besser konzentrieren, auch wenn die meisten der Gäste nicht mehr im Vollbesitz ihrer geistigen Kräfte waren. Bauer setzte sich auf den ersten freien Stuhl in der Nähe des Treppenaufgangs und war sofort in ein leises Gespräch mit seinem Tischnachbarn vertieft.

Und Schranz war noch mindestens 15 Minuten vom Ende seines Vortrags entfernt. Wie gerne wäre er sofort zu Bauer gegangen und hätte ihn gefragt, was die letzten zwei Stunden vorgefallen war. Aber er musste seinen Job erledigen, und es war gut und richtig gewesen, das Fest nicht zu verlassen.

Wie fast jedes Mal bei seinen Vorträgen, musste sich Schranz zwingen, nicht zum Ende hin schneller zu reden. Diesmal fiel es ihm besonders schwer, nicht in Hektik zu verfallen. Aber irgendwann war es geschafft und die Zuhörer sparten nicht mit ihrem Applaus.

Danach wurde die Festgesellschaft doch etwas unruhig, die ersten Frauen zogen ihre warmen Jacken an und die Männer beschlossen, das nunmehr vierte Fass Bier anzuzapfen.

Mit einem Auge beobachtete der Journalist, wie Bauer zu seinem am frühen Abend eingenommenen Platz ging, sich kurz mit seiner Frau besprach und wie die beiden dann in Richtung ihres Wohnbereichs verschwanden. Hektik war dabei keine zu erkennen.

Als Schranz wieder an seinem Platz saß, beugte sich Neumann zu ihm herüber.

»Ich wollte Ihnen noch etwas sagen. Vorher war dazu keine Zeit.«

Neumann war es wichtig, Schranz noch etwas mitzuteilen.

»Wir haben noch so einiges über diesen Herrn Ritzer herausbekommen.«

»Wir?«

»Ja, wir Landwirte haben uns vor zwei Tagen einmal getroffen. Ausnahmsweise ohne unseren Patrone. Und da gab es einige Überraschungen.«

Die Uhr zeigte fast drei Uhr, und die ersten Gäste begannen, sich für den Heimweg zu rüsten. Schranz wäre dies soweit nicht aufgefallen, wenn nicht ein ihm unbekannter, schwarzhaariger Mann in die Menge gefragt hätte: »Taxi?«

Man war es wohl schon gewöhnt, dass viel Alkohol an solch einem Abend genossen wurde und war vorsichtigerweise nicht mit dem eigenen Auto gekommen.

Schranz musste sich auf Neumann konzentrieren.

»Also, dieser Lukas Ritzer war eine sonderbare Person.«

»Warum?«

»Nun, wir haben einen Landwirtskollegen, und dessen Sohn kennt den ehemaligen Nachbarn von Ritzer sehr gut. Die beiden Jungs spielen zusammen Fußball in Ilshofen, und da sind sie – wie unter Sportskameraden üblich – oft auch noch das eine oder andere Bier zusammen trinken gewesen.«

»Und wie kamen Sie jetzt an den?«

»Wir wollten wissen, wer uns da so betrogen hat. Und unser Kollege hat uns dann bei unserem Bauernstammtisch den Tipp dazu gegeben.«

Sie konnten wirklich Zähigkeit und Kreativität beweisen.

»Kurz für Sie zum Verständnis. Der Sohn des Kollegen spielt also mit dem ehemaligen Nachbarn von Ritzer Fußball. Der heißt Björn Klaasen, stammt aus Lüdenscheid ...«

»Du sagtest sonst immer, aus dem Westfälischen«, redete seine Frau dazwischen.

»Jedenfalls, irgendwo aus nördlicheren Gefilden. Dieser Björn ist ein recht lustiger Geselle, beim Fränkischen Volksfest hat er gezeigt, dass er auch beim Bierkonsum ordentlich mithalten kann. Jedenfalls, die beiden, der Björn und der Lukas, saßen noch einen Tag vor dessen Tod bei diesem in der Wohnung zusammen. Und haben bei reichlich Bier und Ramazotti ein Fest gefeiert.«

»Gab es einen Anlass?«, fiel Schranz ein.

»Nein, davon sagte dieser Björn nichts«, erwiderte Frau Neumann.

Das wäre nun sehr wichtig gewesen, aber darum ging es Neumanns und den anderen Landwirten nicht. Ihnen kam es auf andere Dinge an.

»Es muss irgendwann nach dem fünften oder sechsten Bier gewesen sein, als Lukas auf einmal anfing, von seiner Zukunft zu reden. Er ist oder besser gesagt war ein Mensch, der in seinem kurzen Leben sehr viel erlebt hat. Jedenfalls, erzählte er, dass er wieder zurück in die DDR wollte.«

»Ach was, das will doch kein Mensch«, entfuhr es Schranz.

»Doch, er war fest entschlossen. Aber Björn war wohl auch Ihrer Meinung, Herr Schranz. Jedenfalls hat sich dann dort ein ausführliches Gespräch über politische Perspektiven und persönliche Zukunftschancen ergeben. Ritzer erzählte anscheinend ganz ausführlich, dass er bereits seit einigen Monaten alle möglichen Informationen gesammelt hatte.«

»Welche Informationen?«

Schranz wollte Näheres wissen.

»Also, so wie Björn berichtete, hat Ritzer auch die Schweinezentrale ausgespäht. Fragen Sie mich nicht, wie er das gemacht hat. Aber Ritzer hat Björn einen ganzen Aktenordner voll mit Kopien gezeigt, welche eindeutig aus den Büroräumen der Schweinezentrale stammten. Unabhängig davon, was er über seine Frau alles an Informationen über unsere Erzeugergemeinschaft herausgefunden hatte. Er hat sozusagen die Fakten an die Konkurrenz verkauft, und diese dann gleichzeitig auch bespitzelt. Damit es nicht zu sehr auffiel, hat seine Frau die Büroüberwachung übernommen, und Ritzer hat es dann mit den Informationen ergänzt, die er vor Ort in unseren Betrieben gesammelt hat.«

»Aber was ergibt das für einen Sinn, dass er auch Unterlagen der Schweinezentrale gesammelt hat?«

»Fragen Sie mich nicht, darauf wusste auch Björn

keine Antwort. Aber, wer so clever ist, der wurde doch nicht nur auf der Uni unterrichtet. Da steckt mehr an Spezialkenntnissen dahinter. Ich glaube sogar, dass er vom Militär ausgebildet wurde.«

Neumann tat sehr geheimnisvoll, vielleicht ging auch die durch den Alkohol angeregte Fantasie mit ihm durch.

»Und vielleicht wollte er sein Wissen in der DDR dann wieder zu Geld machen, wer weiß. Die hätten ihn doch bestimmt wieder aufgenommen, wer geht schon freiwillig wieder dorthin zurück.«

Aber Schranz interessierte noch etwas ganz anderes.

»Und was ist dann mit diesem Abschiedsbrief?«

»So wie mir Björn sagte, hatte er diesen damals schon verfasst. Er wollte sich aus dem Staub machen, und wahrscheinlich sollte alles nach einem Freitod aussehen. Ritzer ist verschwunden, er hat einen Abschiedsbrief hinterlassen, und seine Leiche fehlt. Er ist irgendwo, wer weiß wo.«

»Und was ist mit dem Weizenglas? Ich habe gehört ...«

Schranz verschwieg, dass ihm Fiedler diese Information gegeben hatte.

»Welches Glas?«, entgegnete Neumann.

»Nun, man hat in der Bodendecke des Glases, welche nur wenige Millimeter dick war, eine unglaublich hohe Konzentration dieses Herzmedikaments gefunden.«

Neumanns schauten Schranz fragend an.

»Sie meinen das Schweinemedikament?«

»Ja, an dessen Überdosis Ritzer gestorben ist.«

»Was hat ein Glas damit zu tun?«

»Das Glas ist beim Brand zersprungen. Aber man hat Medikamentenreste gefunden.«

Das war vollkommen neu für die Neumanns, und sie schienen es auch nicht zuordnen zu können. Für Schranz hatte es bisher auch keine große Rolle gespielt, aber nun konnte dieses Detail natürlich anderweitig wichtig werden.

Herr Neumann nahm den Faden wieder auf.

»An diesem Abend haben die beiden noch lange getrunken. Und irgendwann kam noch ein dritter Mann dazu, der wohl auch mit Ritzer befreundet war. Sie werden ihn wahrscheinlich kennen, es war Dr. Feisenberger, der Tierarzt.«

Schranz unterdrückte einen Aufschrei.

Feisenberger war am Vorabend des Todes von Ritzer in dessen Wohnung gewesen?

»Wer weiß, dass die drei Männer an diesem Abend zusammensaßen?«

»Die Kripo hat Klaasen natürlich auch befragt. So wie er sagte, hat er ihnen das Gleiche erzählt.«

»Wie eng waren die drei befreundet?«

»Björn sagte mir, dass er Feisenberger auch schon längere Zeit kenne. Und Ritzer hatte sicherlich mit dem Tierarzt auch beruflich zu tun.«

»Und über was redeten die drei dann noch an diesem Abend?«

»Klaasen hat zu mir gesagt, dass der Doktor es dem Ritzer ausreden wollte, wieder in die DDR zurückzukehren.«

Feisenberger schien in die Mordgeschichte verstrickt zu sein, und auch die Schweinezentrale war wohl in irgendeiner Form beteiligt gewesen.

Schranz wollte unbedingt nochmals mit Fiedler reden. Sie mussten sich austauschen, ob er alle tatsächlich vorhandenen Informationen bekommen hatte.

Schranz war ziemlich am Ende und konnte nichts mehr aufnehmen.

Gut, dass in diesem Moment andere Gäste kamen, um sich von den Neumanns zu verabschieden.

Der Journalist nutzte die Gelegenheit, und ging hinunter in den Garten des Sonnenhofes. Die Lampions brannten noch. Erst jetzt sah Schranz die feinen Kabel, die für ihre Elektrifizierung sorgten. Aber im Vergleich zu vor ein paar Stunden, als sie für ihn Fröhlichkeit und Glück ausdrückten, bedeutete das nach außen hin immer mehr verblassende Orange für ihn jetzt Schmerz und Leiden. Und wahrscheinlich auch Gefahr ... Feuer, das Ritzer ganz nah von hier in seiner Todesstunde noch ausgelöst hatte.

32

Die Schweinemafia.

Wie viele Monate hatte er darüber nachgedacht, immer wieder. Nicht stundenlang, sondern in den Momenten, als er Zeit hatte. Beim Spazierengehen mit Gipsy, beim Lesen in seinem Schaukelstuhl. Der Patrone hatte von Anfang an behauptet, dass es mafiöse Strukturen bei den Schweinezüchtern gebe.

Wurde aus den Vermutungen Realität?

Schranz erschrak, als er neben sich eine Person wahrnahm.

Frau Bauer kam auf ihn zu. Sie hatte sich eine dicke Jacke über ihre Schultern gehängt, und so hatte Schranz im ersten Moment vermutet, dass diese breitschultrige Person ein Mann sein müsste.

»Sie sind ja auch noch da!«

»Ja, die letzten Stunden haben mich sehr aufgewühlt. Und ich möchte unbedingt noch mit Ihrem Mann reden.«

»Er telefoniert gerade, aber das wird nicht mehr allzu lange dauern. Der Großteil der Gäste wird sich jetzt auf den Heimweg machen, bis spätestens in einer halben Stunde ist nur noch ein Bruchteil davon da. Dann möchte mein Mann mit dem von ihm so bezeichneten ›harten Kern‹ wichtige Dinge besprechen. Sie werden bestimmt mit dazu gehören.«

»Und Sie?«

Die Hausherrin stand wie angewurzelt neben ihm.

»Dieser Abend hat mich wieder einmal darin bestärkt, dass meine persönliche Zukunft nicht mehr hier auf dem Hof liegt. Mein Bruder hat recht, ich werde wieder zu ihnen zurückgehen.«

Auch wenn Schranz einige Jahre jünger als Frau Bauer war, wollte er es doch nicht unterlassen, einen letzten Versuch zu starten.

»Denken Sie nicht, dass sich die Situation in den nächsten Jahren verbessern wird? Die Erzeugergemeinschaft hat ihre ersten, durchaus turbulenten Jahre hinter sich. Ihr Mann sieht jetzt auch, wie die Entwicklung weitergeht. Er hat die ersten Mitarbeiter eingestellt, auf die er sich immer mehr verlassen kann. Im Büro werden Sie zukünftig von einer Angestellten unterstützt, die Ihnen einen Teil der bisherigen Arbeiten abnimmt ...«

Sie fiel ihm ins Wort, als er kurz Luft holte.

»Da haben Sie in vielen Dingen recht. Aber es werden neue Schwierigkeiten entstehen. Ich habe es doch selbst am Telefon erlebt, nicht nur diese Damen von dem Hennenhof. Und man hat mir so viele negative Dinge über meinen Mann zugetragen. Davon werden wahrscheinlich die allermeisten nicht zutreffen, aber ich halte es nicht mehr aus. Heute ist meine letzte Nacht hier auf dem Hof. Mein Mann hat auch schon seine Koffer gepackt. Er fliegt in ein paar Stunden nach Indien, um dort die Geschäfte mit dem biologisch erzeugten Pfeffer voranzutreiben. Es geht alles seinen Weg.«

Sie entfernte sich auf dem Kiesweg in Richtung des neuen Metallpavillons und Schranz lief neben ihr her.

»Mein Mann hat mir auch nicht gesagt, dass er heute Abend noch damit rechnete, auf das Polizeirevier in

Schwäbisch Hall zu müssen. Seit den Problemen mit der Putzfrau hat die Geheimhaltung stark zugenommen. Aber er wird es Ihnen ja nachher selbst erzählen.«

Schweigend gingen sie den Weg zu den anderen Festgästen zurück.

Es waren nur noch ganz vereinzelte Stimmen zu hören. Einige Gäste steuerten die Parkplätze an. Neumanns, Erich Eberhard und seine Frau saßen noch am Tisch. Sonst wiesen nur noch viele leere Gläser darauf hin, dass bis vor kurzem hier ein rauschendes Fest stattgefunden hatte.

Als sich Schranz umdrehte, sah er Heinrich Bauer die Treppen hinaufgehen. Er wirkte verändert, um Jahre gealtert.

Schranz schaute ihn aufmerksam an, und erst jetzt bemerkte er, dass Bauer ausnahmsweise ohne seinen Hut unterwegs war. Seine vor zwei Jahren noch vollen Haare, die jetzt sehr spärlich geworden waren, hatte er bis auf eine Länge von wenigen Millimetern zurückgestutzt, und so wirkte er ziemlich kahlköpfig.

Er setzte sich zu ihnen an den Tisch.

Eberhards fühlten sich wohl überflüssig, und Frau Eberhard drängte zum Aufbruch. Auch das Angebot von Bauer, doch noch zu verweilen, konnte sie nicht aufhalten.

Der Patrone wartete, bis sie gegangen waren.

Seine Frau war nicht mehr zu sehen.

Dann nahm er eine große Flasche ›Tauberschwarz‹, goss sich ein bereits benutztes, bauchiges Glas voll und nahm einen tiefen Schluck.

»Welch ein turbulenter Abend.«

»Das kann man wohl sagen«, pflichtete ihm Frau

Neumann bei, Wobei sie wahrscheinlich gar nicht überblicken konnte, was tatsächlich hinter den Kulissen abgelaufen war.

»Vorher musste ich mich noch über zwei Stunden mit der Kripo befassen. Dazu war ich eigentlich gar nicht mehr nüchtern genug, aber es war gut so. In ein paar Stunden fliege ich nach Neu-Delhi und bin dann für zwei Wochen nicht mehr erreichbar. Wir hatten sehr wichtige Dinge zu besprechen.«

»Sie waren vorhin so lange weg?«

Bei Frau Neumann hatte der Ablenkungsplan mit dem Vortrag von Schranz bestens funktioniert.

»Ich habe es meiner Frau nicht erzählt, Heinrich. Wie wir das letzte Woche besprochen hatten.«

»Wir hätten uns denken können, dass sie jemanden auf uns ansetzen.«

»Ja, da waren wir zu blauäugig.«

Beide Männer schauten in ihre Gläser. Der Patrone schwenkte zusätzlich sein Rotweinglas, was Dutzende von Reflexionen zwischen Glas, Lampions und Rotwein hervorrief. Schranz schaute dem Glitzern hinterher. Wollten die beiden alleine sein? Sollte er gehen?

Heinrich Bauer blickte ihn an.

»Wir sollten unserem Journalisten sagen, was tatsächlich in den letzten Tagen passiert ist. Am Montag kann es ja jetzt auch in der Presse stehen, strikte Geheimhaltung ist nicht mehr notwendig.«

Wieder breitete sich Stille aus. Schranz beobachtete die Lampions im Garten, die begonnen hatten, leicht im Wind zu schaukeln. Dieses Schwingen hatte nun wieder etwas Beruhigendes, Heimeliges. Das Beängstigende von vorhin war verschwunden.

»Heinrich, ich mache dann einen kleinen Spaziergang bei euch im Garten. So ein wenig Bewegung wird mir gut tun.«

Es gab keine Widerrede. Anscheinend hatte Frau Neumann gespürt, dass die Männer unter sich sein wollten.

»Meine Überlegungen fingen an, als die Aujetzki-Krankheit fast gezielt ausgebrochen ist. Das kam mir sehr merkwürdig vor. Eigentlich waren immer Höfe betroffen, die entweder ganz oder teilweise unser Hällisches produziert haben. Bei drei Bauernhöfen habe ich noch an Zufall geglaubt, aber danach hatte ich große Sorge, dass wir ausgeschaltet oder zumindest zurückgedrängt werden sollten.«

Neumann stimmte durch wortloses Nicken zu.

»Wie wir jetzt wissen, hat die Schweinezentrale auch einige Wochen davor begonnen, in der betreffenden Region die normalen Schweine auf den Höfen zu immunisieren. Im täglichen Futter war ein spezielles Antibiotikum enthalten, das den Ausbruch von Aujetzki verhindern sollte. Legal war das nicht, aber aufgefallen ist es auch nicht.«

»Warum denn das? Das Fleisch wird doch regelmäßig untersucht.«

Schranz konnte es sich nicht erklären.

»So wie es aussieht, haben der oder die Tierärzte, die Kripo ist hier noch bei den Untersuchungen, mit der Schweinezentrale an einem Strang gezogen. Wie sie das Fleisch allerdings an den Amtstierärzten vorbeigebracht haben, das wissen auch die Polizeibeamten noch nicht.«

»Ich habe gestern, am Freitagabend, noch einen Mitarbeiter entlassen. Weder ich noch die Polizei waren uns sicher, ob er eventuell ebenfalls Kontakte zur Schweinezentrale haben könnte. Wir dürfen uns da auf nichts einlassen. Sein Name stand auffallend oft in Berichten, welche die Staatsanwaltschaft vor drei Tagen bei einer Hausdurchsuchung in der Schweinezentrale sichergestellt hat.«

Es musste an der späten Stunde liegen, dass die Worte nur noch langsam über die Lippen kamen.

Schnelle Schritte auf dem Kiesweg ließen darauf schließen, dass Frau Neumann von ihrem Spaziergang zurück war.

Fast außer Atem kam jedoch Frau Bauer die Treppen der Veranda nach oben.

Sie sah müde aus, ihre Augen lagen in tiefen Höhlen. Mit monotoner Stimme berichtete sie.

»Die Polizei hat gerade nochmals angerufen. Sie haben Dombrowski und Feisenberger verhaftet. Der Pressesprecher will vorbeikommen.«

Neumann schaute den Patrone an, dieser starrte auf seine schwarzen Schuhe.

Frau Neumann, die von ihrem Spaziergang zurückgekehrt war, schien gar nichts zu kapieren, sie blickte von einem zum anderen, setzte an, um etwas zu fragen. Aber letztlich kam ihr kein Laut über die Lippen.

Schweigen breitete sich in dem Raum aus, in welchem noch vor Kurzem diese glückliche und sorgefreie Fröhlichkeit geherrscht hatte.

»Heinrich, ich glaube, wir gehen jetzt.«

Neumanns Frau wollte augenscheinlich lieber noch bleiben und blickte ihn an.

»Es ist sicher besser, wenn ihr nur zu zweit seid, wenn Fiedler kommt. Ich kenne ihn ja auch fast nicht.«

Seine Frau ließ die Mundwinkel nach unten hängen. Ihre Frisur wirkte derangiert, sie musste sich in den letzten Minuten oftmals nervös durch ihre Haare gefahren sein.

Aber sie passte sich dem Willen ihres Mannes an, verabschiedete sich von den noch Anwesenden und beide gingen langsam und schweigend die Treppen der Veranda hinunter.

»Wissen Sie, wo meine Frau ist?«
»Nein.«
Schranz schaute sich um. Als er Richtung Osten und damit Richtung Büroräumlichkeiten blickte, war auch dort kein Licht mehr zu sehen. Sie musste in die Privaträume gegangen sein.

»Sie hat mit Ihnen gesprochen?«
Der Patrone sah zu Schranz auf, noch immer war er leicht nach vorne gebeugt.
»Wie meinen Sie das?«
Bauer räusperte sich kurz.
»Sie wird noch heute Nacht ausziehen. Ich habe vorhin nochmals versucht, sie zum Hierbleiben zu bewegen. Aber ich hatte keine Chance mehr.«
Er stand auf und ging an den seitlich stehenden Getränketisch, um sich ein weiteres Glas Rotwein einzuschenken.

»Es war eine wunderbare Zeit mit Bettina. Ich werde sie sehr vermissen.«
Bauer nippte kurz an seinem Glas und nahm erst nach einer kurzen Unterbrechung den Gesprächsfaden wieder auf.
»Sie ist einfühlsam, zärtlich, hübsch. Und dazu eine

tolle Mutter und Bürochefin. Ich habe mich sehr sehr wohl mit ihr gefühlt. Auch wenn es die einen oder anderen Probleme in unserer Partnerschaft gab.«

»Ich glaube, das ist normal.«

Bauer schloss für einen Augenblick seine Augen.

»Sie haben leicht reden. So ohne feste Partnerin ist das alles ganz anders. Ich habe es doch in Afrika erlebt. In meinem Innersten habe ich gespürt, dass die Beziehung von mir und Bettina zu Ende gehen wird. Aber ich hatte einfach keine Zeit, die Arbeit musste gemacht sein und ...«

Er holte tief Luft.

»... vielleicht wollte ich es auch nicht sehen, einfach nicht wahrhaben.«

Das Gespräch stockte.

Schranz meinte, etwas sagen zu müssen.

»Ich glaube, Ihrer Frau fällt es genau so schwer, hier wegzugehen.«

Der Patrone starrte auf sein fast leeres Weinglas.

Schranz versuchte, wenigstens ein bisschen Hoffnung aufzuzeigen.

»Ja, sie hatte vorhin im Garten Tränen in den Augen, als ich mit ihr geredet habe. Vielleicht renkt sich alles wieder ein.«

Er glaubte nicht wirklich daran, und auch Bauer schüttelte unmerklich den Kopf.

So saßen sie beide schweigend auf der Veranda.

Die Umgebung des Sonnenhofs und das nahe Dorf lagen noch in tiefem Schlaf, nur das Schlagen der Kirchturmuhr war zu hören.

Motorengeräusche unterbrachen die Stille, ein Auto fuhr heran, der Motor wurde ausgeschaltet und eine Fahrzeugtür laut vernehmbar zugeschlagen.

Beide Männer blickten in Richtung der Geräusche, aber noch war in der Dunkelheit nichts auszumachen. Deutlich hörbare Schritte auf dem Kiesweg ließen aber das Eintreffen einer Person vermuten, für zwei Menschen war das Knirschen der Kieskörner zu regelmäßig.

Die Umrisse Fiedlers erschienen in gut 50 Metern Entfernung, er kam schnell näher, auch mitten in der Nacht schien er noch voller Energie zu sein.

Mit einem freundlichen ›Hallo‹ begrüßte er die beiden Männer. Schranz erhob sich und gab ihm die Hand, Bauer blieb sitzen und streckte ihm nur kraftlos seine rechte Hand entgegen.

»Sie sind beide noch da? Gut so, dann kann ich ja gleich mit den beiden wichtigsten Personen reden.«

Bauer bot ihm Rotwein an, Fiedler lehnte ab und wollte sich erst nach dem Gespräch und seinem daraus resultierenden Dienstschluss einen größeren Schluck genehmigen.

»Sie wissen, dass wir Dr. Feisenberger und Herrn Dombrowski verhaftet haben?«

»Ja, meine Frau hat es uns erzählt. Und danach ist sie gegangen.«

Fiedler schaute überrascht zu Bauer, danach zu Schranz, der ihm mit den Augen signalisierte, jetzt nicht weiter nachzufragen.

»In den letzten Stunden haben sich die Ereignisse förmlich überschlagen. Es hat sich herausgestellt, dass Dombrowski Feisenberger dazu angestiftet hat, Ritzer umzubringen. Dombrowski war sozusagen der Drahtzieher der gesamten Geschichte und aller Anfeindungen und Attentate gegenüber Ihnen, Herr Bauer.«

Der Patrone zeigt keine Reaktion. Das Weinglas zitterte ganz leicht in seiner linken Hand.

»Ritzer wollte nach Aussage von Dombrowski zurück in die DDR, er hatte wohl genug Informationen gesammelt. Feisenberger erzählte auch etwas von politischen Details, die er bis auf die Ministerebene hinauf ausspioniert hatte. Ritzers Frau wollte mit zurück in den Osten, obwohl sie immer das Gegenteil behauptete. Und es wäre wohl ein brisanter wirtschaftlich-politischer Informationscocktail geworden, den die beiden da in die DDR mitgenommen hätten.

Vor allem Dombrowski wäre schwer belastet worden, dieses versuchte Attentat mit dem Reifenstecher, die angebliche Schuldeneintreibung über ›Kief Inkasso‹ mit diesen üblen Tricks. Das hätte ihn jahrelang ins Gefängnis gebracht.«

Fiedler holte tief Luft.

»Wenn man sich das vorstellt: Dombrowski fälscht einen Mahnbescheid, um damit ›Kief Inkasso‹ auf Bauer anzusetzen. Dann engagiert er Ritzer als Reifenstecher, wodurch der Transport des Schweins nach Berlin verhindert werden soll. Welch eine kriminelle Energie ...«

Er schaute in die Runde, aber seine beiden Gesprächspartner starrten auf den Fußboden der Veranda.

»Da machte es für Dombrowski durchaus Sinn, dass er Ritzer aus dem Weg räumen ließ.«

Fiedler nahm ein Weinglas und schenkte sich Rotwein ein.

ENDE

Nachwort

Schweine und Krimi? Wie passt das zusammen?

Diese Frage hätte ich mir vor wenigen Jahren auch gestellt.

Als ich dann aber in die Gegend von Crailsheim gezogen bin, kam ich fast zwangsweise mit der Hohenloher Landwirtschaft und damit auch dem entsprechenden Tierbestand in Kontakt. Was waren das für weiß-schwarze Schweine, die mich so gänzlich ohne Angst aus ihren hellen Kulleraugen anschauten? Ich war fasziniert von ihrem Wesen, noch nicht ahnend, dass mich diese Tiere schon kurze Zeit später zu einem Krimi anregen würden.

Bei meiner Arbeit für die örtlichen Zeitungen lernte ich immer mehr Landwirte kennen. Und je öfter mich diese größtenteils verschlossenen, hart arbeitenden Menschen bei meiner journalistischen Tätigkeit erlebten, desto mehr Geschichten von und über die Landwirtschaft erzählten sie mir. Was ich da alles so hörte, überstieg meine wildesten Ideen und Fantasien.

Dieser Krimi beruht nur zur Hälfte auf Tatsachen. Dies gilt sowohl für die Personen, als auch für die Orte der Handlung und den Handlungsstrang an sich. Welche Kapitel nun auf Tatsachen basieren und welche nicht, möge der Leser selbst entscheiden.

Die Geschichten waren so umfangreich, dass ich mich auf den Zeitraum von 1984 bis 1986 beschränken musste und zusätzlich einiges zeitlich komprimiert habe. Die Ereignisse rund um das Schwäbisch-Hällische

Landschwein ab dem Jahr 2000 könnten noch in einem weiteren Krimi verarbeitet werden.

Ganz herzlich bedanken möchte ich mich:

- vor allem bei Herrn Rudolf Bühler, dass er mich so tief in sein Archiv hat blicken lassen.

- des Weiteren bei den vielen anderen Landwirten, ganz egal, ob sie Schweine, Rinder oder Hühner auf ihren Höfen großziehen.

- beim Gmeiner Verlag und hier insbesondere bei meiner Lektorin Frau Claudia Senghaas, die mich mit viel Geduld und Schaffenskraft unterstützt hat.

- natürlich auch bei meiner Familie, die mir, wie bei den anderen Buchprojekten auch, all die benötigte Freiheit gelassen hat, damit ich mich ungestört meiner Tätigkeit als ›Schreiberling‹ widmen konnte.

Guido Seyerle
Weipertshofen, Februar 2007

Rezepte

Hohenloher Schwartenbraten
auf S. 64 in ›Das Beste vom Schwäbisch-Hällischen Landschwein‹

Blooz
Zubereitung (Großmutters Rezept):
   Ebbes Mehl und ebbes Salz,
   Ebbes Trieb und ebbes Schmalz,
   Wemmer des ins Töpfle knetet
   Und om guats Gedeiha betet
   Dann kann nix daneba ganga
   Des muß für guete Deia langa
   Obe drauf no Rahm und Eier
   net zuviel, sonst wird 'r deier
   Zwiebela ka mer au drauf streua
   No geits halt an Zwiebla-Deia
   Wers net mog, du lieber Himmel
   Manche möget au en Kimmel
   Und dia schleckete Deia-Schlucker
   Möget oba drauf en Zucker
   Und des ganze dann au glei
   Mit ema gueta Gläsle Wei.
   (Quelle: www.deie-backhaus.de)
Verbreitung:
   Blooz (Hohenlohe), Deie (Stuttgarter Gegend), Dinelle (Baden), Dinnette (Oberschwaben), Scherrkuchen (Ulmer Gegend), Wehe (allemannischer Raum).
Kontakt:
   Das Deie-Backhaus, Elli und Günter Mast, Auf dem Berg 33, 73230 Kirchheim-Teck, Tel.: 07021/ 71980, Fax.: 07021/ 3294, www.deie-backhaus.de

Alte Rasse neu entdeckt

Josef Thaller
Das Beste vom Schwäbisch-Hällischen Landschwein

224 Seiten, 262 Abb., 24,5 x 32 cm. Leinengebunden mit Schutzumschlag. ISBN 978-3-89977-400-9. € 29,90

In diesem Bildband wird die Geschichte des Schwäbisch-Hällischen Landschweins auf anschauliche Weise dargestellt. Zucht und Haltung dieser Tiere werden beleuchtet und moderne Formen der bäuerlichen Direktvermarktung vorgestellt. Ausführlich präsentieren Autor Josef Thaller und Fotograf Roland Bauer ausgewählte Gasthäuser und deren Rezepte rund ums Schwein. Deutsche Spitzenköche widmen sich eigens dem Thema Schweinefleisch und stellen ihre Spezialitäten vor. Ein Gourmet-Kochbuch der besonderen Art.

Glossar

Chris Schranz

Jung, dynamisch, kooperativ. Und nicht nur erfolgreich. Vor wenigen Jahren ist er aus dem Großraum Stuttgart aufs Land ins Hohenlohische gezogen.

Wie bei Berufs- und Arbeitsplatzwechseln üblich, erlebt er einige Überraschungen in seiner neuen Umgebung. Aber er lebt sich schnell in Bernau ein und auch die Arbeit bei der ›Haller Volkszeitung‹ macht ihm großen Spaß. Was nicht zuletzt am gut funktionierenden Team in der Redaktion liegt.

Sein Hauptbetätigungsfeld als freier Journalist wird immer mehr der Bereich Landwirtschaft, und bei der Recherche für seine Berichte lernt er auch Heinrich Bauer, den Retter des Schwäbisch-Hällischen (SHL) Landschweins kennen. Zuerst hat er nur in seinem beruflichen Alltag mit dem Landwirt zu tun, aber die Geschichten um das seltene Schwein ziehen ihn immer mehr in den Bann.

Unmerklich ist er tiefer in den Verstrickungen der Schweine-Mafia gefangen, als er es sich selbst bewusst ist.

Schranz ist heilfroh, als der Fall mit dem SHL gelöst wird und ahnt dabei nicht, dass ihm sein nächstes großes Abenteuer am Limes schon demnächst bevorsteht.

Heinrich Bauer, der Patrone

Strebsam, geradlinig, erfolgreich. Fast immer. Wenn nur diese Probleme nicht wären, die sich aus diversen Interessentenkonflikten mit den Konkurrenten der Schweinezentrale ergeben. Am Anfang von den anderen Landwirten noch belächelt, beginnt sich die wieder neu begonnene Zucht des SHL schnell positiv zu entwickeln. Als die ersten Erfolge sichtbar werden, entstehen allerdings immer mehr Hürden. Der Patrone denkt, dass es sich um Zufälle handelt. Als sich diese Probleme immer mehr häufen, wird ihm klar, dass von irgendeiner Seite massiv gegen seinen Erfolg vorgegangen wird. Nur von wem?

Da Bauer keine Ahnung hat, wer dahinter steckt, bezeichnet er seine Gegner als Schweine-Mafia. Von seinen Berufskollegen bekommt er breite Unterstützung, auch als deren Höfe von der heimtückischen Aujetzki-Krankheit heimgesucht werden. Das zeichnet ihn und die anderen Landwirte im Hohenlohischen aus. Ein starker Zusammenhalt, ein immer engeres Zusammenrücken, je bedrohlicher die Lage wird. Selbst als sich beim Patrone noch zusätzlich große familiäre Probleme einstellen, bleibt dieser Wesenszug an ihm erhalten.

Er agiert an der Grenze zur Dickköpfigkeit, und hat doch letztlich mit seiner Beharrlichkeit Erfolg.

»Heinrich Bauer hat letztendlich ›dafür gesorgt‹ dass diese robuste, intelligente Schweinerasse überleben konnte.«

SHL, das Schwäbisch-Hällische Landschwein

Groß, weiß, schwarz. Entweder rennen diese voluminösen, und doch possierlichen Tiere frei auf den Hohenloher Weiden herum, oder sie werden artgerecht biologisch in großen Ställen gehalten. Diese landwirtschaftliche Produktionsform hat nichts mehr von einer sterilen Massentierhaltung, und die Tiere danken es ihren Besitzern. Der Fettanteil im Fleisch ist optimal verteilt, sowohl als Sonntagsbraten wie auch als Wurst schmecken die Schweineprodukte herzhaft, ohne auf der Zunge aufdringlich zu sein.

Ende der 70er Jahre war diese Schweinerasse fast ausgestorben, wenige Exemplare (unter 10) lebten noch in den süddeutschen Ställen. Heinrich Bauer hat letztendlich den Impuls dazu gegeben, dass diese robuste, intelligente Schweinerasse überleben konnte.

Mathias Martens

Groß, kollegial, umsichtig. Der Chefredakteur der ›Haller Volkszeitung‹. Er strahlt Ruhe aus, hat seine Redaktion im Griff, ohne mit den üblichen Mechanismen der Macht arbeiten zu müssen.

Schranz steht unter seinem persönlichen Schutz. Martens tes-

tet ihn mit komplizierten Aufträgen, steht dann aber auch in
schwierigen Situationen zu ihm.
Seine gesundheitlichen Probleme lässt er sich nicht anmerken,
er ist ein Journalist aus Schrot und Korn.

Redaktionskollegen bei der ›Haller Volkszeitung‹ (HV)
Individuell, intellektuell, lustig. Die Stammmannschaft der
HV besteht seit Jahren, die Kollegen kommen gut miteinander
aus. Schranz ist als freier Mitarbeiter in den Redaktionsräumen gerne gesehen, und er nutzt dies auch immer wieder zu
persönlichen Gesprächen. Und natürlich auch, um sich des
Öfteren einen zusätzlichen Auftrag abzuholen.
Wenn man es gezielt geplant hätte, so wäre es doch praktisch
unmöglich gewesen, jede Position in der Redaktion so passend
zu besetzen. Da gibt es Erwin Roller, den Redaktionsbeamten.
Zuverlässig, exakt und immer mit einem inhaltvollen Hinweis
für die Kollegen. Oder Wolfgang Muppig, den aufgedrehten,
lustigen und temperamentvollen. Nicht zu vergessen Andreas
Karthaus, den intellektuellen, aufmerksamen und einfühlsamen,
der des Öfteren für die Journalisten-Gewerkschaft unterwegs ist.
Und wenn dann der Chef nicht da ist, hält Harald Ziegaus die
Fäden in der Hand; ruhig, abgeklärt mit einem unendlich erscheinenden Wissen. Philipp Rankmaier, die gute Seele der Redaktion,
ergänzt seine Kollegen. Unterstützt wird er dabei von drei Damen, die ihre Männer immer wieder zur Arbeit antreiben.

Lilian
Intelligent, einfühlsam, hübsch. Nicht mehr die Jüngste, aber
Schranz fühlt sich magisch von ihr angezogen. Für ihn ist es
das Zusammenspiel zwischen Hirn und Optik, das ihm an
ihr besonders gefällt. Lange Zeit sieht es nicht nach einer
festen Partnerschaft der beiden aus, Veronika beherrscht die
Gedanken und Gefühle von Schranz immer wieder. Aber die
Herzlichkeit und der Charme von Lilian sind stärker.

Bettina Bauer
Häuslich, arbeitsam, umtriebig. Und doch nicht glücklich. Die Liebe zu ihrem Mann scheint unverrückbar, und doch bröckelt sie immer mehr ab. Schleichend werden Lügen und Unwahrheiten über ihren Mann an sie herangetragen, der Zahn der Zeit strapaziert ihre Nerven. Sie engagiert sich sehr für die Landfrauen, steigt dort zur Vorsitzenden auf. Und lässt doch die Nähe zu ihrer Familie immer mehr über der Liebe zu Bauer stehen.

Friedrich – Fritz Neumann
Ehrlich, fleißig, direkt. Ein Prachtkerl von einem Hohenloher Bauern. Zwar nicht von der Optik her, aber von seinem Dickkopf und von seinem Wesen. Die Sturheit der Bauern charakterisiert sich aber immer mehr als genau richtig, als zukunftsfördernd heraus. Mit seiner Frau führt er eine Musterehe, sie gehen zusammen durch dick und dünn und planen in ein paar Jahren, den Hof an ihren Sohn zu übergeben.
Seit Jahren sind sie die engsten Freunde von Heinrich Bauer, ihre Familien kennen sich seit Jahrzehnten.

Manfred Gerlacher
Unberechenbar, arbeitsam, intrigant. Der Schwager von Heinrich Bauer. Wenn man seine Geschichte hört, so hält man ihn für einen Benachteiligten und Hilfsbedürftigen. Auf Nachfrage bei seinen Kollegen zeichnet sich allerdings ein anderes Bild von ihm ab. Er hängt sein Fähnchen immer in den Wind, was kurzfristig durchaus zu Erfolgen führt. Letztendlich bringt ihm sein Verhalten allerdings jede Menge Probleme ein.

Lukas Ritzer
Clever, einfühlsam, berechnend. Die Karriere und das Geldverdienen stehen über allem. Obwohl noch jung an Jahren, scheint ihm sein berufliches Vorankommen nicht schnell ge-

nug zu gehen. Er nützt jede sich bietende Möglichkeit aus, und wird letztendlich dafür doch bitter bestraft.

Falko Dombrowski
Kühl, kalkulierend, umgänglich. Der Chef der Schweinezentrale. Sein Motto: Uns hat es schon immer gegeben, uns wird es auch noch in 50 oder 100 Jahren geben. Neue Ideen lässt er zuallererst von anderen Schweinezüchtern testen. Wenn sie sich als erfolgreich herausstellen, bekämpft er die Konkurrenten am Markt. Dadurch fallen die Verkaufspreise für Schweinefleisch, die Marktmacht der Schweinezentrale nimmt zu und der Konkurrent kann platt gemacht werden. Dann übernimmt Dombrowski die positiven Ideen des ehemaligen Konkurrenten für seine Schweinezentrale.

Dr Hohenloher
Musikalisch, prägnant, witzig. Er gehört zur ersten Generation der authentischen Hohenloher Barden.
Um das Jahr 1980 wurde die Musikgruppe ›Johkurt, Paulaner und Mannequin‹ (JoPaMa) gegründet und der ›Hohenloher Blues‹ erfunden. Dr Hohenloher steht sowohl in nahem persönlichen wie auch musikalischen Kontakt zu JoPaMa.
Wenn er dann so alleine auf der Bühne steht, nur die Gitarre in der Hand, dann wissen seine Zuhörer, dass sie beißend-ironische Lieder über ihr eigenes Hohenloher Leben zu hören bekommen werden.

*Weitere Krimis finden Sie auf den
folgenden Seiten und im Internet:
www.gmeiner-verlag.de*

Uta-Maria Heim
Totschweigen

*228 Seiten, 11 x 18 cm, Paperback.
ISBN 978-3-89977-704-8. € 9,90.*

Sie war schön, sie war jung, sie war unschuldig. Doch sie musste sterben. 22 Jahre nach dem Fund der »Kofferleiche« kann sie endlich identifiziert werden. Petra Clauss, ein 15-Jähriges Mädchen aus Schramberg, wurde ermodert, zerstückelt und in drei Koffern verteilt im Stuttgarter Rosensteinpark abgestellt. Die LKA-Ermittler Anita Wolkenstein und Timo Fehrle müssen erfahren, dass der Identifizierungserfolg bei der Familie des Opfers auf wenig Gegenliebe stößt. Niemand hat mehr Interesse daran, an den alten Wunden zu rühren.

Erwin Kohl
Flatline

*325 Seiten, 11 x 18 cm, Paperback.
ISBN 978-3-89977-715-4. € 9,90.*

Kurz hintereinander werden in Krefeld und Düsseldorf zwei Drogentote gefunden. Was die beiden verbindet, ist das nahezu identische Obduktionsergebnis: Im Körper der Toten befindet sich eine hohe Zahl künstlich manipulierter Hepatitis-Erreger. Im Gegensatz zu LKA-Ermittler Joshua Trempe sieht die Staatsanwaltschaft darin keinen Anlass für eine Mordermittlung. Dies ändert sich, als man wenig später im Blut eines vermeintlichen Selbstmörders eine ganze Reihe lebensbedrohlicher Viren entdeckt, allen voran eine bislang unbekannte Mutation des H5N1-Erregers – des Vogelgrippevirus ...

Pierre Emme
Killerspiele

277 Seiten, 11 x 18 cm, Paperback.
ISBN 978-3-89977-702-4. € 9,90.

Singen am Hohentwiel. Zwei bizarre Morde erschüttern die Kleinstadt. Doch auch im fernen Wien haben sie eine schockierende Wirkung: Mario Palinski muss feststellen, dass die Tötungen exakt so abgelaufen sind, wie er sie in seinem noch unveröffentlichten Kriminalroman beschrieben hat.
Erschrocken über diese Entdeckung, geht er mit seinem Freund Anselm Wiegele, Hauptkommissar bei der Kripo Singen, diesem absurden Zufall auf den Grund. Dabei stolpern sie über eine für den Herbst geplante »Killer-Olympiade« in Las Vegas. Verwirrt von dieser unwirklich scheinenden Idee, geraten Palinski und Wiegele immer weiter in den Sog des Organisierten Verbrechens…

Klaus Schuker
Brudernacht

374 Seiten, 11 x 18 cm, Paperback.
ISBN 978-3-89977-703-1. € 9,90.

In einem Wald am Stadtrand von Ravensburg wird die Leiche des pensionierten Arztes Josef Klimnich entdeckt. Neben ihm liegt sein Pudel mit abgeschnittenen Läufen. Wenig später wird ein weiterer Mann ermordet aufgefunden. Auch seinem Hund wurden sämtliche Läufe abgetrennt.
Die Polizei steht vor einem Rätsel und auch der ehemalige Kripobeamte Louis Astrella, der von Klimnichs Frau engagiert worden ist, kann sich keinen Reim auf die seltsamen Morde machen. Aber sein Instinkt sagt ihm, dass es eine Verbindung zwischen den beiden Opfern geben muss. Astrella beginnt sich durch ein Gestrüpp aus Gewalt, Lügen und dunklen Geheimnissen zu kämpfen …

Manfred Bomm
Beweislast

468 Seiten, 11 x 18 cm, Paperback.
ISBN 978-3-89977-705-5. € 9,90.

Kommissar Häberles neuer Fall scheint klar: Der in einem abgeschiedenen Tal am Rande der Schwäbischen Alb tot aufgefundene Berater der Agentur für Arbeit wurde von einem seiner »Kunden« ermordet. Eine ganze Reihe von Indizien, aber auch DNA-Spuren am Tatort, weisen zweifelsfrei auf Gerhard Ketschmar hin. Der 55-jährige Bauingenieur ist nach über einem Jahr erfolgloser Stellensuche psychisch und physisch am Ende und voller Hass, weil man ihn auf das Abstellgleis Hartz IV zu schieben droht. Doch während sein Prozess vor der Schwurgerichtskammer des Ulmer Landgerichts vorbereitet wird, kommen August Häberle erhebliche Zweifel. Wird möglicherweise ein Unschuldiger zu einer lebenslänglichen Haftstrafe verurteilt?

Manfred Köhler
Schreckensgletscher

274 Seiten, 11 x 18 cm, Paperback.
ISBN 978-3-89977-709-3. € 9,90.

Nelli Prenz ist nach siebenjähriger Weltumrundung mit dem Fahrrad auf dem Rückweg in ihre Heimatstadt Hof. Als sie an einem Alpenpass schwer stürzt, muss sie die Nacht in einer einsamen Berghütte verbringen. Nur der Wirt Andi leistet ihr Gesellschaft. Seine Hilfsbereitschaft wirkt jedoch aufdringlich. Besonders sein großes Interesse an Nellis Tagebuch und sein ominöses »Gletscherprojekt« erwecken Nellis Argwohn. Sie versucht zu fliehen. Doch es ist bereits zu spät: Die Falle schnappt zu. Nelli findet sich plötzlich in einem Stollensystem tief im kalten Eis des Gletschers wieder ...

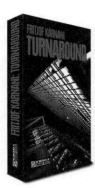

Fritjof Karnani
Turnaround

275 Seiten, 11 x 18 cm, Paperback.
ISBN 978-3-89977-716-1. € 9,90.

Latika Bachmann, Berlinerin mit indischen Wurzeln, steht kurz davor, die jüngste Partnerin der Unternehmensberatung DAI zu werden. Doch dann wird sie plötzlich entlassen. Vor den Scherben ihre Karriere stehend, nimmt sie das Angebot an, ein erfolgloses Unternehmen zu sanieren. Ein lukrativer Auftrag, an dem auch ihre ehemalige Firma großes Interesse hatte. Als sich erste Erfolge einstellen, fällt ihr Vater einem Bombenattentat zum Opfer. Latika ist sich sicher, dass DAI dahinter steckt. Auf der Suche nach den Mördern verstrickt sie sich immer mehr in einem internationalen Geflecht aus Bestechung, manipulierten Aktienkursen und Industriespionage.

Christian Gude
Mosquito

322 Seiten, 11 x 18 cm, Paperback.
ISBN 978-3-89977-712-3. € 9,90.

Sporttaucher finden im »Großen Woog«, dem über vierhundert Jahre alten Gewässer am Rande der Darmstädter Innenstadt, die Überreste eines Mannes. Untersuchungen des Rechtsmedizinischen Institutes in Frankfurt ergeben, dass die Leiche schon mehrere Jahrzehnte im See gelegen hat. Der einzige Hinweis, der zu der Identität des Toten führen könnte, ist eine seltsam gravierte Metallmünze, die er um den Hals trägt.
Hauptkommissar Karl Rünz begibt sich auf Spurensuche. Seine Ermittlungen führen ihn zurück in den September 1944, als Darmstadt Ziel eines verheerenden Angriffs alliierter Kampfflugzeuge wurde.

Monika Detering
Herzfrauen

*274 Seiten, 11 x 18 cm, Paperback.
ISBN 978-3-89977-714-7. € 9,90.*

In unmittelbarer Nähe des Bielefelder »Wahlfamilienhauses« stürzt ein junger Mann, der Pharmazievertreter Till Matthusch, aus dem Fenster. Kurze Zeit später häufen sich Vergiftungen unter den Bewohnern dieses Wohnprojekts. Hauptkommissar Viktor Weinbrenner, der ebenfalls hier lebt, glaubt nicht an einen Zufall. Er beginnt zu ermitteln – genauso wie seine Mitbewohnerin Sybille Gott. Die Journalistin wittert in einem Artikel über Schenkkreise, den »Herzfrauen«, ihre große Chance. Plötzlich ergeben die mysteriösen Ereignisse im »Wahlfamilienhaus« einen Sinn. Viele Ungereimtheiten verdichten sich zu einem unheilvollen Bild. Und alle Spuren führen zu den Herzfrauen.

Ella Danz
Steilufer

*422 Seiten, 11 x 18 cm, Paperback.
ISBN 978-3-89977-707-9. € 9,90.*

An einem verregneten Sommertag wird in der Lübecker Bucht ein Toter gefunden. Sein Gesicht ist vollkommen zerstört - die Identifizierung ist zunächst unmöglich. Nicht weit vom Fundort entfernt wird der Pâtissier eines Feinschmeckerrestaurants, ein junger Algerier, vermisst. Der Fall scheint klar, denn auch das Motiv ist schnell gefunden: Rassismus. Tatverdächtig ist eine Clique Neonazis.
Anna Floric, die Chefin des Restaurants, bekommt es mit der Angst zu tun. Viele ihrer Mitarbeiter stammen aus Nordafrika. Ihre größte Sorge jedoch gilt Lionel, ihrem zwölfjährigen Sohn ...

Ihre Meinung ist gefragt!

Mitmachen und gewinnen

Als der Spezialist für Themen-Krimis mit Lokalkolorit möchten wir Ihnen immer beste Unterhaltung bieten. Sie können uns dabei unterstützen, indem Sie uns Ihre Meinung zu den Gmeiner-Krimis sagen!

....

Senden Sie eine E-Mail an gewinnspiel@gmeiner-verlag.de und teilen Sie uns mit, welchen Krimi Sie gelesen haben und wie er Ihnen gefallen hat. Alle Einsendungen nehmen automatisch am großen Jahresgewinnspiel teil. Es warten ›spannende‹ Buchpreise aus der Gmeiner- Krimi-Bibliothek auf Sie!

Die Gmeiner-Krimi-Bibliothek

Das neue Krimijournal ist da!

2 x jährlich das Neueste
aus der Gmeiner-Krimi-Bibliothek

ISBN 978-3-89977-950-9
kostenlos

In jeder Ausgabe:

- Vorstellung der Neuerscheinungen
- Hintergrundinformationen zu den Themen der Krimis
- Interviews mit den Autoren und Porträts
- Allgemeine Krimi-Infos (aktuelle Krimi-Trends, Krimi-Portale im Internet, Veranstaltungen etc.)
- Die Gmeiner-Krimi-Bibliothek (Gesamtverzeichnis der Gmeiner-Krimis)
- Großes Gewinnspiel mit ›spannenden‹ Buchpreisen

Erhältlich in jeder Buchhandlung oder direkt beim:

 GMEINER-VERLAG

Im Ehnried 5
88605 Meßkirch
Tel. 0 75 75/20 95-0
Fax 0 75 75/20 95-29
info@gmeiner-verlag.de
www.gmeiner-verlag.de

Alle Gmeiner-Autoren und ihre Krimis auf einen Blick

Anthologien: Mords-Sachsen (2007) • Grenzfälle (2005) • Spekulatius • Streifschüsse (2003)
Artmeier, H.: Feuerross (2006) • Katzenhöhle (2005) • Schlangentanz • Drachenfrau (2004)
Baecker, H.-P.: Rachegelüste (2005)
Beck, S.: Duftspur (2006) • Einzelkämpfer (2005)
Bomm, M.: Beweislast (2007) • Schusslinie (2006) • Mordloch • Trugschluss (2005) • Irrflug • Himmelsfelsen (2004)
Bosch van den, J.: Wassertod • Wintertod (2005)
Buttler, M.: Dunkelzeit (2006) • Abendfrieden (2005) • Herzraub (2004)
Danz, E.: Steilufer (2007) • Osterfeuer (2006)
Detering, M.: Herzfrauen (2007)
Dünschede, S.: Deichgrab (2006)
Emme, P.: Killerspiele (2007) • Würstelmassaker • Heurigenpassion (2006) • Schnitzelfarce • Pastetenlust (2005)
Enderle, M.: Nachtwanderer (2006)
Erfmeyer, K.: Karrieresprung (2006)
Franzinger, B.: Bombenstimmung (2006) • Wolfsfalle • Dinotod (2005) • Ohnmacht (2004) • Goldrausch (2004) • Pilzsaison (2003)
Gardener, E.: Lebenshunger (2005)
Graf, E.: Elefantengold (2006) • Löwenriss • Nashornfieber (2005)
Gude, E.: Mosquito (2007)
Haug, G.: Gössenjagd (2004) • Hüttenzauber (2003) • Finale (2002) • Tauberschwarz • Riffhaie • Tiefenrausch (2002) • Höllenfahrt (2001) • Sturmwarnung (2000)
Heim, Uta-Maria: Totschweigen (2007) • Dreckskind (2006)
Heinzlmeier, A.: Bankrott (2006) • Todessturz (2005)
Karnani, F.: Turnaround (2007) • Takeover (2006)
Keiser, G.: Apollofalter (2006)
Keiser G./Polifka W.: Puppenjäger (2006)
Klewe, S.: Wintermärchen (2006) • Kinderspiel (2005) • Schattenriss (2004)
Klingler, E.: Königsdrama (2006)
Klugmann, N.: Kabinettstück (2006) • Schlüsselgewalt (2004) • Rebenblut (2003)
Kohl, E.: Flatline (2007) • Grabtanz • Zugzwang (2006)
Köhler, M.: Schreckensgletscher (2007)
Koppitz, R. C.: Machtrausch (2005)
Kramer, V.: Todesgeheimnis (2006) • Rachesommer (2005)
Kronenberg, S.: Kultopfer (2006) • Flammenpferd • Pferdemörder (2005)
Lebek, H.: Schattensieger • Karteileichen (2006) • Todesschläger (2005)
Leix, B.: Hackschnitzel (2006) • Zuckerblut • Bucheckern (2005)
Mainka, M.: Satanszeichen (2005)
Matt, G. / Nimmerrichter, K.: Schmerzgrenze (2004) • Maiblut (2003)
Misko, M.: Winzertochter • Kindsblut (2005)
Puhlfürst, C.: Rachegöttin (2007) • Dunkelhaft (2006) • Eiseskälte • Leichenstarre (2005)
Senf, J.: Nichtwisser (2007)
Seyerle, G.: Schweinekrieg (2007)
Schmitz, I. G.: Sündenfälle (2006)
Schmöe, F.: Schockstarre (2007) • Käfersterben • Fratzenmond (2006) • Kirchweihmord • Maskenspiel (2005)
Schröder, A.: Mordsgier (2006) • Mordswut (2005) • Mordsliebe (2004)
Schuker, K.: Brudernacht (2007) • Wasserpilz (2006)
Schwab, E.: Angstfalle (2006) • Großeinsatz (2005)
Schwarz, M.: Zwiespalt (2007) • Maienfrost • Dämonenspiel (2005) • Grabeskälte (2004)
Steinhauer, F.: Narrenspiel (2007) • Seelenqual • Racheakt (2006)
Thadewaldt A./Bauer C.: Kreuzkönig (2006)
Valdorf, L.: Großstadtsumpf (2006)
Wark, P.: Epizentrum (2006) • Ballonglühen (2003) • Machenschaften (2002) • Albtraum (2001)
Wilkenloh, W.: Feuermal (2006) • Hätschelkind (2005)